U0841028

本书出版得到以下基金或项目资助:
河南省高校科技创新人才支持计划(18HASTIT033)
河南省高等学校青年骨干教师培养计划(2016GGJS-046)
全国统计科学研究项目(2017LY09)
河南省软科学项目(182400410145)

中国经济文库·应用经济学精品系列（二）

王丽萍◎著

低碳经济与排污权交易研究
——以河南省为例

Low Carbon Economy
And Emission Trading:
The Case Study Of Henan

北京

图书在版编目（CIP）数据

低碳经济与排污权交易研究：以河南省为例/王丽萍著.
—北京：中国经济出版社，2018.8
ISBN 978-7-5136-5339-8

Ⅰ.①低… Ⅱ.①王… Ⅲ.①低碳经济—研究—河南②排污交易—研究—河南 Ⅳ.①F127.61
②X196

中国版本图书馆CIP数据核字（2018）第202629号

责任编辑 宋庆万
责任印制 巢新强
封面设计 华子图文设计公司

出版发行 中国经济出版社
印 刷 者 北京九州迅驰传媒文化有限公司
经 销 者 各地新华书店
开 本 710mm×1000mm 1/16
印 张 21.25
字 数 332千字
版 次 2018年8月第1版
印 次 2018年8月第1次
定 价 56.00元
广告经营许可证 京西工商广字第8179号

中国经济出版社 **网址** www.economyph.com **社址** 北京市西城区百万庄北街3号 **邮编** 100037
本版图书如存在印装质量问题，请与本社发行中心联系调换（联系电话：010-68330607）

前 言

发展低碳经济是人类应对全球气候变暖的必由之路，也是河南省加快经济发展方式转变的有效途径。本书将在借鉴发达国家发展低碳经济成功经验的基础上，通过综合分析河南省低碳经济的转型障碍与潜在优势，对其发展低碳经济的路径与对策进行全面阐述。全书共分七章，具体内容如下：

第 1 章，河南省资源环境面临的形势研究。介绍发展低碳经济的背景和意义，以及国内外低碳经济的研究现状，在此基础上，全面分析河南省资源环境面临的形势和存在的问题，由此提出发展低碳经济的必然性和迫切性。第 2 章，河南省煤炭企业环境管理的现状与问题研究。首先，对河南省煤炭资源开发现状进行深入剖析，指出当前煤炭开采引发的环境问题和矿区环境管理现状，并结合国内外矿区环境管理的先进经验，提出优化矿区环境管理的对策。第 3 章，低碳经济背景下河南省企业竞争力提升策略研究。从外部的环境管制和内部的企业竞争两方面阐述低碳经济背景下河南省企业竞争力的策略选择，并以永煤集团进行案例研究，为全省企业低碳发展指明方向和路径。第 4 章，发达国家排污权交易的比较研究。首先对国外排污权交易的相关成果进行系统梳理，对排污权交易的理论依据、交易模式等基础问题进行分析；其次，构建排污权交易制度有效性评价指标体系，为科学合理评估政策效果提供理论指导；最后，全面系统总结排污权交易在美国、欧盟和日本的实践经验与具体做法，为我国开展排污权交易实践提供经验借鉴和启示。第 5 章，排污权交易中国国内比较研究。笔者对国内排污权交易的整体实施现状以及具体省市，如浙江、江苏、山东、山西、湖北、河南等地的排污权实践进行系统分析和对比研究，在此基础上提出河南省排污权交易制度的具体机制设计。第 6 章，河南省排污权交易机制研究。在总结国内外相关研究成果及实践经验的基础上，结合河南省排污权交易的突出问题，从排污权交易的有偿使用、初始分配、交易市场建设、收入资金管理、配套政策建立、其他交易方法借鉴等方面提出完善全省排污权交易制度的具体措施。第 7 章，河南省发展低碳经济的思路与对策研究。从国内外低碳经济发展趋势出发，分析河南省发展低碳经济的优势、劣势，在此基础上提出发展低碳经济的思路和具体对策，并以风神轮胎股份有限公司进行案例研究，以期为河南省企业低碳化发展提供具体的实践指导。

本书由河南理工大学的王丽萍撰写。在撰写过程中，笔者参考了大量的中外文资料，在此向所有文献作者表示感谢。

由于时间仓促和笔者水平所限，本书一定存在不少缺点和错误，恳请读者批评指正。

王丽萍

2018 年 6 月

目 录

第1章　河南省资源环境面临的形势研究

1.1　绪论

1.1.1　研究背景

在“十一五”期间，国内环境保护工作取得了很大的进展。在党中央、国务院的高度重视下，中央和地方人民政府把改善环境资源作为落实科学发展观和构建和谐社会的重要内容，同时采取了一系列措施，把对环境资源的保护作为宏观经济调控的手段。各个地区的有关部门也不断地加大对环境资源的保护力度，淘汰了一大批高消耗、高污染、低效率的落后生产设备，加快了对环境资源污染的治理，生态环境得以改善。在此期间，环境管理能力有所提高，环境执法的力度有所加强，全社会的环保意识和参与程度明显提高，对环境保护的认识不断深化。在经济水平不断提高、重工业迅速增长的情况下，一些主要污染物的排放有所减少，对环境资源的破坏和污染的趋势有所减缓，部分地区和城市的资源环境所面临的形势有所好转。

虽然国内的环境资源保护已经取得了一定的成绩，但是整体的形势不容乐观。“十一五”期间，环境资源方面的计划指标还没有全部实现，二氧化硫排放量比2005年增加了20%以上，淮海、辽河、巢湖等重点流域和区域的治理任务也只完成了计划目标的60%左右。污染物的排放量很大程度上超过了自然环境的承受能力，环境资源污染严重。我国26%左右的地表水国家重点监控的断面列于水环境的Ⅴ类别的标准，60%左右的断面达不到Ⅲ类标准；流经城市的河流有近90%的河段受到不同程度的污染，75%的湖泊呈现出营养化的状态；30%的重点城市饮用水源地的水质达不到二级标准。一些大中城市或城区的空气质量达不到二级标准，有些大中城市的阴霾天气时间有所增加，酸雨的污染有增无减。表1-1是我国一些环境方面的计划指标以及实际情况。

表 1-1 “十一五”期间环保计划主要指标完成情况

指标名称	2005 年	2010 年 计划指标	2010 年 完成情况	增减情况 （%）
二氧化硫排放量（万吨）	1995	1800	2549	27.80
烟尘排放量（万吨）	1165	1100	1183	1.50
工业粉尘排放量（万吨）	1092	900	911	-16.60
化学需氧量排放量（万吨）	1445	1300	1414	-2.10
工业固体废物排放量（万吨）	3186	2900	1655	-48.10
工业用水重复利用率（%）	—	60	75	—
工业二氧化硫排放量（万吨）	1613	1450	2168	34.50
工业烟尘排放量（万吨）	953	850	949	-0.50
工业化学需氧量排放量（万吨）	705	650	555	-21.30
工业固体废物综合利用率（%）	51.8	50	56.1	4.30
空气质量达到国家二级标准比例（%）	36.5	50	54	17.50
城市污水处理率（%）	34.3	45	52	17.70

在全国 960 多万平方千米的土地上，有 160 万平方千米的土地经历着水力的侵蚀；还有 174 万平方千米是沙化土地，并且大部分的草原正处于迅速退化之中；相当一部分的河流，生态功能严重失调，生物多样性也正在减少。与城市的资源环境相比，农村的问题更为突出，土壤污染日趋严重。汽车尾气、持久性的污染物等不断增加，我国面对的气候变化的形势严峻，任务相当艰巨。

“十一五”期间，计划解决的一些指标没有完全实现，一些深层的资源环境问题没有取得突破性的进展，再加上一些产业结构的不合理，经济增长方式没有完全符合国情，对资源环境的保护远远落后于经济发展的局面没有得到明显的改变，体制与机制不全面、管理能力没有太大提高、投入的力度不大等一些问题仍然非常突出，有法不依、违法不究或者难究、执法不严的现象比较普遍。

“十二五”期间，我国的人口有所增加，但是城市化的进度不会因此而停止步伐；相反，城市化的步伐有所加快，经济的发展变得尤为必要。在这种情形之下，社会经济的发展与资源环境之间的矛盾变得越来越突出，对资源环境的保护所面临的挑战也越来越严峻。

1.1.2 研究意义

虽然我国当前的经济水平得到了前所未有的提升，GDP 已经超越日本，成为经济世界中的第二大国，但是，随着经济水平的发展，环境资源的浪费与破坏程度也在不断加深。众所周知，经济水平的提升必须要依赖环境资源的大力支持，同时，经济的发展又会对环境资源造成一定程度的破坏，产生不良的影响。随着对环境资源问题的不断关注，人们逐渐认识到不能以损害环境资源为代价来换得工业的发展和经济水平的提高，只有走保护环境资源之路，才是正确的选择，才能更好地持续发展。由于国内某些企业对环境资源的责任认识不足，思想觉悟不高，对保护环境资源的重要性认识不足，所以在日常生活中造成了许多环境资源浪费。

站在经济学的角度来看，我们经常讲的环境危机，其实质就是环境资源的短缺。然而，环境资源的短缺，不仅与气候、地质条件等自然因素的变化有关，还与人们日常的不当行为有很大的关系。首先，当前社会中有一部分人在不断进行着破坏活动，虽然有时是无意识的；其次，由于政府没有对那些对环境资源的保护行为采取物质或者精神上的激励，在一定程度上降低了人们的积极性，造成一些从事环境治理和改善活动的工作者的劳动积极性不高，形成了环境资源恢复的速度小于环境破坏的速度的局面。

本章对国内外环境资源的现状、问题以及对策做出了一定的研究与分析，主要对河南省的环境资源情况进行举例并加以研究，对国内与国外保护环境资源的做法进行了比较，以提高我国对环境资源的保护意识。之前的西方国家同我国现在一样，注重经济的发展而忽略了对环境资源的保护，结果面临与我们现在同样的环境资源不断恶化的严峻形势，后来一些西方国家反思传统的经济发展模式和增长方式，经过不断的反思和经济体制的改革，逐步走上了与自然和谐相处、合理开发和利用环境资源的可持续发展之路。不仅如此，在走可持续发展之路的同时，西方国家不断地改善法律体系，强化执法机制和机构的建设，不断地增加政府的投入，包括资金、技术等多方面，不断地加大保护环境资源的宣传力度，增强人们的环保意识。通过不断的努力，西方国民的环保与节能意识得到增强，在较短的时间内，就有效地遏制了环境资源不断恶化的局面，很多城市改善了昔日对环境资源的污染和破坏情况，呈现出不断改善的局面。西方发达国家的这些经验与教训非常值得我们借鉴与学习，希望能够对改变我国当前环境资源的严峻形势起到一定的作用。

1.1.3 研究方法

在本章撰写过程中，由于所选的课题需要大量的数据与案例来进行分析，所以主要采用了文献研究方法。首先，主要是通过在网上、图书馆相关的书籍等方面，引用主要的研究资料与结论，对所要阐述的现状、问题等方面进行分析。其次，采用实例研究方法，主要通过相关人员的实际研究，并加以生活中的案例进行阐述。最后，在定量分析的基础上，进行定性分析，运用归纳、分析、综合以及概括等方法，对相关资料进行加工和分析，指出当前河南省环境资源面临的问题以及导致问题发生的原因。

1.1.4 研究内容

由于经济水平的不断增长，西方发达国家对环境资源的破坏相比发展中国家更早，认识到该问题的时间也比发展中国家更早，也更重视，采取的措施相对完善一些，面临的环境资源形势有所好转。本书主要介绍了国外环境资源的现状以及国外先进经验，同时阐述了河南省内环境资源的现状、问题、对策等内容。

环境资源包含的内容过于广泛，本章选择当前国内外都非常重视的水、大气环境、固体废弃物等环境资源的三个方面，结合当前国内外环境资源的短缺程度、破坏程度以及对此所采取的相应法律等，进行一定程度的分析研究，分别对当前河南省环境资源在这三方面的现状、问题及对策做出了总结，并对未来环境资源的发展进行预测。

1.1.5 研究思路

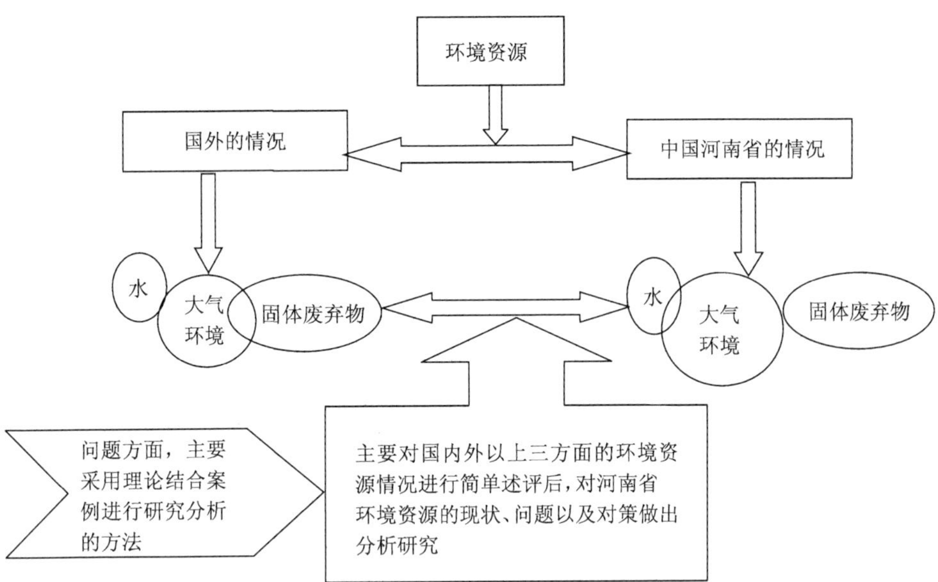

图 1-1 河南省资源环境形势分析

1.2 国内外环境资源述评

1.2.1 国外环境资源述评

在水资源方面，美国从 20 世纪六七十年代开始，在环境的管理机构上进行了调整，环境的保护与监测分别由国家环保局和地调局负责。通过地调局对水文的测验和对水质的监测，将有关数据提供给相关单位，对水资源进行统一管理。结果，美国水污染治理的效果非常明显，与前期情况相比，目前水资源的治理情况进展得很好。在 70 年代初，日本内阁设立了专门负责环境保护的“环境厅”，通过不断修改法律、法规，制定出了一系列的具体方针、政策；在 80 年代末，日本又设置了“环境保护有关阁僚会议”，这在很大程度上促进了日本环境的改善。为了有效地加强环境管理，韩国把环境处升为部级单位，以总理为首实行“水质管理一元化”政策。不仅如此，韩国还制定和修改了与环境相关的法规。尽管英国没有设置相关的水利部门，但是有专门负责环境法规制定、监督法规执行的环境部门；该部门的负责人由政府任命，政府不能干涉其工作，其职务就是监督和改善环境。东南亚国家的做法值得借鉴，它们通过立法制定了环保税，对任何造成环境污染的工厂、企业一律征收税收，税额根据其造成的污染程度来征收，大大鼓励了国内工业对环境的保护。

在大气环境污染治理方面，各国也采取了各自的措施。在几十年前，德国莱茵河经常泛着恶臭味，周边城市也经常遭受酸雨侵袭。而今德国除了少数城市或地区的可吸入颗粒物浓度超出欧盟标准之外，多数地区空气质量与当年相比，简直有着天壤之别：目前的德国到处是青山绿水，空气非常清新。这与德国的“空气清洁与行动计划”有关，该计划减少可吸入颗粒物的具体方法仅有两种：第一种是限制释放颗粒物的行为，如对车辆进行限行、限速；第二种方法就是采用高新技术减少排放，如在机动车辆排气管处安装尾气过滤器等。法国空气质量监测协会负责监测空气污染物浓度（主要包括空气中的 O_3、NO_2、SO_2、PM10 四种污染物），同时及时向国内居民提供空气质量信息。当污染物指数超标时，地方政府会立即采取一定措施，减少污染物的排放，同时及时通知群众，并根据情况提出建议。美国除采取了德国的部分做法之外，环保署与其他机构合作设立了“空气质量指数”，并建立了一个专门报告美国空气质量指数等多个指数的网站，及时向公众提供有关地方空气质量以及空气污染水平是否达到威胁公众健康的方便、易懂信息。大部分西方发达国家都非常注重对空气保护的宣传与治理的投入，加上国内居民的高素质，收到了很好的效果。

在土地资源污染治理方面，由于土地污染源主要是在固体废弃物方面，西方发达国家采取了有效的处理措施。日本拥有已安装能源回收系统的垃圾焚烧厂的数量为世界上最多，通过焚烧可燃垃圾以及粉碎后分选垃圾等手段，将灰烬填进土地或者大海；通过焚烧可燃垃圾来供暖、供电，达到能源再利用。德国在处理粉渣时，采用的方法是将其用于公路的修建当中。处理有机垃圾时，大部分国家就采取堆肥的方式，既减少了污染，又能达到回收再利用的效果。在处理污泥的时候，不同国家采取了不同的手段：美国利用污泥加大了对建筑方面如混凝土学的调查研究；意大利利用自来水污泥进行种植、栽培，污泥中的微金属不同，植物的吸收不同，根据污泥中微金属的不同栽培不同的植物。对于危险固体废弃物，如铅蓄电池、高压易燃容器等，大多数西方发达国家通过加强垃圾回收设施的建设和优化垃圾回收系统，减少危险固体废弃物污染环境。总之，西方发达国家在经济快速发展的同时，不断加大对固体垃圾物的处理，通过不断研究和对外宣传，国外居民积极参与，各项计划实施得非常好，基本上实现了垃圾资源化。

在此之前，西方发达国家也面临着环境资源开发和利用不合理的现象。20 世纪，美国人在记录纽约、新泽西的空气污染情况时，曾经有一段这样的评论："由于大范围的大气流动停滞，在 11 月份，东部地区发生了严重的烟雾污染，烟雾中检测到了高浓度的颗粒物、CO、SO_2、NO_x。"由此我们可以看出美国也曾经历过严重的空气污染。但是由于国家以及各地政府对空气质量的重视，再加上长期和不懈的努力，在 70 年代之后，美国大气中主要污染物的排放量不断下降，空气质量也得到了很大程度的改善。英国和美国非常相似，1970—2011 年，英国的 6 种污染物指数呈现出持续下降的趋势。除了氨以外，二氧化硫、可吸入颗粒物（PM10）、细颗粒物（PM2.5）臭氧和一氧化碳 5 种污染物的排放指数均有大幅度的下降，2011 年的排放量相当于 1970 年排放量的 40%，有的排放量甚至比这个数字还要小。从日本的大气质量数据统计中，我们也能看到日本的空气质量和英国的空气质量有着极为相似的发展趋势，它们开始发生变化的时间都相差无几。日本大气主要污染物开始减少的时间也是在 70 年代；经过多年的不懈努力，大气主要污染物的浓度很快降到了稳定的局面。

美国大气污染治理是将目标、规划和保障措施三者良好结合，并且不断循环推进。其操作步骤是：首先，设定目标也就是更新空气质量标准；其次，制定出治理规划和具体执行方法；再次，开始投入资金，同时开始对不符合规定的一些做法进行监督和惩罚；最后，根据达到的效果与其情况进行对比，分析原因并进行调整。通过这一良性循环体系，美国通过不断地更换空气质量标准，并通过"排污权交易"等方式进行具体实施，从而使得空气质量不断改善。美国六大主要污染物的排放量从 80 年代开始，就一直处于国家的标准之下，并且处于不断降低的趋势。

1.2.2 国内环境资源述评

在水资源方面，中国的整体现状、问题和对策没有较大的区别。首先，水资源总量大，但人均值非常小：中国水资源总量约为29000亿立方米，位于世界水资源总量的前列，但是人均水资源量仅约为2700立方米，为世界人均水资源量的1/4。不仅如此，中国水资源的分布南北差异非常大，且人口、耕地、矿产资源等分布也极为不平衡。我国水资源的分布局势是：南方的水资源和人口相对较多，但是土地较少；北方的土地和人口较多，水资源相对缺乏。中国水资源在不同时间的分布上有较大的差异，一年之内是夏季水量比较多，其余三个季度的水量相对较少，多数地区水量多的时间主要集中在6—9月，占全年的大半部分，比重在70%左右。

根据《地面水环境质量标准》，国家对全国700条左右、总长114000千米的河流的水质进行了评价，水质为Ⅰ~Ⅲ类的河长约为66918千米，是总河长的58.7%；Ⅳ~Ⅴ类水质的河长为27588千米，是总河长的24.1%；劣Ⅴ类水质的河长19494千米，占总河长的17.2%。这些河水的主要污染物有氨、汞、高锰酸盐、挥发酚等。全国有75%以上的湖泊、1/3左右的水域受到了不同程度的污染，主要污染物为高锰酸盐等。除了污染严重之外，许多河流的含沙量大，流域的森林覆盖率普遍偏低，致使流域之内的水土流失严重，这种现状在北方河流中体现得尤为突出。这一现状不仅会造成土壤养分不足、农业产量提高不上去，同时还会给水资源的开发、维护和利用带来很多困难。

在大气环境污染方面，亚洲开发银行驻中国代表处首席代表哈米德·谢里夫曾说："中国环境虽然在许多方面已经得到改善，但是由于环境压力不断地增大，整体形势依然在不断恶化。中国面临的环境挑战可以说比任何其他国家都复杂，在中国的环境形势达到转折点之前还有许多事情要做。"目前，我国华北等中东部地区出现的雾霾天气仍在持续，多地遭受严重污染，给人民群众的生产、生活和身体健康带来了不利影响。中国政府一直致力运用财政和行政手段来治理大气污染，已经取得了初步效果。

除了大气层中的空气污染之外，室内的空气污染形势也不容乐观。中国环境监测总站曾对256户居室的室内空气质量的检测结果进行统计，室内空气污染中氨气超标率为18.8%，最大值超标倍数为14.2倍；甲醛超标率为 15.9%，最大值超标倍数为 5.1 倍；苯超标率为 14.6%，最大值超标倍数为 1500 倍；甲苯超标率为 33.5%，最大值超标倍数为 47.1 倍；二甲苯超标率为 29.8%，最大值超标倍数为 34.8 倍；总挥发性有机物（TVOC）超标率为 46.1%，最大值超标倍数为 81.8 倍。中国室内装饰协会室内环境检测中心调查结果表明：北京新装修居室中环境污染超标率达 88.8%，其中甲醛超标占 68%，氨超标占 23.4%，苯超标占 8.6%；在对入户新家具污染情况的调查中发现，46.5%存在污染超标；使用大芯板包暖气的家庭，污染超标率达 74.7%。另据调查，通过跟踪检测发现，装修时间在 6 个月以内的居室，污染率为 70.6%；装修后 6~12 个月，污染率降低为 10.8%；装修后 1~2 年，污染率为 7.5%。从以上几点可以看出，目前我国的大气环境污染比较严重。

为了解决当前国内煤烟型污染的严峻问题，全国各地加快了对烟控区的建设，通过采取一系列的预防和治理措施，使全国大气环境中各方面的指标都有所好转，但是历年大气颗粒物状况公报明确指出，PM10 是城市空气污染中的主要因素。根据 2009 年中国环境质量状况公报公布的结果（见表 1-2），我们可以看到：全国 320 个城市之中，有 17.5%的城市空气质量未达到国家二级标准，15.91%的城市 PM10 年均浓度超过国家二级标准。从全国颗粒物污染程度来看，北方污染程度相比南方更严重；西北、华北地区颗粒物污染严重，山西、陕西、河南、河北、内蒙古等地的颗粒物污染更为严重。省会城市和直辖市城市的颗粒物污染程度比中小城市更为严重，它们的 PM10 浓度平均年均值是 0.095mg/m^3，远高于全国各地区的平均水平。

表 1-2　2009 年全国 PM10 污染状况

地区	城市个数	超标城市的比例（%）	PM10 浓度年均最大值（mg/m^3）	PM10 浓度年均最小值（mg/m^3）	PM10 浓度年均值（mg/m^3）
全国	320	15.91	0.206	0.016	0.078
北方地区	148	25.78	0.206	0.035	0.089
南方地区	172	7.56	0.111	0.016	0.068
直辖市、省会城市	31	45.2	0.150	0.038	0.095

表 1-3 环境空气质量评价标准

单位：mg/m³

项目	取值时间	一级标准	二级标准	三级标准
二氧化硫	日平均	0.05	0.15	0.25
	年平均	0.02	0.06	0.10
二氧化氮	日平均	0.05	0.08	0.12
	年平均	0.02	0.04	0.08
可吸入颗粒物	日平均	0.05	0.15	0.25
	年平均	0.04	0.10	0.15

从表 1-2 和表 1-3 的相关数字资料可以看出，当前我国环境污染超标城市的比重比较大，同西方发达国家相比，我国的大气颗粒物污染面临的形势非常严峻。全国的颗粒物浓度年均值达到二级标准，而直辖市的接近三级标准，污染相对严重一些；浓度最大值除了少数南方城市的浓度可以达到二级标准，其他地区的只能停留在三级标准上，有的甚至远远高于三级标准。

在国家对可吸入颗粒物的严格要求之下，PM10、PM2.5 等的浓度在不断降低，尤其是在郊区、农村等地区非常明显。不过，由于大气颗粒物的来源和构成不是想象中的那么简单，单纯靠控制烟尘和工业粉尘的排放，目前来说，还不能从根本上解决颗粒物污染这一难题。

在土地资源管理方面，由于国内比较重视，整体的情况相对好一点，但是部分地区的治理情况不容乐观，尤其是河南的部分地区，还存在开发、利用不合理，土壤污染日趋严重等问题。

1.3 河南省环境资源的现状

1.3.1 河南省水资源现状

由于河南省是一个干旱、半干旱的地区，全年的降雨量非常少，水资源比较缺乏，全省的水资源开发、使用情况也不是很理想。再加上河南人口比较多，人均水资源量仅有 454 立方米，相当于全国人均水资源量的 1/6，水资源区域分布以及在不同季节和年限内的差异性也非常大。相关数据统计，截至 20 世纪末，全省的水库拥有量为 2400 座左右，库容共 267. 61 亿立方米，其中，大型水库有 20 座，库容为 220. 57 亿立方米；中型水库有 100 座，库容为 26. 88 亿立方米；其余为小型水库，库容大约为 20. 15 亿立方米。

表 1-4　2009 年河南省辖四流域水质评价结果

水期	分区名称	不同水质类别河长占其流域监测河长的比例（%）						
		Ⅰ类	Ⅱ类	Ⅲ类	Ⅳ类	Ⅴ类	劣Ⅴ类	优Ⅲ类
全年期	海河流域	4. 3	9. 2	9. 1	—	0. 7	76. 7	22. 6
	黄河流域	16. 7	—	8. 3	21. 2	19. 7	34. 1	25. 0
	淮河流域	3. 0	8. 2	18. 4	10. 6	14. 9	44. 9	29. 6
	长江流域	10. 2	30. 5	15. 3	20. 3	8. 5	15. 3	56
	全省	6. 0	10. 0	15. 2	11. 7	12. 6	44. 4	31. 2
汛期	海河流域	—	21. 9	—	1. 4	—	76. 7	21. 9
	黄河流域	—	—	19. 0	19. 8	11. 2	50. 0	19. 0
	淮河流域	3. 0	8. 6	19. 0	16. 3	5. 7	47. 5	30. 6
	长江流域	10. 2	20. 3	35. 6	18. 6	0	15. 3	66. 1
	全省	3. 1	11. 0	18. 2	14. 6	5. 0	48. 1	32. 3
非汛期	海河流域	—	13. 5	9. 1	0. 7	—	76. 7	22. 6
	黄河流域	25. 0	—	—	21. 2	19. 7	34. 1	25. 0
	淮河流域	1. 2	11. 6	16. 8	9. 7	17. 5	43. 2	29. 6
	长江流域	10. 2	20. 3	25. 4	—	27. 1	17. 0	55. 9
	全省	5. 5	11. 4	14. 4	8. 6	16. 5	43. 6	31. 3

从表 1-4 可以看出，河南省管辖的四流域的水质在不同时期也有所不同。在汛期，全省水质有接近 32. 3%的河长水质在Ⅲ类或者以上标准；在Ⅳ、Ⅴ类，即符合工业、农业用水标准的河长占 19. 6%；然而水质劣于Ⅴ类，遭到严重污染的河长却占到了 48. 1%。除了长江流域的水质在汛期有较大比例能够达到Ⅲ类以上标准之外，其余三个流域的水质劣于Ⅴ类的比重分别是 76. 7%、50. 0%、47. 5%。从非汛期水质的总体状况看，全省整体优于Ⅲ类、达到饮用水源标准的河长比重为 31. 3%，遭到严重污染、失去功能的河长比重为 43. 6%。非汛期水质除了海河和淮河两大流域劣于Ⅴ类水质标准（分别占河长比例的 76. 7%、43. 2%）之外，总体水质还差强人意。

表 1-5　2011 年河南省区域供、用、耗水量统计

单位：亿立方米

地区名称	供水量				用水量				耗水量
	地表水	地下水	其他	合计	农林渔业	工业	生活综合	合计	
郑州	6.0469	11.0152	0.36	17.4221	5.9780	5.1178	6.3263	17.4221	8.8314
开封	7.4270	12.1283	—	19.5553	15.8046	1.9752	1.7782	19.5553	12.1586
洛阳	6.9627	7.0585	—	14.0212	4.2121	6.8812	2.9279	14.0212	6.8036
平顶山	4.8490	5.1685	—	10.0175	401779	4.0147	1.8248	10.1075	4.7239
安阳	3.5553	10.6144	—	14.1697	10.3565	1.7324	2.0808	14.1697	10.3155
鹤壁	1.5149	3.6533	—	5.1682	3.9391	0.6868	0.5423	5.1682	3.8174
新乡	8.3620	9.5481	—	17.9101	12.6093	3.0311	2.2697	17.9101	10.7937
焦作	6.5581	7.4586	—	14.0167	8.8768	3.7735	1.3754	14.0167	8.5026
濮阳	8.7027	6.7993	0.13	15.6500	10.5394	2.5700	2.5406	15.6500	9.0351
许昌	2.4392	5.1232	—	7.5624	2.5308	2.8098	2.2218	7.5624	4.0091
漯河	0.7185	3.3339	—	4.0524	1.6153	1.6861	0.7509	4.0524	2.0759
三门峡	2.6796	1.6926	0.33	4.4022	1.3591	2.1531	0.8900	4.4022	2.1389
南阳	13.2435	11.9524	—	25.1960	13.6773	7.6616	3.8571	25.1960	12.7579
商丘	2.3997	12.9333	—	15.3330	9.8150	2.4666	3.0515	15.3330	10.8445
信阳	14.9325	1.6618	—	16.5943	10.9541	2.5926	3.0476	16.5943	7.5887
周口	0.8455	18.8942	—	19.7397	13.5261	2.4768	3.7367	19.7397	13.0071
驻马店	1.7113	8.8278	—	10.5391	6.7490	1.1906	2.5995	10.5391	7.5411
济源	1.2335	0.9992	0.13	2.3632	1.3871	0.6890	0.2868	2.3632	1.6567
全省	94.1949	138.861	0.95	233.713	138.099	53.506	42.108	233.713	136.601

由于各个地区的经济水平不一样，其对水资源的供求也有所不同，经济水平高的地区耗水量比较大。全省各个地区的供水主要源于地下水，并且地下水基本上能够满足耗水量的需求，但是农林渔业的用水量占总用水量的比重较高。

如图 1-2 和图 1-3 所示，河南省浅层地下水的开采利用率过高，而地表水利用率以及水资源总量的利用率较低，开发、利用存在不合理的现状，并且省内管辖的四大流域的水质整体污染比较严重。

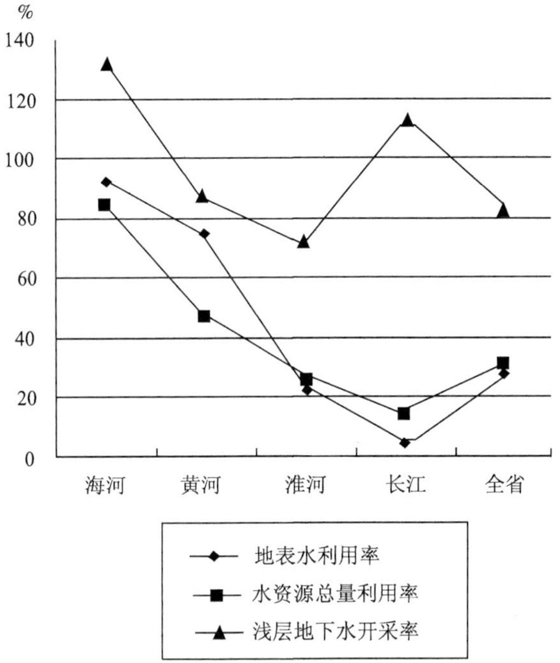

图 1-2　2011 年河南省流域水资源利用图

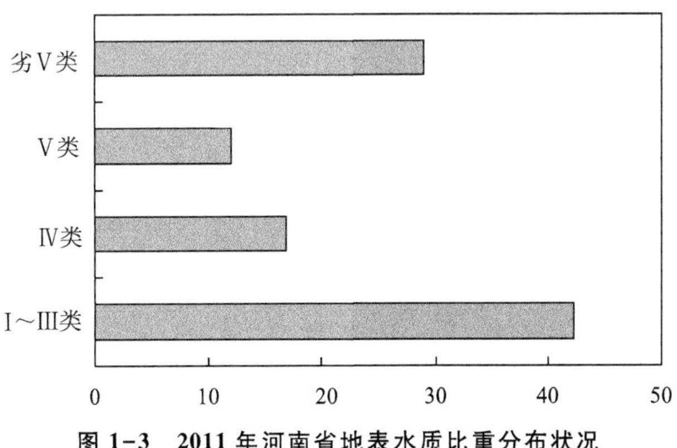

图 1-3　2011 年河南省地表水质比重分布状况

1.3.2　河南省大气环境资源现状

河南省在冬季主要是靠烧煤炭取暖的，冬季电力等高耗能行业大气污染物排放量增加。再加上一年之中的大部分时间处于大范围受低气压控制的状态，受到静风等不利大气条件的影响，大气污染物很难扩散，全省整体的空气湿度大，低温条件下，在灰霾的基础上会产生大量以灰霾为主的雾，对大气环境的质量产生不利影响。最近几年，随着全省机动车数量的飞速增加，机动车尾气、加油站每天排放出数量惊人的污染大气环境的污染物，这些物质会和氮氧化物、硫化物以及碳氢化合物等发生光化学反应。这不仅在很大程度上增加了大气环境污染的程度，还会对人们的身心健康和大气环境的质量造成较大的影响和破坏，加大了全省大气环境污染的程度。

2005 年，对大气环境的统计数据显示，全省空气质量优良的天数为 301 天，占全年天数的比重为 82.5%，比上年增长了 7.0%。其中，信阳、许昌、南阳等 11 个城市的空气质量良好，开封、焦作等 7 个城市为轻度污染，同 2004 年的统计相比，空气良好的城市增加了两个，中度和重度污染的城市减少为零。全省工业废气排放量接近 15500 亿立方米，二氧化硫排放量为 162.45 万吨，其中工业方面的二氧化硫排放量为 147.11 万吨，占全省排放量的 90.56%，而生活方面的二氧化硫排放量仅为 15.34 万吨；煤烟排放量为 92.84 万吨，工业排放量占 92.33%，高达 85.72 万吨，而生活排放量为 7.12 万吨；工业粉尘排放量高达 70.43 万吨。

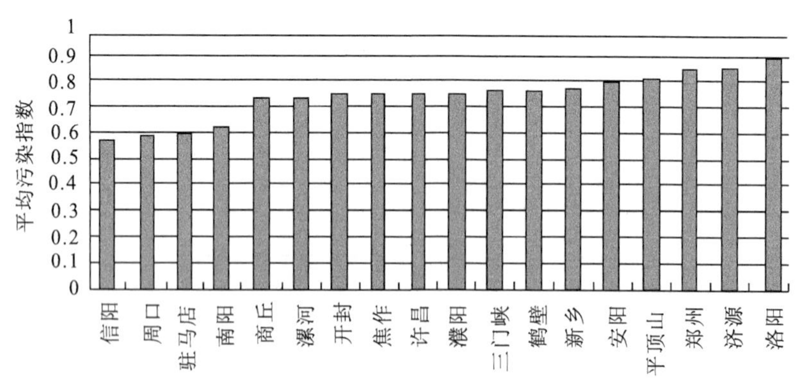

图 1-4　2011 年河南省大气环境质量统计

从表 1-6 可以看出，当时河南省大气环境的污染指数较高，整体情况比较糟糕，都在 0.5 以上，洛阳、济源、郑州等地污染指数为 0.8～0.9。令人感到欣慰的是可吸入颗粒物的含量最近几年呈下降趋势。

表 1-6　2008—2010 年河南省大气可吸入颗粒物浓度年均值

单位：mg/m^3

城市	可吸入颗粒物		
	2008 年	2009 年	2010 年
郑州	0.143	0.107	0.111
开封	0.210	0.186	0.197
洛阳	0.227	0.217	0.166
平顶山	0.184	0.154	0.174
安阳	0.224	0.187	0.143
鹤壁	0.125	0.107	0.129
新乡	0.118	0.110	0.104
焦作	0.215	0.148	0.131
济源	0.180	0.119	0.127
濮阳	0.112	0.098	0.088
许昌	0.150	0.092	0.104
漯河	0.147	0.092	0.087
三门峡	0.154	0.141	0.127
南阳	0.131	0.127	0.092
商丘	0.152	0.105	0.087
信阳	0.192	0.074	0.097
周口	0.179	0.103	0.106
驻马店	0.255	0.074	0.131

2011 年环境相关部门的调查结果显示，2011 年，河南省工业废气排放量为 40805.34 亿立方米，其中二氧化硫的排放量为 137.05 万吨，比 2010 年下降了 4.85%；氮氧化物排放量为 166.54 万吨，比 2010 年上升了 4.76%。全省的化学需氧量、氨氮、二氧化硫排放量与 2010 年的排放量相比，分别下降了 3.08%、1.27%、4.85%，然而氮氧化物的排放量却上升了 4.76%。按《环境空气质量标准》，主要是对可吸入颗粒物、二氧化硫、二氧化氮三个方面进行评价，结果显示全省大部分地区的大气质量均为良好，主要污染物为可吸入颗粒物，但是可吸入颗粒物的浓度处于不断降低的状态。

2012 年，全省城市空气质量优良天数累计百分比为 89.3%，有蓝天白云的日子比2011年多12天，上升了0.8%。漯河、信阳、周口等7个城市空气质量优良天数累计百分比在90%以上，焦作、郑州、洛阳等11个城市空气质量累计百分比在80%以上。在18个省辖市中，除了许昌和平顶山两市的大气质量为轻污染之外，信阳、新乡、鹤壁等16个城市的大气环境质量良好，全省整体大气环境质量有好转的趋势。但部分城市中酸雨发生率偏高，全省降水在2006年的平均pH值为6.2，酸雨发生率为1.4%左右，相对于全国平均值来说偏高。出现酸雨的城市分别是洛阳、南阳、济源3个城市，其中洛阳市酸雨的发生率已经超过了20%。

整体上看，河南省2012年的二氧化硫、二氧化氮的排放量同比分别降低了6.3%、10.8%，有降低的趋势，加上对大气环境的重视程度越来越高，全省大气环境资源发展的前景不错。但是，就现状而言，仍面临着众多的大气环境问题，形势不容乐观。

1.3.3 河南省土地资源的现状

截至20世纪末，河南省土地总面积为16.55万平方千米，人口密度为554人/平方千米，是全国人均水平的四倍多；人均土地资源量仅为0.18公顷，与全国平均水平相比，不足平均值的1/4，具体而言，用不足全国1.7%的土地养着占全国8%左右的人口。作为全国最古老、最大面积的农业开发区，河南省土地资源的开发程度相对较高，而可以利用的后备土地资源特别是后备耕地资源严重不足，面临的形势较为严峻。

农用地面积为1183.2万公顷，占全省土地总面积的71.5%，其中耕地面积为811.03万公顷，占全省农用地面积的68.5%，占全省土地总面积的49%；旱地面积为412.9万公顷，占全省耕地总面积的50.9%。林地总面积为283.16万公顷，占全省农用地面积的23.9%，占全省土地总面积的17.1%。林地在全省各地均有分布，分布面积最大的是南阳市，最小的是漯河市。

河南省的建设用地总面积为251.45万公顷，占全省土地总面积的15.19%。居民点及工矿用地面积为183.4万公顷，占全省建设用地面积的72.9%，占全省土地总面积的11.1%。其中，城镇用地面积为22.56万公顷，占居民点及工矿用地总面积的12.30%；农村居民点面积为136.75万公顷，占居民点及工矿用地总面积的74.56%；独立工矿用地面积为19.42万公顷，占居民点及工矿用地总面积的 10.59%。地域分布大体与人口密度分布相对应。全省未利用地（苇地、荒草地、盐碱地、沼泽地、沙地、裸土地等）面积为 220.71 万公顷，占全省土地总面积的 13.3%。

河南省土地资源当前的情况具体如下：①土地利用率比较高，耕地后备资源潜力小。全省土地利用率较高，然而土地垦殖率却不足 49%，二者在全国各个省市地区的情况当中均居前列。未利用的土地占全省土地总面积的 13.33%，其中可开垦为耕地的仅有 33 万公顷。②受南北气候过渡性和东西地貌差异性的影响，全省的农用地地域分布有着明显的过渡性。耕地面积接近 75%集中分布在占全省土地总面积 55%的平原地区，剩下的 25%分布在占全省土地总面积 45%的山地丘岗地区。林牧用地面积 2/3 以上集中于山区，面积较大的平原地区却不足 1/3。③东部黄淮海平原区和南阳盆地区水、热、土的组合条件较好，是全省耕作农业发展的主体；西部山区水土条件相对较差，土地开发利用难度大，投入产出率低，适宜发展林、果、牧业；南部地区有较好的水、热条件，土地开发条件较好，潜力亦较大。④全省居民点及工矿用地面积占全省土地总面积的 11.1%，主要原因是农村居民点占地过多，这个比例高于北方多数省份，甚至超过了部分南方人口密集的省份。⑤全省牧草地面积极小，其面积仅占全省土地总面积的 0.1%。

当前，河南省土地资源的形势很严峻。第一，耕地数量锐减，人地矛盾加剧。第二，耕地生产潜力挖掘不足，全省低产田面积占耕地总面积的 35%，由于受水资源条件、土壤质地等因素的制约，农田水利设施的不完善，以及耕地利用上的粗放与掠夺性等原因，现有中高产田的利用率低下。全省农副产品综合利用率低，农业生产结构、种植结构不尽合理，耕地利用中一定程度上存在着高产低效、低产低效的问题，从而直接影响着农村经济的快速发展和农民收入水平的不断提高。第三，虽然全省整体水、热条件优越，但耕地复种指数不足 150%。居民点及独立工矿用地中，尚有 40 万公顷左右的闲散地和废弃地未被利用。第四，水土流失现象比较严重。全省水土流失面积约为 3 万平方千米，占丘陵、山区面积的 41%。广大平原地区的农田防御系统有待进一步完善，黄泛区林木覆盖率相对较低，加之不适当的毁林开垦，导致地面裸露，水土不能保持，生态系统比较脆弱。第五，乱占、滥用、浪费土地问题突出。第六，由于河南省对于固体废弃物的处理没有采取有效的措施，因此在阴雨天气中，对土地资源的污染非常严重。

从河南省实际情况可知，在土地利用与管理上也面临着不少的矛盾：一是耕地压力大。全省现有人均耕地量低于全国平均水平，而且耕地分布不平衡，质量差，利用水平低，退化严重。满足人口与消费的增长，解决好粮食问题仍将是河南省长期面临的艰巨任务。二是河南省正处于经济快速发展时期，随着经济发展战略布局由东部向中西部的转移，经济建设对土地的需求在相当长的时期内仍将有较大的增加，用地供需之间及各业用地之间的矛盾将更加突出。三是河南省耕地后备资源有限，开发利用难度大，为了保护生态环境必须做到适度开发，同时将一定量的耕地退耕。另外，限于现阶段全省经济综合实力还不是很强，特别是地区间经济发展不平衡，支持不发达地区的耕地保护、土地整理和土地开发的财力显得不足。四是粮棉生产的比较利益低，现行利益分配格局不改变，保护耕地的难度很大。

1.4 河南省环境资源面临的问题

1.4.1 河南省水资源面临的问题

河南省的整体水质大部分处于良好的状态，2011 年的调查结果显示，全省城市饮用水源地水质全部优或者良好，其中，平顶山、驻马店、商丘、许昌、三门峡 5 个城市的水质为优，平顶山的水质最好。尽管如此，全省水资源还面临着很多的问题。全省地表水资源污染和缺水现象比较严重。下面主要对开封、信阳等城市管辖范围内的河流以及地下水资源进行举例分析。

在素有“一城宋韵半城水”之称的开封，我们已经看不到电视剧中潺潺流水的画面了，进入我们眼帘的是到处可见的“天坑”。作为惠济河的一部分，护城河全长约 1.3 千米，如今相对其他河段来说，保存完整的东护城河由于污染严重，也逐渐变成了名副其实的排污沟；与东护城河相连的北护城河被掩埋成地下河，原来的河面有的成了道路，有的被填平，盖上了楼房。在该河段附近聊天的几位开封居民透露说：“这个臭水沟在几十年前还是一条河，由黄河引入河水，最后流入淮河。当时河里的水很清澈，并且里面还有许多的水藻、虾、鱼等生物。惠济河两边是沙地，再外边是绿油油的麦田。

但是就在最近几年，随着自建房和周边居民数量的增长，生活污水排放量和垃圾数量增加，河水逐渐变得不再清澈，后来就成了现在的样子。”在开封，并不只是惠济河经历了如此的变迁，西北湖由湖泊变成了湿地；阳光湖也因为周围居民不断地填坑建房和乱倒垃圾，导致湖面缩减严重，并且已经处于干涸状态。原来的“五湖”现在只剩下了龙亭湖、包公湖和铁塔湖。

信阳市地处淮河流域上游，水资源丰富，占全省地表水资源总量的 1/4，地下水资源量约占全省的 1/6。天赐一片好山好水，基本上所有的信阳人都没有考虑过信阳会有缺水的这一天。现在人们没有想到的梦魇开始出现了，浉河干得见底，水乡的样子此刻消失得无影无踪。信阳还是一个用水大户，农业用水超过总用水量的 80%，再加上灌溉工程设备不配套，技术相对落后，管理不足，造成水利用率低，出现了比较严重的用水浪费现象。

作为全国 44 个严重缺水的城市之一，商丘市人均水资源量不足全国人均水平的 1/8，属重度缺水地区。水资源的形势还在不断恶化，目前商丘的地表水储量少，地下水位还在不断下降，并且下降速度之快令人担忧，每年的降雨量也在不断减少。商丘供水主要靠的是地下水，但是其水资源总量为 22.84 亿立方米，人均水资源量仅为 280 立方米，在全省和全国的比重分别不足 2/3 和 1/8，远远低于国际上公认标准的下限。

同商丘市相比，水资源形势相对好一点的是南阳市。但是，随着近年来南阳城市化进程的步伐不断加快，工业和生活用水量剧增，再加上工业造成的水污染，致使整体的水资源形势也变得严峻起来。被誉为“中国水塔”的亚洲第一大人工淡水湖——丹江口水库，由于持续一年的旱情，水库水位不断下降，最低点降至 134.7 米，比历史最低水位还要低 0.4 米。相关部门在 2010 年对南阳市内的老灌河、白河、湍河和唐河四条主要河道、多个河段进行了水质监测与评价：在被监测的几个河段中，地表水水质有 90% 的河段符合饮用水源区水质要求，失去供水功能的河段占 10%。

鹤壁市节约用水办公室副主任透露，全市多年平均降水量为 623.56 毫米。2009 年全市地下水最高水位为 128.19 米，比 2008 年低了 1.69 米；最低水位为 125.36 米，比 2008 年低了 0.68 米。但是近 10 年来，全市水资源相对平衡，没有大起大落。随着工农业的发展、城市化的推进，人们对水资源的需求量越来越大，水资源形势也将要面临一定的挑战。

令人感到欣慰的是许昌和安阳两个城市，水资源形势出现了好转的现象。自 20 世纪 80 年代开始，许昌按照“开源与节流并重，节流优先、治污为本，把节约放在重要位置”的指导方针，开展了一系列节水工作。经过多年的坚持，许昌当前的地下水开采量仅为 90 年代的 1/15，其开采量远小于地下水的补给量，每年地下水多出近 2000 万立方米。自 21 世纪以来，许昌每年都从北汝河调水，这些水在美化城市的同时，对地下水形成了很好的补充。总体上看，许昌有效地保护了地下水资源，使地下水位得到了明显回升。

作为安阳的母亲河，安阳河在过去的一段时间内污染比较严重。近年来，随着人们环保意识的增强，安阳市政府越来越重视环境的保护与治理，先后投入巨资对安阳河进行了综合治理，现在呈现给人们的是一道水清岸绿的风景线。安阳市设立的地下水位监测点的监测数据显示，安阳区地下水位正在快速回升。基于此，安阳被评为“全国节水型社会建设试点市”和“全国水行政综合执法联系点”。

河南省整体的用水情况与新郑地区的趋势没有太大的区别，从表 1-7 可以看出，当前城市生活用水量增长较快，但是农村用水量远远高于城市用水量，农业用水量是其他用水量之和。在供水方面，主要水源是浅层地下水，且全省的用水总量在不断地增加。全省水资源相对缺乏，每年的降雨量不尽相同，但是呈现出递减的趋势。尽管采取了一系列的措施，但各个地区水资源缺乏依旧是难以解决的问题。

表 1-7　新郑市历年供用水统计

年份	生活用水（万立方米）		生产用水（万立方米）				生态环境用水	总用水量（万立方米）	地表供水量（万立方米）			地下供水量（万立方米）		总供水量（万立方米）
	城镇用水	农村用水	一产用水		二产用水	三产用水			蓄水	引水	提水	浅层	深层	
			农业用水	林牧渔畜用水										
2000	716	1059	4983	150	2760	0	0	9668	0	7	174	6546	2941	9668
2001	671	1000	8947	811	7311	0	0	18740	677	6	153	12160	5744	18740
2002	713	1991	6533	565	3528	0	0	13330	1101	954	0	7463	3812	13330
2003	719	851	2931	530	2611	0	0	7642	238	230	475	4035	2664	7642
2004	474	690	2632	895	3203	118	120	8132	23	287	66	4473	3283	8132
2005	482	877	3058	884	4875	326	32	10534	35	66	98	3990	6345	10534
2007	1191	778	4532	360	6069	408	39	13377	0	0	530	5773	7074	13377

除此之外，河南省对水资源的需求量远远大于实际的供应量，也就是说水资源的供需之间存在很大的不平衡。有关专家指出，全省水资源的供需差是 50 亿立方米，且供需差在干旱年份会更大。省内水资源的分布很不均匀，南部的水资源相对北方来说比较丰富，但是南方的土地资源较少；农业用水相对较少，豫北地区的情况则与此相反，对水资源的需求量非常大。针对此种情况，各级政府采取了一定的措施，加大了对地表以及地下水的开发，但是由于缺乏合理的宏观开发规划，导致了水资源的乱开发、滥利用的现象。如今，全省地表水开发利用达 30%，而地下水开发高达 60%，这在一定程度上加大了全省水资源的严峻性。在豫北部分地区，开发力度远高于国家的水资源开发标准，少数地区水资源开发力度已经超过了 95%，有的地区竟然形成了很大面积的漏斗形水位空降区。全省在水资源利用方面，用水浪费的现象很低，利用效率也很低。在农业灌溉方面，有效利用率在 50% 以下，有很大的提升空间。当前，河南省面临的最大问题就是水资源在不断地恶化。根据 20 世纪末我国对 68 条主要河流监测点的监测结果可知，有一半以上的河流有一定的污染，并且地下水的污染程度在不断地加深，有逐年恶化的趋势。

除水资源的开发利用存在较大问题之外，有些公民的整体素质也有待提高，没有较强的保护水资源的意识；政府在这方面投入的资金与精力比较少；城乡用水剧增，用水结构也发生了较大的改变。相关数据显示，全省人均生活用水量增加了 3 个百分点，一些城乡生活用水量已经超过了工业用水量；在水资源的利用上还存在用水效率低、浪费较为严重的现象；水资源的问题没有得到及时解决，正逐步扩大到土地、大气等环境资源方面。

2011 年，河南省对所辖的四大流域河水进行调查，水质类别及比例见图 1-5。

由图 1-5 可以看出，河南省所辖的四大流域水质除了黄河、长江水质基本没有较大的污染之外，海河和淮河流域水质污染较为严重。尤其是海河流域劣Ⅴ类水质接近 70%，而长江流域劣Ⅳ类的水质基本为零，两者相比，落差之大让人觉得不可思议。

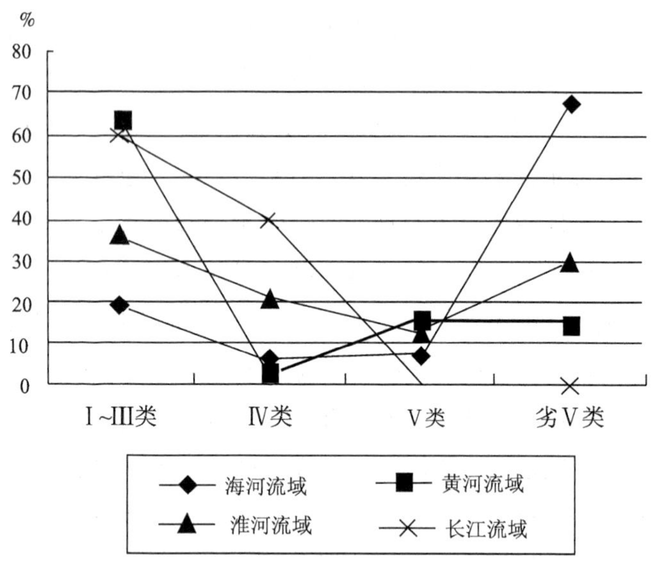

图 1-5 河南省辖四大流域水质类别及比例

1.4.2 河南省大气环境面临的问题

在 2013 年 1 月 22 日召开的河南省十二届人大一次会议上，省环保厅厅长王照平针对雾霾天气这一问题，回答记者提问时说："打造美丽中原关键是先治大气污染。前段时期，河南省和中东部其他省市一样，经常出现范围广、时间长、强度大的雾霾天气。环保专家指出这种天气的成因主要来自三个方面：一是燃煤烟尘、机动车尾气、餐饮油烟和建筑扬尘等。二是大气中的颗粒物、氮氧化物、氮类化合物以及碳氢化合物等经光化学反应产生的二次污染。三是自然环境自身原因，静风状态极不利于各类污染物的扩散，进一步加剧了雾霾天气的形成和持续时间。出现这些情况的原因是时间不断积累的结果，解决大气污染问题需要一个长期的过程。应对和解决雾霾天气，首先要通过推动电力、冶炼、水泥等行业脱硫脱硝工程建设，逐步淘汰尾气排放不达标的汽车等，有效减少大气环境污染物的排放；其次还要加强对大气污染物源的环境管理，用洒水以及烟囱等方法除尘，强制对超标汽车限行。"

2013 年 1—2 月，河南省环境空气质量优、良天数累计百分比为 49.1%，与 2012 年同期相比下降了 24.6%。郑州、开封、洛阳、平顶山、安阳等国家大气污染防治重点城市的达标率非常低，信阳和南阳的达标率在 70%以上，濮阳达标率为 60%，其余城市在 50%以下，环境质量下滑趋势严重。其中，河南省管理试点的大气环境质量优良天数百分比为 64.3%，与 2012 年同期相比下降了 10%，而巩义、滑县两地区竟然在 50%以下。

从 2013 年 2 月的监测数据看，全省各重点区域平均达标率为 36.6%，比 1 月下降了 34.7 个百分点。其中，洛阳开发区吉利科技园达标率为 60%，其他 14 个重点区域本月达标率均低于 60%。达标率低于 30%的有六个：南阳宛城区蒲山镇水泥群区（25.8%）、安阳县铜冶镇工业聚集区（22.6%）、郑州巩义米河镇工业园区（20.7%）、安阳县水冶镇工业聚集区（16.1%）、新乡辉县孟庄镇工业园区（16.1%）、登封阳城电解铝工业区（12.9%）。

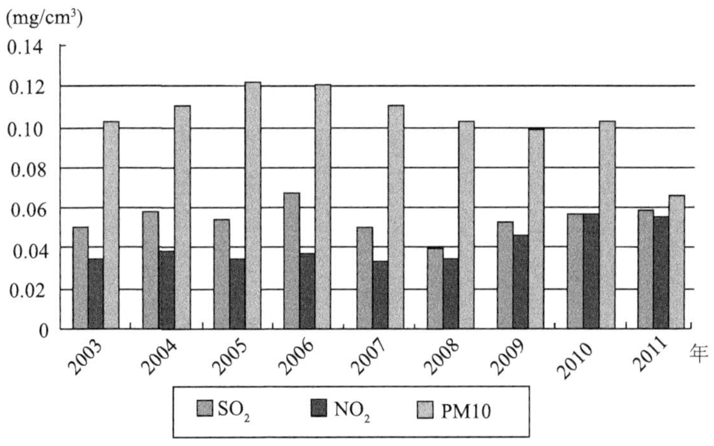

图 1-6　2003—2011 年河南省大气中 NO_2、SO_2、PM10 的浓度

由最近几年的数据看，河南省大气中二氧化硫、二氧化氮以及 PM10 的浓度均有一定的变化，其中 PM10 的浓度在不断地减少，尽管二氧化硫、二氧化氮的浓度变化不是很大，但是总体的浓度还是偏高。由此可见，全省煤烟型污染的大气污染状态没有太大的改变，并且治污工作没有起到立竿见影的效果。

2012 年 5 月 4 日，环境保护部环境投诉受理中心接到群众反映，河南众鸿陶粒有限公司在生产过程中产生了大量难闻的气体，并且该公司没有按照河南省的要求对气体进行处理，直接排放到大气之中，使周边居民的生活受到了很大的影响。经过巩义市环保局对这家企业的调查，众鸿陶粒有限公司“年产6万吨陶粒砂项目”环评的文件由巩义市环保局于2011年8月初审批，试生产文件由该局于2011年8月31日审批。公司试生产获批准后，因生产原材料供应和生产设备不稳定，申请延期试生产。2012年5月，巩义市环保局再次批复试生产。2012年5月11日，巩义市环保局环境执法人员现场检查时发现，配套的双段式煤气发生炉煤焦油含酚废水处理设施未建成。鉴于这家公司污染环境防治设施未全部建成便投入试生产，污染较大，巩义市环保局于2012年5月11日下达了《限期改正环境违法行为通知书》（巩环限改〔2012〕第321号），责令这家工厂立即停止试生产，严格按照环评要求完善各项污染物防治设施。2012年5月16日，巩义市环保局进行了后督察，这家工厂正在停产整改。

颗粒物污染问题一直是一个让人头疼的问题。郑州市属北温带季风型大陆性气候，由于春季风沙较多，此时颗粒物污染最严重；在夏季，由于降雨等原因，颗粒物沉降、扩散得较快，颗粒物不容易积累。但是，郑州市2005年的可吸入颗粒物浓度值超国家二级标准，形势非常严峻。从表1-8可以看出，河南省2004年可吸入颗粒物的浓度相对较高，最低才达到国家二级标准，全省处于二级标准的有5个城市，它们的可吸入颗粒物浓度含量也非常接近二级标准的极限值。大部分城市的可吸入颗粒物浓度是三级标准，甚至开封、洛阳及平顶山三个城市的可吸入颗粒物的浓度处于劣三级标准。尽管最近几年各个地区的可吸入颗粒物的浓度均有所下降，但是整体情况不容乐观，没有一个城市的可吸入颗粒物浓度完全达标，最好的也就是信阳和南阳两个城市的达标率都接近95%、商丘为91%，其余城市的达标率均在90%以下。

表1-8　2004年河南省各市可吸入颗粒物浓度

单位：mg/m^3

城市名称	日均值				年均值	
	最小值	最大值	样本数	达标率	年均值	浓度级别
开封	0.047	0.602	366	57.1	0.197	劣三级
平顶山	0.033	0.862	366	52.7	0.174	劣三级
洛阳	0.042	0.646	366	47.8	0.166	劣三级

续表

城市名称	日均值				年均值	
	最小值	最大值	样本数	达标率	年均值	浓度级别
安阳	0.029	0.567	366	67.5	0.143	三级
焦作	0.032	0.596	366	73.8	0.131	三级
驻马店	0.025	0.412	366	86.1	0.131	三级
鹤壁	0.029	0.360	366	78.7	0.129	三级
济源	0.028	0.685	366	73.2	0.127	三级
三门峡	0.032	0.584	366	73.0	0.127	三级
郑州	0.030	0.363	366	81.1	0.111	三级
周口	0.027	0.353	366	81.4	0.106	三级
新乡	0.028	0.416	366	81.5	0.104	三级
许昌	0.024	0.364	366	89.3	0.104	三级
信阳	0.020	0.261	366	94.4	0.097	二级
南阳	0.047	0.326	366	94.8	0.092	二级
濮阳	0.019	0.440	366	84.7	0.088	二级
漯河	0.018	0.381	366	87.7	0.087	二级
商丘	0.019	0.296	366	91.0	0.087	二级
全省	0.018	0.862	—	77.6	0.122	—

表 1-8 各市可吸入颗粒物浓度的统计数据显示，河南省的城镇化建设进展得很好，但是带来了可吸入颗粒物浓度有所增加，尤其是在干旱季节，水泥厂、砖厂、建筑工地等相关场所周围的空气中粉尘颗粒物浓度严重超标。在冬季和春季取暖时，煤炭燃烧产生烟尘和二氧化硫等物质，而河南风沙较大，雨雪很少，颗粒物悬浮在寒冷而干燥的空气中，一定程度上增加了可吸入颗粒物的浓度。2013 年 3 月上旬的一天，省管辖范围内的各个城市均出现了“沙尘暴”。当天一直阳光明媚，微风拂面；下午三四点钟，一阵大风过后，漫天黄沙，太阳消失得无影无踪，人们呼吸起来感觉很难受。还有一则新闻报道，是在 2013 年新年刚过不久，平顶山一家水泥厂附近的一所小学的同学们进入教室之后，桌面铺上了厚厚的一层水泥灰，窗户上也是一样。整个教室显得肮脏不堪，就连校园的树上都是灰尘，这对孩子们的身体健康构成了威胁。

河南省的大气环境除了大气层污染严重之外，当前的室内空气污染也相当严重，并且由于污染源过多，市场存在较多问题。首先是市场监测技术水平与西方发达国家相比较为落后，监测的设备没有一定的检查手段，不能完全正确地判断出设备的优良与好坏；市场监管部门由于对室内空气的监测手段和技术不是很熟悉，监测和治理市场混乱。市场中存在竞相压低价格来取得更多的检测机会，并且有些检测机构并没有获得相应的检测资质。除此之外，由于目前全省加快了城镇化建设，新房的装修造成室内空气污染严重，加上市场中有诸多假冒伪劣的材料，部分居民还非常热衷于二次装修；省内人民在这方面的意识不是很强，不注重室内空气的流通，大部分居民装修不久就住进新房，结果身体受到了不同程度的影响。

1.4.3 河南省土地资源面临的问题

尽管近年来河南省采取了一系列的措施以改变全省的土地资源状况，形势相比前几年有一定的好转。但是由于多种原因，当前全省土地资源还面临着诸多问题。

首先，全省的耕地数量锐减，人地关系变得越来越紧张。耕地占全省土地总面积的47.9%，人均耕地数量远远在全国人均水平之下。目前全省处于经济高速发展时期，在未来几年甚至几十年的规划中，各项建设大量占用耕地的情况仍不可避免。未来一段时间内，全省将会迎来人口高峰、城市化高峰和工业化高峰3个“高峰”，而这些均需要大量土地作为支撑；河南地处中原，国家多个大型的建设项目穿越河南，加上自身的建设项目，使得基础设施建设对土地资源的需求有所增加。以上两点，要求全省提供相当数量的建设用地空间，而这在一定程度上又会加剧土地资源递减的程度。

其次，全省的土地集约型利用不够。当前全省普遍存在粗放型的土地利用方式，土地利用结构与布局不合理。全省耕地资源占有量远低于全国平均水平，在此情况下，经济发展中的低效益利用土地资源的方式较为普遍。多年来，建设用地以不断向外扩展为主，并且占地增长速度远高于经济增长速度。地方盲目兴建开发区，一些城市建宽马路、大广场，一些地方低价甚至“零地价”招商，导致大面积的耕地被占用，土地利用效率逐年降低。另外，大多数农村乡镇企业迅猛发展，遍地开发，布局散乱，土地利用效益低下。

最后，土地质量下降，生态环境恶化。以城市为中心的环境污染仍在扩展并呈现出向农村蔓延的趋势，生态环境不停地遭到破坏。近年来，城市重工业企业及农村普遍存在的乡镇企业迅猛发展，各种污染对土地资源形成了威胁，并且有逐年加重的趋势，土地资源也因此承受着巨大的污染压力。相关数据显示，河南省 2006 年产生的工业固体废弃物为 7463. 62 万吨，与 2005 年的 6178. 2 万吨相比，增长了 20. 8%，其中危险废弃物产生量为 15. 23 万吨，相比同期增长了 0. 13 万吨；工业固体废弃物综合利用量为 5268. 15 万吨（含综合利用往年贮存量），与上年的 4243. 5 万吨相比，增长了 24. 2%；贮存量为 704. 49 万吨，与上年的 856. 8 万吨相比，降低了 17. 8%；处置量为 1830. 61 万吨，与上年的 1286. 7 万吨相比，增长了 42. 3%；排放量为 3. 22 万吨，与上年的 3. 6 万吨相比，降低了 10. 6%。全省 2006 年城市生活垃圾处理量为 548. 5 万吨，处理率为 47%。尽管多数城市加大了对生活垃圾的处理力度，但是从近年工业固体废弃物的排放量以及综合固体废弃物的堆积量可以看出，固体废弃物的处理还不到位，累积量也越来越大。全省固体废弃物造成的土地资源污染的形势也日益严重。

1.5 河南省环境资源采取的对策及建议

1.5.1 河南省水资源采取的对策与建议

当前全省水资源主要面临的问题是，水资源的开发利用不是很合理，水资源污染较为严重。想要改变当前水资源面临的问题，应采取的措施主要有以下几点：①改变以往重经济发展而忽视水资源保护的观念，树立可持续发展的理念，走水资源持续利用的道路。这就要求政府部门通过多种途径，加大对水资源保护的宣传和治理力度；采取相应的措施建立节水型社会，实现水资源的可持续发展。②优化水资源结构不合理的机制，有计划地开发利用水资源。充分但不过度地开发和利用省内黄河、海河等四大流域的水资源，解决缺水地区的问题；地下水的开发应控制在深层地下水，尽可能少地开采浅层地下水；土地的浇灌尽量用地表水，在省内也要尽力建立南水北调工程，从根本上解决沿线地区的缺水问题。③加强对水资源的保护，从根本上改善水资源。要想达到预期目标，首先，要根据水资源的用途进行规划，整体实行控制，同时还要加强对水资源和环境的监测，防止发生突发性水污染事件。其次，对于已经污染的水源要加大治理力度，对于污染严重的企业要强制限期要求进行对污染的水资源治理，并且建立“地区水污染的防治与治理责任到人”的制度，增强企业与地方政府的责任感。④开源与节流双管齐下。政府部门除了要积极创造条件，加大加固目前的水库之外，在统一规划的基础上，还要建立多个小型的水库进行储水；结合当前的农业情况，大力发展节水灌溉的方式。在以往的浇灌基础上，带动农民的积极性，尽量推广地下填埋输水管道等节水灌溉的技术，在经济水平较高地区发展喷灌、微灌等高新而节水的技术。⑤加强水量管理的同时，还要加强水质管理。从根本上解决水资源问题，就要解决水源统一管理的问题，使相关的管理部门真正拥有权力，做到“有法必依”“违法必究”，经过组织协调，充分调动各方面的力量，对水资源进行合理的调度，优化水资源的配置和利用。同时，还要出台相关的政策，明确各部门的职责，使水资源的管理朝着规范化、科学化、制度化的方向快速迈进。⑥经济与环境并抓，科学管理很重要。严格按照水费计收的办法有偿提供水资源，并且实行阶梯形的收费标准，根据市场物价的变动实行水费价格的浮动。这样可以给城镇居民施加压力，增强节水意识，对于水资源利用率的提高有很大的帮助。⑦加大对企业的处罚力度，惩罚包括直接缴纳罚金、停产进行整修等多种方式。不处理或没有保护好水资源受到的惩罚远大于其处理或保护的费用，只有这样才会提高水资源的质量。⑧加强水资源法律法规的建设，去陈旧法律法规的糟粕，取其精华。严格按照法律法规的标准执行，社会道德与刑罚双重管理之下，河南省水资源面临的问题可以迎刃而解。

1.5.2 河南省大气环境资源采取的对策与建议

河南省大气环境的组成比较复杂，对于不同的污染物采取的措施也不尽相同。室内空气污染较为严重，目前采取的主要措施具体如下：政府各部门基本上各司其职，监管部门加强了对室内装饰、装修材料生产、流通领域的抽查力度，严厉打击劣质产品，提高室内装修材料的质量，规范市场的秩序。同时，还加强了对相关从业人员管理能力方面的培训，加大了对室内空气质量的宣传力度，唤起了人们对室内环保的意识，提倡绿色设计和施工。加强对室内空气质量的监督和管理，促使市场健康发展。

在对室外大气环境采取的对策中，对不同的污染源对策也不一样。首先，在处理二氧化硫、二氧化氮等污染气体时采取的措施是调整省内布局不合理的工业分布，做好对城市环保的规划，走可持续发展的道路。采取的主要对策是从能源结构入手，从根本上减少煤炭燃烧所产生的气体和汽车尾气的污染。河南省的煤炭资源丰富，有多座燃煤火电厂和热电厂，发展燃煤热电联产、扩大集中供热范围是全省目前切实可行的治理污染手段。其次，是在城市的路边种植一些可以大量吸收二氧化硫、二氧化氮等有害气体的植物和花卉。这样既增加了城市的绿化又改善了城市的大气环境质量。最后，就是充分利用“西气东输”经过河南省的有利条件，扩大管道燃气的供应范围，同时在全省加快以气、电等清洁能源替代煤、石油的工作进度。在汽车能源结构调整方面，应该积极推广使用压缩天然气、液化天然气、乙醇汽油的车辆，来取代目前燃烧汽油的汽车。另外，公共交通要大幅度降低汽车尾气的排放量，建立便利的交通系统，对汽车和人口较多的城市如郑州采取车牌号限行等措施对提高城市公交分担率，改善全省大气环境质量来说，是行之有效的对策。

21 世纪以来，全省加强了对城市可吸入颗粒物的治理工作，特别是对于污染严重的产煤城市，如焦作、平顶山等，除了增强环境执法力度，建立了“12369”环保举报电话外，还在部分地区建立了每月一次的新闻发布制度。对水泥厂、砖窑厂进行严格控制，要求其可吸入颗粒物浓度在一定的范围内，超标的话就对其进行惩罚，严重的甚至要求停产并进行治理。不仅如此，各个城市在郊区加强了风沙防护林的建设，既绿化了城市又减少了城市可吸入颗粒物的浓度。夏季和秋季，是农作物收获的季节，也是焚烧秸秆多发的时候，各县镇级政府应增加巡查次数，同时加大惩罚力度，采取举报有赏的办法，尽可能减少秸秆的焚烧。这样不仅可以减少大气中烟尘的产生，同时还可以达到秸秆还田增加农田肥力的目的。最后，还有一项有效的对策就是鼓励农民退耕还林，增加树木的种植，在一定程度上增强对污染空气的吸收和净化，制造出更多的新鲜空气。

1.5.3 河南省土地资源采取的对策与建议

根据联合国粮农组织的规定可知，维持一个国家或地区社会经济正常与持续发展的基本人均耕地面积是 530 平方米，然而，河南省相关部门的调查结果显示，2005 年初全省的耕地面积为 792.6 公顷，人均耕地面积为 816 平方米，远高于联合国粮农组织规定的人均标准。

为解决全省土地资源面临的严峻形势，首先要采取的对策就是控制人口过快增长。由于人口增长较快，一方面会给土地资源带来很大的压力，控制人口增长就是减少对土地开发利用的需求，减少各项目对耕地资源的占用，保证人均土地资源的占有率能够满足最低要求；另一方面，不断快速增加的人口还会对土地资源的开发利用产生较大的负面影响，不利于土地资源的可持续利用与发展。在当前土地资源较为紧缺的情况下，严格控制人口的过快增长，是实现土地资源可持续利用战略最基本的措施，尤其要做好农村地区的人口控制工作，降低人口的增长率，为实现土地资源的平衡与协调发展创造条件。

其次，还要加大宣传力度，培养人们可持续的资源利用观。这就要求人们按以下两步开展：一要在省内较大范围内开展深入、持久的国土教育，使人们认识到当前全省土地资源面临的严峻形势，提高人们的忧患意识，使“合理利用土地和切实保护耕地”的基本国策深入人心，形成较强的保护土地资源的观念。二要通过宣传教育，从根本上提高人们对土地资源经济价值的认识。让每一个人都能认识到土地是人类生存与发展过程中不可替代的重要物质基础，同时让他们意识到土地资源是一种稀缺资源，数量有限，而人类的生存与发展是建立在一定数量土地的基础上的。只有让省内多数人们认识到土地价值的存在，并在土地利用的过程中能自觉地按价值规律办事，才能形成节约用地与保护土地资源的良好风尚，积极参与到保护土地资源的活动中，为更好地解决当前问题打下坚实的基础。

其次，各级政府部门在加大资金投入的同时，还要保护耕地，控制建设用地。近年来，各级政府对农业产量的提升要求很高，投资比重也呈现逐年增加的趋势，减免农业税调动了农民的积极性。由于耕地数量（粮食种面积）和耕地质量都有所提升，粮食产量不断增加。各级政府今后应该尽可能地加大对农业的投入，提高单位面积耕地的生产能力，同时保护好生态，实现耕地的集约和持续利用。从 1996 年年底到 2004 年年底，全省耕地面积减少了 18.4 万公顷，平均每年减少 2.3 万公顷，耕地保护的任务越来越紧迫。因此，必须制定并严格执行耕地保护法律法规，对土地用途实行管制，尽可能减少建设占地面积，增强退耕还林还牧的落实力度。由于当前固体废弃物是土地资源污染的罪魁祸首，全省要加大对固体废弃物的处理力度，并且向西方国家学习分类处理的方式和先进的处理技术，达到节能环保的效果。

再次，要不断进行土地改革，加强土地管理。通过向西方土地资源管理较好的国家学习方法，不断对省内部分地区不适合当地情况的规定进行修改。同时，还要加大执法力度，不断提高执法人员的素质，做到“有法必依”“违法必究”。将土地资源纳入国民经济核算体系，利用税费、价格等经济手段，优化国土资源配置，促进人们对土地资源的节约利用；还要明确土地利用总体规划，提高土地资源规划等的地位，对于违反规划的行为，严肃处理并依法追究其刑事责任。在此基础上，还要建立起健全规划公开的制度、项目预审制度、计划管理制度、规划监督监察制度、规划目标考核责任制度、规划师资质认证制度和规划单位资质认证制度，对于各项制度由不同部门分别管理，保证各项规划工作的落实，真正体现规划的合理性。

最后，全省还要加大奖励落实力度，采取正激励和负激励共存的措施，双管齐下。在以经济利益为基础的诱导下，一些部门会把土地资源的保护工作做得很好，这时要及时给予一定的奖励，并且通过新闻报道进行大力宣传，提高人们参与的积极性。同时，对于一些过度开发利用和破坏土地资源的部门要加大惩罚力度，并通报批评；如果没有好转或者情况变得更为糟糕，就要按照相关法律执行，严重者要停止相关部门的一切活动。

1.6 结论与展望

河南省正处于经济快速发展时期，个别地区仅仅将科学发展观放在口头上，并没有真正去实践。这种“重经济，轻环境”的做法牺牲了多数人的利益，粗放型的经济增长方式造成了产业结构中重工业的比重较大，固体废弃物的排放量以及能耗都较高。不仅如此，河南在“十二五”规划中提出，未来全省的经济要增长数个百分点，这样会给环境资源的保护带来很大的压力。

河南省整体环境资源的保护和管理不力。具体体现在以下几方面：①个别环保部门在执法中很难做到“有法必严”“违法必究”，长此以往，治理起来会非常困难。②全省的环保体制不是很完善，有的环保部门实行双重领导，真正的权力在地方政府手里，环保部门领导的权力只是形式，而真正有环保意识的往往是环保部门领导，地方政府人员有的缺乏环境保护意识，有时会用一些手段干扰环保部门执法。有的地方政府甚至以保护当地企业，发展当地经济为由，限制行政干预，对产生固体废物较多的工业区和企业实行特殊保护。③基层环境监管监测能力较薄弱。全省县级环保机构普遍存在人员不足，工作不积极等问题；甚至有极少数基层环保部门不具备最基本的执法条件，很难把治理环境的工作做好。

在全省水资源、大气环境资源、土地资源中，当前污染最为严重的就是大气环境资源，其次就是水资源污染和紧缺情况严峻。由于土地资源相对紧缺，再加上各级政府采取了一定的措施，土地资源形势相对水资源和大气环境资源稍好一点。大气污染最严重的主要原因是随着经济发展的继续，工业废气排放量不断增加，汽车拥有量不断增加导致空气中的二氧化硫、二氧化氮等污染气体排放量剧增。水污染主要是造纸厂、重金属等企业造成的，再加上全省治理水污染的措施不到位，目前水资源形势日渐严峻；水资源紧缺情况主要是自然条件造成的，人为的过度开发利用加剧了形势的严峻性。

在处理水资源污染上，河南省不断完善相关法律法规，加强了对企业和事业单位的监管力度，明确了各部门与企业的责任与任务；加大了对水污染治理与排放不达标企业和单位的惩罚力度。目前，全省多个城市的水污染治理情况有好转的趋势，大部分地区能够做到将污染源作为首抓重点，从根本上解决水污染问题。从长远角度看，除了解决自然因素造成的问题相对困难一些之外，全省水资源的形势将会不断地朝着好的方面发展。

由于加强了城镇化建设，各个地区新建的楼房不断增加，室内装修也成为热门话题，不断有各地新闻报道指出室内空气不达标的情况。久而久之，人们开始注重室内空气的质量，平时加强了室内空气的流通，同时在装修的时候，选择质量较好的材料，装修之后并不急于搬进新居，等空气达标之后才入住。从这方面看，全省室内空气质量达标率较好，其发展前景也是如此。在大气环境方面，全省大力提倡节能减排，以天然气代替石油的做法起到了很好的效果，再加上目前取暖的方式逐步由空调代替了煤炉，二氧化硫和二氧化氮等污染气体的排放量也有所减少。农村大部分地区采取了秸秆还田技术，减少了对秸秆的燃烧，水泥等行业也加大了对可吸入颗粒物的控制，大气中可吸入颗粒物浓度降低了许多。随着人们对大气环境质量的重视并积极参与组织的各项活动，河南省大气环境将会迎来更好的明天。

全省土地资源本身的污染程度不是特别严重，再加上对土地资源的重视程度不断加强，土地资源污染程度有减轻的趋势。

总之，全省整体的环境资源形势有所好转，除了自然因素造成的问题解决较难之外，其他方面的问题都在不断地减少。也就是说，全省未来环境资源向好的方向发展的空间很大，其发展前景较为乐观。

第2章　河南省煤炭企业环境管理的现状与问题研究

2.1　绪论

2.1.1　研究背景

矿产资源是经济社会发展的重要物质基础。《中国可持续能源发展战略》研究报告指出，我国90%以上的一次性能源、80%以上的工业原材料、70%以上的农业生产资料和30%以上的生活用水来自矿产资源。其中，到2010年煤炭在我国一次性能源生产和消费中占60%左右；到2050年，煤炭所占比例仍将大于50%。煤炭是河南省的优势矿产，经50多年的地质勘查工作，到2005年全省范围内已经发现19个煤田和19个含煤区，共发现矿（或井田）283处，获得各类能利用煤炭资源260亿吨，约占全国资源量的2.8%。已开发主要煤矿区16个，形成了以国有大矿为主体、集体个体矿共同发展的建设开发布局。煤炭资源的开发利用，为全省乃至全国经济社会的快速发展提供了有力支撑。

矿产资源的开发利用，造就了人类社会的工业文明。然而，在“征服”自然的同时，人们越来越认识到自然的“反作用力”严重制约了人类社会的进一步发展。伴随着经济的发展，矿产资源的高消耗客观上加大了资源的开发力度，大规模的资源开采和加工又增加了对生态环境的干扰和破坏。煤炭开发引发的地下和地表水系破坏、地表沉陷、瓦斯排放、煤田和矸石山自燃等对生态环境造成了严重影响，煤矿生产加工过程中产生的煤泥、劣质煤、与煤伴生矿物以及矿井水尚未得到有效利用，主要产煤地区煤炭开采与生态环境恶化的矛盾已十分突出。矿区生态环境问题已经成为制约矿区可持续发展乃至区域生态安全的重大隐患。正如恩格斯在《自然辩证法》中指出：“我们不要过分陶醉于人类对自然界的胜利。对于每一次这样的胜利，自然界都对我们进行报复。”每一次胜利，起初确实取得了我们预期的结果，但是往后和再往后却发生完全不同的、出乎意料的影响，常常把最初的结果又消除了。截至 2007 年，河南省矿山地质灾害共 909 处。累计经济损失约 400 亿元。矿业开发占用与破坏的土地 559.3 平方千米，其中，采矿场占地 90.8 平方千米、固体废料场占地 17.0 平方千米、尾矿库占地 7.2 平方千米、地面塌陷和地面沉陷占用和改变土地 444.3 平方千米。矿山开采过程中产生的废渣主要有尾矿、废石（土）、煤矸石等，年产出量约为 3.16×10^7 吨，年排放量为 2.04×10^7 吨，累计积存量达 2.75×10^8 吨。矿山开采过程中产生的废水主要有矿坑水、选矿废水、堆浸废水、洗煤水等，年产出量为 4.68×10^8 立方米，年排放量为 3.76×10^8 立方米。矿山开采过程中长期抽排地下水，造成浅层含水层疏干或地下水位大幅度下降，部分矿区地下水水位降低达到 200 米，省内采区周围常住人口及牲畜的饮水受到严重影响。从工业文明进入构建和谐社会生态文明的今天，要求资源的利用必须符合可持续发展及生态协调的要求。自 1972 年联合国人类环境会议发表的《人类环境宣言》开始，到联合国、欧洲联盟委员会、国际货币基金组织、经济合作与发展组织和世界银行的《2003 年综合环境与经济核算体系》（*System of Integrated Environmental and Economic Accounting* 2003），经济、社会、环境协调发展越来越成为世界经济发展的主题，各国政府普遍加强了对环境的保护和对生态的恢复。尽管如此，全球范围内生态环境进一步恶化的趋势却并未得到有效遏制，特别是在发展中国家，环境污染和生态破坏尤为严重。

十八大报告将节约资源和保护环境作为基本国策，指出在过去五年，我国经济增长的资源环境代价过大：今后要完善有利于节约能源资源和保护生态环境的法律和政策，完善反映市场供求关系、资源稀缺程度、环境损害成本的生产要素和资源价格形成机制，建立、健全资源有偿使用制度和生态环境补偿机制。温家宝总理在 2008 年 3 月 5 日第十一届全国人民代表大会第一次会议上所做的政府工作报告中也明确指出，要高度重视节约资源和保护环境，加大环境保护的力度。十一届全国人大一次会议第四次全体会议通过的国务院机构改革方案明确组建环境保护部，也加了大环境保护力度。党和国家高度重视环境保护，因为环境污染和生态破坏已经成为严重制约我国经济社会可持续发展的“瓶颈”问题。

矿区环境管理是以矿区环境保护、重建和煤炭资源持续利用为基本宗旨，运用法律、经济、行政管理以及宣传教育等手段，维持和实现矿区环境的良好状况，防止、减轻和控制对矿区环境的破坏、损害或退化的管理活动过程。当前，在矿区可持续发展的总体目标要求下，矿区环境管理的重要性日益突出。本章将以产煤大省、国家重要能源化工基地——河南省煤炭资源开发利用现状为背景，以全省矿区环境管理现状为基础，借鉴国内外矿产资源开发与生态保护模式的有益经验，积极探索有益于全省矿区环境管理的方式、方法。

2.1.2 研究目的及意义

煤炭行业是河南省重要的支柱产业，其可持续发展对于全省实现小康社会、实现经济社会的可持续发展具有举足轻重的地位和作用。当前，河南省煤炭行业整体发展较好，无论是从煤炭资源的储量还是从其生产量来看，在全国都是名列前茅。然而，如果是从协调可持续发展角度考察，与国家提出的生态文明建设标准相比，还存在较大差距，尤其是煤炭资源开采造成的生态环境保护问题十分突出。在此背景下，认真研究和妥善处理河南省煤炭资源开采中的环境问题具有重要的现实意义。

从现有资料来看，围绕煤炭资源开采所涉及的环境保护问题展开的研究较多，如周启星等人针对东北地区煤炭资源开发的矿区环境问题进行了深入研究，并提出了相应的生态环境保护对策；丁志平通过研究乌海市煤炭资源开采过程中的环境污染问题，提出了该市生态环境治理的改革思路；梁建庄研究了贵州省普安县的煤矿开发环境问题；王云珠等研究认为，要实现经济社会的协调可持续发展，山西省必须加强煤炭资源的高效开发利用，同时要做好矿区环境治理和生态环境保护工作；刘生辉从调查煤炭资源的开发利用现状出发，详细分析了陕西省北部煤炭资源的可持续发展前景，进而提出加强资源管理、加强环境保护、加强市场监管、加强经济手段运用等政策建议；康北林从我国煤炭资源开发的历史原因出发，认为当前开发过程中出现的一些生态环境破坏具有严重的不可修复性，是生产企业无视自然、盲目追求经济利益的结果，也与我国的环境立法不严、执法不严、监管不到位有关。但是，对全国的产煤大省、高速发展的河南省煤炭资源开采和矿区环境保护与管理问题的研究却不多。因此，笔者希望，本章的研究不仅能够使读者对河南省矿区环境管理现状有个较为全面的了解，还会对全省如何进一步做好矿区环境管理工作具有重要的理论指导意义。

2.1.3 研究内容及方法

本章以矿产资源与生态保护及公共管理相关理论为基础，结合河南省矿产资源开发与生态保护的研究趋势，通过时间序列分析，从历史演进与近年发展的纵向比较角度，研究、归纳了全省煤炭资源开发利用现状、矿区环境管理的现状及其存在的问题，在借鉴当今国内外矿产资源开发与生态保护经验的基础上，构建了区域矿产资源开发生态协调系统，探讨了符合省情的区域环境管理模式。

本章的研究建立在理论和实践两个层面。理论部分，归纳、总结了国内外的相关文献，关注了相关领域最新的研究进展。实践部分，经过多次对河南省各部门和煤炭企业的实地调研，获取了全省近年来发展过程的数据和资料，为本章的研究奠定了基础。

2.2 国内外矿区环境管理经验

2.2.1 国外矿区环境管理经验

（一）澳大利亚的经验

近年来，在澳大利亚，为了最大限度地减轻来自煤炭等采矿工业的环境影响，提出了“最佳实践”的理念，促使环境管理贯穿采矿活动的整个过程，包括从最初的勘探到矿山的建设和运转直至矿山的关闭。它强调在采矿活动中，必须遵从、遵循各种环境法规与标准，突出生态原理的应用与生态可持续发展，注意当代人与子孙后代利益之间的公平性，坚持预防原则，以及训练有素的员工有效的信息交换与公开、透明的管理和环境与技术的不断改进等基本原则，主要做法有：一是在项目实施的许可阶段，把环境管理作为至高无上的制度加以执行，这些环境管理制度包括早期的和综合的环境影响评价，污染控制以及其他预防与缓解措施，监测与审计，应急反应程序等；二是在项目运转的最初阶段，充分考虑采矿过程中社会经济影响评价和社会规划的重要性；三是在管理与政策制定的最高水准上，建立、健全并实施政府与采矿工业各自的环境责任制度；四是鼓励员工主动承担环境管理的责任，保证足够的资源职员和必要的培训，以更好地执行环境保护计划；五是保证受到采矿活动影响的公众以及对采矿活动造成的环境与社会压力方面有兴趣的人员广泛参与和直接对话；六是采用能够最大限度减轻环境退化的最佳实践，尤其是在缺乏特定的环境法规的情况下更应如此；七是在采矿活动的所有阶段，采取环境保全技术多途径研制能够缓解环境影响的各种技术：八是寻求各种额外资金以改善现有采矿区的环境性能；九是全面实现风险分析与风险管理制度，包括各种规章制度的改进，采矿活动的设计、运转和退役，处置、处理有害的采矿废弃物；十是强化与采矿活动有关的环境管理基础设施、信息系统服务、培训与技能；十一是采用合适的经济与行政手段，例如，采用税收鼓励政策，以鼓励采矿企业减少污染物的排放，引入新技术；十二是探讨建立旨在减少跨边界污染的互惠协定的可能性；十三是鼓励长期的采矿投资以更为清洁的环境标准为目标。

（二）德国经验

德国高度重视矿区管理。1991—2004 年，经过十多年的努力，环境得到了有效的治理。主要方法如下：一是建立政府运行机制。在矿区环境治理和生态恢复过程中，联邦政府承担主要投资者的责任，投资组建专门治理公司，联邦和州政府控制项目，并负责总体规划、项目预算，批准资金使用。二是实施公司经营模式。项目由专业管理公司承担，负责规划、编制和申报、项目监测、预留后续用地、资金使用和控制、招投标项目管理等。三是因地制宜，科学管理。首先，排除了因地质作用发生崩塌等自然灾害的情况，将矿山改造成湖泊。在露天矿治理中，采用钢管振动、注水等方法对危险边坡进行加固，铲平陡边填土，保持边坡长期稳定。通过稳定矿井边坡，利用河流和矿井水作为水源向矿井注水形成水面。其次，以可再生旅游资源为目标，全面开展地表水系统管理。矿井水、地表水系统，综合净化改造后，形成优质旅游资源。最后，生态恢复的目标是进行综合绿化。综合管理用地中，森林和农田占 50%，旅游湖泊占 30%，自然保护区占 15%。四是科学规划，合理布局，调整资源结构，建设工业园区。对矿区周围的居民和褐煤加工企业进行搬迁，进行土地整体开发，新建工业园区取代原有企业。

2.2.2 国内矿区环境管理经验

（一）山西省征收煤炭可持续发展基金，且资金最大投入用于矿区环境综合治理

山西是煤炭大省。作为我国最重要的能源基地，山西肩负着满足国家经济建设对煤炭需求的重要使命，长期以来为全国特别是东部沿海的经济发展提供了强大的能源支撑。

然而，山西由于长期高强度、粗放式的煤炭开采，造成了水资源破坏、环境污染严重及煤矿安全生产形势严峻、转产再就业压力巨大等一系列矛盾和问题。为使全省经济社会可持续发展，山西组织开展了相关政策研究，提出了构建煤炭开采资源与环境补偿机制的建议，通过积极争取，最终得到了财政部、国家发展改革委、国家煤炭局、国土资源部、环保部等部门的支持，于 2007 年开征煤炭可持续发展基金。

煤炭可持续发展资金的筹集，打破了以往煤炭企业资金的筹集方式。第一，全面征收，既包括地方国有煤矿和乡镇煤矿，也包括中央集资煤矿。煤炭是否从该省出口已不再是区分的问题，即“山西省行政区域内所有从事煤炭开采的企业都应缴纳煤炭可持续发展基金”。第二，煤炭可持续发展基金由三个要素组成：不同煤种标准、矿井核定产能规模调节系数、原煤产量。征费总额按乘法公式计算。由于可持续资金筹措的调节系数是以煤矿核定规模为基础的，不同规模的煤矿支付的可持续资金存在明显的差异，相同条件下煤炭企业的责任和义务也逐渐趋于一致，从而消除了原来煤炭企业市场的不合理竞争。同时，不同资源和环境条件的煤炭企业之间的平等竞争在一定程度上促进了煤炭企业的发展。第三，可持续发展基金收入分成省、市、县三级，山西省充分考虑国有重点煤矿所在地的市、县承担生态环境破坏成本，并将省级以上大型煤矿支付的资金进行划分。按 8∶1∶1 的比例分为三级，其他煤矿企业的资金收入分为省级 60%、市级 20%、县级 20%。第四，在资金使用方向上，山西省划拨比例为 5∶3∶2，即 50%用于环境管理，30%用于煤矿改造，20%用于社会稳定。最大的投资是环境管理，主要是跨区域的生

态环境管理，单个企业无法完成。其主要内容包括：水系统破坏、水资源损失、煤炭开采造成的水污染；空气污染和煤矸石污染；植被破坏、水土流失、生态退化；土地破坏和沉降引起的地质灾害。

2009 年 10 月 29 日，山西晚报报道，全省煤炭可持续发展基金试点以来，已拨付煤炭可持续发展基金 100 多亿元进行矿区的综合环境治理，取得了显著成效。2009 年，省政府安排区域生态环境综合治理资金 42. 15 亿元，重点支持汾河流域生态恢复与环境保护、太原市西山地区生态环境综合整治和十城市生态环境综合治理、应急水源等六项水利工程、造林绿化工程、节能减排和淘汰落后产能、循环经济项目等。其中，通过实施汾河流域污染企业治理、源头截流、河道疏浚、节水等工程措施，太原市河段实现了清水回灌，湿地面积不断增加，流域地下水位有所上升。通过实施绿化造林工程，完成汾河流域造林 29. 82 万亩、交通沿线荒山造林 133. 80 万亩、廊道绿化 1364. 00 千米。

（二）河南省在煤炭行业实行职业准入制度

2007 年 1 月 7 日，河南省政府出台了《河南省煤矿企业从业人员准入资格管理规定》，规定从 2007 年起，国有重点煤矿的矿长、总工程师必须持有“煤矿矿长资格证书”和“煤矿矿长安全资格证书”才能上岗，还需具有大专以上学历和井下 3 年工作经验；煤矿企业要建立劳动预备制培训制度，在岗工人需经培训考试合格方可上岗。新招收工人须接受技工学校至少 1 年的教育，经考试合格，并经具有资质的机构培训、职业技能鉴定后，方可上岗。

2. 3 河南省煤炭资源开发现状

2. 3. 1 河南省地理位置及煤炭资源概况

河南省位于北纬 31°23′~36°22′、东经 110°21′~116°39′，东接安徽省、山东省，北接河北省、山西省，西连陕西省，南邻湖北省，呈望北向南、承东启西之势。河南地理位置优越，古时即为驿道、漕运必经之地，商贾云集之所。今天，地处沿海开放地区与中西部地区的接合部，是我国经济由东向西梯次推进发展的中间地带。

全省面积为167000平方千米，辖17个地（市）129个市、县。交通以陆路为主，京广、陇海、焦枝、京九铁路干线贯穿南北东西，各主要煤矿区均有专线连接，加之黄河水运，公路四通八达，交通便利。煤炭资源比较丰富，全省垂深2000米以浅含煤面积约有18900平方千米，其中已探明面积约3800平方千米。计有19个矿区（或煤田），主要分布于京广铁路以西地区。预计垂深1500米以浅赋存煤炭储量为600.69亿吨，其中保有储量为237.34亿吨，预测储量为363.35亿吨（可靠级为218.72亿吨）。河南省地理位置及煤炭资源分布如图2-1所示。

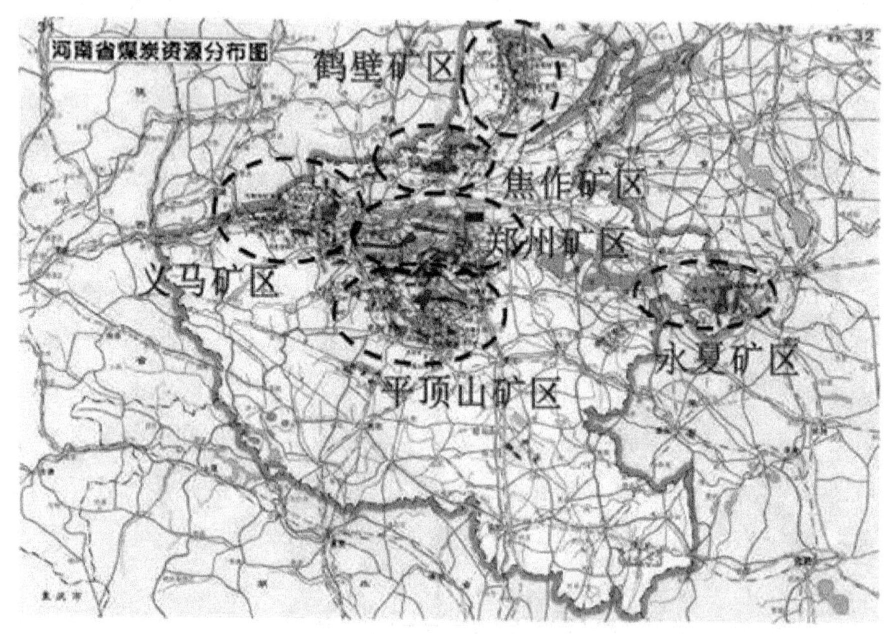

图2-1 河南省煤炭资源分布图

2.3.2 河南省煤炭行业发展概况

河南是我国煤炭生产大省，煤炭资源开发利用程度高。2008年，我国原煤产量为26.22亿吨，较2007年同期相比（同比）增长了12.79%。全国共有七个省（区）煤炭产量过亿吨，分别为山西省、内蒙古自治区、陕西省、河南省、山东省、安徽省和贵州省（见表2-1）。其中，河南省原煤总产量为2.09亿吨，居全国第4位。

表 2-1　2008 年中国主要省（区）煤炭产量

省（区）	山西	内蒙古	陕西	河南	山东	安徽	贵州	其他地区
产量（亿吨）	6.09	4.68	2.23	2.09	1.47	1.19	1.18	7.29
占全国比重（%）	23.23	17.85	8.50	7.97	5.61	4.54	4.50	27.80

近年来，河南省的煤炭产量总体呈上升趋势，但上升的幅度稍有减缓。2008 年，全省国有煤炭企业实现利税 249.7 亿元。全省销售过百亿元的煤炭企业有三家，分别为平煤集团、新组建的河南煤业化工集团和郑煤集团，销售收入分别为 596.9 亿元、596.4 亿元和 135 亿元。经过多年的发展，全省煤炭产业已经形成了平顶山煤业（集团）有限责任公司、永城煤电控股集团有限公司、河南神火集团有限公司、义马煤业（集团）有限公司、鹤壁煤业（集团）有限责任公司、郑州煤业集团公司、焦作煤业（集团）有限责任公司等七大煤炭企业集团。通过整合，全省 90%以上的煤炭资源集中到了七大骨干煤炭企业之中，基本上形成了以骨干企业为主体的煤炭生产开发布局，为组建跨地区、跨行业、跨所有制经营亿吨级别以上的煤炭企业奠定了基础。截至 2011 年年底，全省煤炭采选行业中规模以上的工业企业达到 633 家，从业人员有 56.69 万人，创造工业增加值 1138.13 亿元，其中规模以上公有制企业数量占 20.22%，见表 2-2 和表 2-3。

表 2-2　2011 年河南省煤炭企业概况

企业类型	企业数（个）	从业人数（万人）	工业增加值（亿元）
规模以上工业企业	633	56.69	1138.13
规模以上公有制企业	128	45.63	699.16
规模以上国有控股工业企业	66	44.63	657.03
规模以上私营工业企业	266	4.53	251.94

表 2-3　2011 年河南省煤炭企业经济效益指标

企业类型	总资产贡献率（%）	资产负债率（%）	产品销售率（%）
规模以上工业企业	21.60	57.20	98.70
规模以上公有制企业	16.80	62.30	98.80
规模以上国有控股工业企业	17.30	62.00	98.80
规模以上私营工业企业	45.50	33.00	97.90

早在2005年，河南省就启动了省内煤炭行业联合重组的计划。按照当时的“六合一”方案，省内的六大煤业集团（平煤、永煤、郑煤、鹤煤、义煤、焦煤）逐渐整合周边的煤炭资源，重组为一个煤炭企业大集团——河南煤业集团，全部重组工作在2006年年底完毕。但这一方案并没有如期实现。

2007年，河南省调整了煤炭行业整合和重组的思路方向，将省管化工企业（中原大化、神马集团）与煤炭企业进行整合，组建成新的煤炭化工集团。《河南省“十一五”煤化工产业发展规划》的制定和实施，标志着河南煤化工战略开始朝着行业整合的路线发展。“由单一煤炭企业向煤化工转化”成为全省煤炭企业转型的选择方向，煤炭企业与化工集团合并被认为是这一转型的有效途径。7月，整合永煤集团、义煤集团和省煤气集团，成立河南省煤化集团；义煤集团在河南省煤化集团成立不久后退出大重组。

2008年2月，鹤煤集团和中原大化整合成中原煤化集团。12月，整合平煤集团和神马集团为中国平煤神马能源化工集团有限责任公司（平煤神马集团）；整合先期通过重组成立的河南煤化集团（包括永煤集团、省煤气集团）、中原煤化集团（鹤煤集团、中原大化）以及焦煤集团创建河南煤业化工集团有限责任公司（河南省煤业化工集团）。12月5日，经河南省委、省政府批准，由永煤集团、焦煤集团、鹤煤集团、中原大化集团、河南煤气集团5家单位战略重组成立河南煤业化工集团有限责任公司。

2013年9月，在河南省委省政府的统一部署下，河南煤业化工集团与义煤集团实施战略重组，成立河南能源化工集团有限公司。

随着企业的整合，煤炭工业经济快速发展和粗放式的经济发展方式，对矿区及周边的自然生态环境造成了一定的损害。煤炭工业产品结构不合理，煤炭资源利用率较低。

2.4 河南省煤炭资源开发引发的环境问题

焦作是一座因煤而兴的工业城市。经过多年的煤炭资源开采，矿区的生态环境状况不容乐观；同时，开采导致的采空区、采空塌陷区等人为地质环境问题也愈发突出，并且已经严重影响到焦作的经济社会发展。在此，笔者以焦作市为例，说明矿区开采引发的生态环境问题的严重性。

2.4.1 水位下降和水体污染

焦作市的地下水资源较浅，结果是煤矿开采过程对地下水的破坏相当严重。煤矿开采过程会破坏地下水体和相应的水利基础设施，改变水流方向。此外，煤矿开采过程中排放的大量矿井水，也会严重污染地表水和地下水。在煤矿开采过程中由于大量地下水的使用，还会导致地表水位下降，甚至使地下含水层相互连通，严重时会威胁到煤矿的生产安全。水体相连也会导致地下水水质变差，原本清洁的地下水可能会变成劣质水源。同时，采矿活动也会改变矿区的水文地质条件。煤矿开采引起的地表塌陷和地面裂缝，会破坏含水层结构，改变含水层与隔水层的关系。隔水层和含水层关系的破裂，有可能导致更多的地下水涌入矿井，从而使矿井排出大量废水。地下水的过量排出，会进一步导致地下水位下降。另外，地表水系统遭到破坏后，有可能出现河流被切断，水源枯竭，进而影响农作物灌溉用水和土壤保湿用水，由此影响农作物大量减产。此外，水环境的变化导致岩石侵蚀加剧，水中有毒有害成分增多，大量未经处理的矿井水直接排放到地表或周边河流，不仅导致水资源白白浪费，而且矿区及周围的江河湖泊也会因矿井水的排入被严重污染，进而影响矿区人们的生产和生活，以及人畜饮水安全。

焦作市矿区周边水污染主要由煤矸石的淋滤引起。矿物质随煤矸石含煤量的变化而变化，成分十分复杂。煤矸石的化学成分主要有 SiO_2、Al_2O_3 和 Fe_2O_3。组成煤矸石的元素达数十种，主要包括 Si、Al、Fe、Ca、Mg、K、Na、S、Ti、P 等，且大多以铝硅酸盐的形式存在。煤矸石长期露天堆放于地表，在降水作用下，其淋溶水直接渗入地下，其中的元素一方面会对土壤造成一定的污染，另一方面会对地下水水质造成严重影响。

综上可见，煤炭产业的发展对水资源和水环境的污染，将会加重河南省水资源的紧缺程度，水资源将是影响全省煤炭产业未来发展的主要问题。因此，必须采取相应对策，加强对煤炭产业发展中水资源的综合利用和环境污染的治理力度。

2.4.2 煤尘、粉尘大量排放

无论是在早期的煤炭资源开采过程中，还是在后期的装卸搬运过程中，都会产生大量的粉煤灰和粉尘，这都增加了矿区空气中固体颗粒悬浮物浓度，严重危害着人类健康和矿区生态环境。煤炭燃烧会释放一氧化碳、硫化物等有害气体，严重污染空气。煤矿开采对大气环境的污染主要有以下几种类型：一是露天开采过程中的露天爆破和扬尘。露天开采是一个巨大的周期性污染源。大型爆破产生的烟尘涌入空气中，污染了空气。资料显示，大爆破产生的烟尘总量一次就超过 15 立方米，灰尘和有害气体可以漂浮在 10 千米之外。研究数据表明，粉尘污染会使农产品的产量下降 27%～29%。废石露天堆放，易风化破碎，产生大量粉尘，加剧大气粉尘污染。二是垃圾场还会发生自燃，也是对大气的严重污染。煤矸石中含有可燃物，如果保存不当，会发生煤矸石自燃，导致煤矸石熔化，与氮氧化物发生化学反应，释放出大量有毒有害气体，如一氧化碳、硫化氢、二氧化硫和氮氧化物。三是煤矿煤层气排放造成的温室效应。煤矿煤层气的主要成分是甲烷，其温室效应是二氧化碳的 21 倍。焦作是世界上污染最严重的城市之一，究其原因，与其煤炭开采有着密切的关系。

2.4.3 固体废弃物排放

从煤矿开采的实际情况来看，为了便于作业操作，多数煤矿的尾矿库（主要是化工废渣、废液等）都建在低山丘陵区，造成地下水污染恶化。综合分析有关部门的资料，可以看出，不仅浅层地下水受到严重污染，而且深部岩溶水水质也在下降。尾矿的堆积不仅严重污染环境，占用大量农田或土地资源，而且也潜存着多种地质灾害隐患，严重威胁着人们的人身安全和财产安全。相关研究显示，尾矿中仍有许多值得利用的有用成分，但都被浪费了。煤矸石是在煤炭开采、洗选和加工过程中产生的固体废弃物。当其中含有的可燃物在温度、风向等条件达到恰当值时，就会自燃，进而释放出大量的二氧化硫、氮氧化物、碳氧化物、烟尘等有害气体，就会污染大气环境，影响矿区居民的健康。大量的煤矸石堆积会占用土地，影响生态环境。如果煤矸石堆积方式不合适，还可能会发生滑坡、崩塌、垮塌等灾害。煤矸石淋溶水可污染周围土壤和地下水。当然，煤矸石也是一种宝贵的资源，可广泛用于发电、建筑用料、水泥原材料、道路填充物或沉降区修复用料等。如果能将煤矸石山利用价值最大化，不仅能有效减低对矿区环境的污染和破坏，还能避免不必要的灾害等危险事故，甚至能将废弃物转化为宝藏，大大节约能源，控制环境污染，产生巨大的经济效益和环境效益。遗憾的是，目前焦作市的尾矿实际利用量较小，利用途径单一，资源最大化的手段较有限。部分煤矸石和粉煤灰被利用，大部分被用来生产砖和水泥。焦作尾矿仍在以惊人的速度增长。如果按照目前的利用速度，每年被丢弃的尾矿还会增加100万吨的量。

2.4.4 地面变形

地面变形主要表现为地面塌陷。地面塌陷是井工开采对矿区土地资源造成的主要环境问题，主要分布在焦作市中站区、解放区、山阳区、马村区及修武县。

焦作矿区地面塌陷主要是由地下采煤活动造成的。据调查，现有地面塌陷坑18个，总塌陷面积为51.16平方千米。其中，中站区、解放区塌陷坑有6个，塌陷区面积为20.8平方千米，最大塌陷幅度为5米；山阳区、马村区、修武县塌陷坑有12个，塌陷区面积为30.8平方千米，最大塌陷幅度有6米。各区沉降量见表2-4。

表2-4 焦作矿区采空塌陷区沉降量

单位：米

下沉区	采煤厚度	最大沉降量
马村下沉区	2.5~6	6
田门下沉区	2.15~6	5.6
冯营下沉区	2.24~6.6	6.0
冬夏庄下沉区	2.24~6	5.5
方庄下沉区	1~5.5	5.0

2.5 河南省矿区环境管理现状

2.5.1 主要做法及取得的成绩

矿区环境治理涉及自然资源开采过程的生态环境、经济环境和社会环境，因此，矿区环境治理既包括矿区范围内的大气环境治理、水资源环境治理和土壤环境治理等自然生态环境的修复与保护工作，又包括因矿区环境治理引发的经济社会问题的协调处理。譬如，矿区生产型企业的关停并转必然会涉及经济问题和劳动力就业转岗问题，因此，矿区环境治理是一项复杂的系统工程，涉及生产生活的方方面面，如果处理不当，甚至会引起一个矿区或一个地区严重的社会问题。为此，多年来河南省始终坚持以科学发展观为指导，坚持环境保护与经济效益并重原则，通过发展循环经济和绿色经济，实现矿区企业的整合重组和低碳经济；坚持立法在先、依法办事的原则，提升矿区环境治理的法律效力和执法效果；坚持矿区环境保护与资源开发并重的原则，实现矿区生态环境的修复和矿区居民的经济利益，大大促进了煤矿生产的经济效益、环境效益和社会效益的有机结合。

（一）政府推动，市场运作，加快矿产资源整合技改步伐

为了提高煤炭资源利用率、降低煤炭资源浪费，减少矿产资源开发过程中对矿区环境的破坏，河南省自 1998 年年底开始就采取了“关停减产”“三年攻坚战”等一系列措施，对地方煤矿进行了一系列的兼并重组，促进了煤炭资源开发过程中的环境保护。通过矿产资源整合，煤炭行业的节能减排成效十分显著。具体做法是，采用了“领导包片、工作人员包矿”和“四优先、两关闭”制度，即对于积极开展资源整合和技术改造的地方煤矿企业，政府将优先为其配置边角煤炭资源，优先为其建立配套的基础设施，优先为其发放煤炭资源销售凭证，优先保证这些企业的生产经营活动正常进行等系列鼓励政策。与此同时，对于矿山回收率达不到规定标准或生产规模的矿区企业，政府部门则要求它们务必在规定的期限内完成相关整改；对于那些不符合最低标准的煤矿企业，坚决采取强制关闭的严厉做法。通过以上一系列奖惩措施，有效激发了煤炭企业积极开展技术改造的主动性。为了加快推进煤矿技术改造进程，政府提供支持政策来鼓励地方煤矿企业与全国大型煤矿企业的技术合作，通过产权重组、采矿权转让、合作经营、采矿承包等方式，引进国内先进的生产技术、优秀人才和成熟的管理经验；通过政府和企业的合作运作，引进和建设了一大批煤炭机械制造、设备租赁和机械维修项目，使地方煤炭企业的整体服务能力得到显著改善，业务能力明显提升。此外，进一步加强了煤炭生产企业与国内外煤矿机械制造企业的合作与交流，矿山机械

化程度迅速提升，机械化率已有大幅提升，大大改进了当地煤矿企业的生产和安全装备水平。

（二）大力发展循环经济，实现资源开发与环境保护的协调可持续发展

矿区要可持续发展，就必须处理好资源的开发利用与矿区周边环境的协调发展，必须加强矿产资源的开发水平，注重资源利用效率的不断提升。具体应做到以下几点：首先，从思想上，要树立建立生态型矿区的发展理念，发展低碳环保的生产技术，加强对生产过程中资源的有效利用，变废为宝，减少资源浪费。其次，对矿区生产过程中产生的煤矸石等废弃物，要加强技术研发，提供其经济利用价值，吃干榨净。众所周知，煤炭资源在形成过程中富含了大量的共生伴生资源，为此需按照经济价值高低确定优先利用顺序，以最大化煤矸石中各种矿物的经济效益。目前，由于提取技术和提纯技术的限制，河南省煤炭企业在这方面的努力空间仍然较大。再次，建立热力发电厂，通过煤矸石燃烧发电，通过煤电联供，将暂时没用完的发电量输入国家电网，为其他地区提供清洁能源。目前，河南省煤炭企业都比较注重煤电联建联产，不仅大大解决了本地的用电需求，还为其他地区提供了较为丰富的低成本电能。最后，煤矸石发电以后的矿渣仍然具有利用价值，可以作为新兴水泥、砖、混凝土等的重要生产原料。河南省的煤炭企业和建材企业在这方面也积累了较为丰富的生产经验，涌现出一批优秀企业。此外，在煤矸石发电过程中还会产生大量的热能，这些热能也可以作为矿区居民的生活热能来源，还可以作为商业热能提供给用户，实现循环经济。在煤炭资源的洗选与综合利用过程中都会消耗大量的水资源，因此，如何节约用水也是各大煤炭企业共同研讨的问题之一。目前，比较成熟的做法是在矿区建立水循环系统。煤矿开采中排出的大量地下水通过技术处理后，用于煤炭洗选业和矿区内部水资源处理系统，这样不仅大大减少了地下水资源的利用量，还实现了水资源的高效利用。通过排水系统、疏水系统和处理系统的有机结合，可实现环境保护与经济发展的双赢。

（三）落实矿产资源保护相关法律、法规

河南省委、省政府把实施《环境影响评价法》作为落实国家宏观调控，转变发展方式，提升产业层次，推动地区又好又快、可持续发展的重大战略举措，把实施《环境影响评价法》纳入地区实绩考核和干部任期考核，实行

“一票否决”和“行政问责制”，切实增强各级干部的责任感和使命感；有关市区把推进规划环评作为从源头防范结构性和布局性环境污染的关键措施，认真组织开展矿区规划环评。河南作为国家第一批全国规划环境影响评价试点，从战略高度和可持续发展的角度，集中开展了规划环境影响评价工作，提出了相应的环境保护措施与对策，尽可能地避免规划实施对环境造成的不良影响，为建设资源节约型和环境友好型社会奠定基础。在具体执行过程中，要求煤矿在生产过程中按照环境影响评价有关规定对产生的废气、废渣、废水等污染物进行处理并达标后排放。在大气粉尘污染防治方面，要求年产60万吨及以上的煤矿贮煤场必须建设筒仓，年产60万吨以下的煤矿贮煤场四周要建防风抑尘网或抑尘墙，防风抑尘网和抑尘墙必须高于煤堆高度的30%，同时还要根据需要配套洒水车；要求硬化、绿化工业广场和运煤道路，使运煤专线和进矿道路全部实现“黑色化”。在大气烟尘和二氧化硫污染防治方面，要求所有煤矿的热风炉和热水炉按要求配套脱硫除尘设施，确保污染物达标后排放。在水污染防治方面，要求所有煤矿配套生活污水处理设施和矿井水处理系统，并要求所有污水处理后尽量回用不外排，减少对外环境的污染。

（四）统筹省矿发展，缓解地企矛盾

省矿统筹是煤炭城市和煤炭企业落实科学发展观、建设和谐社会的具体要求，也是在新形势下资源型城市建设与发展模式的全新探索。河南省坚持将煤炭资源产业的发展与农业发展、城乡建设、生态环境保护等工作结合起来，将企业利益与社会利益看作不可分割的统一体，把因为矿区环境问题而引发的利益冲突变成利益和谐、利益分离变成利益融合、各自的利益变成共同的利益、企业与农牧民的关系从博弈转变为双赢，从而最大限度地化解矛盾。

（五）探索建立矿区生态环境恢复和居民利益补偿机制

2005年，依据国家、自治区有关法律条例及文件精神，河南省人民政府出台了《关于加强矿区环境综合治理的意见》，要求省内所有的煤炭生产经营企业都要对生态环境恢复和居民利益进行补偿。补偿范围包括煤炭生产经营影响和破坏了的地质和生态环境，如采空区塌陷、井田着火、水位下降、环境污染治理及受其影响的农田、草场、林木、居民住宅等地表附着生产生活设施等。补偿对象为当地居民和其他组织。由人民政府组织本区域内的煤炭生产经营企业，通过煤炭行业组织或协会等形式，建立生态环境补偿和矿区综合治理基金，统一筹集，专款专用，由有关部门监督使用。补偿的标准按照煤炭生产经营的方式、规模以及对环境和地质的影响程度等，由企业、群众、政府三方按照国家有关法律、法规合理确定。根据矿区条件及煤质情况分区域确定，每吨煤炭提取 1.5~2.5 元，主要用于对群众的直接补偿，解决后顾之忧以对及矿区环境的治理。按照“谁开发、谁保护，谁污染、谁治理，谁破坏、谁恢复”的原则，一些煤矿企业相继制定了《煤炭采区居民搬迁补偿及补贴办法》《矿区生态环境恢复补偿暂行办法》等政策措施，对因煤炭开采造成的耕地破坏、农作物减产、房屋和其他地面固定建筑物和道路等基础设施损坏以及居民搬迁补偿标准等进行了规定。近年来，河南以科学发展观为指导，制定了全市农牧业经济发展三区规划，全力推进“结构转型、创新强市”和“城乡统筹、集约发展”战略的实施，对包括矿区居民在内的农村人口进行有计划的转移。

（六）启动实施矿区环境综合整治

2008 年以来，为进一步推进矿区环境综合治理，切实改善矿区整体环境质量，走资源开发与环境保护并重的可持续发展之路，河南省政府制定了《河南省矿区环境综合整治实施方案》，按照依法治理、标本兼治、分步实施、地方政府负总责、协同配合的原则，从以下几个方面开展了专项整治：一是对矿区工业广场规范整治，确保污染物达标排放。二是加强矿区生态建设，落实水土保持措施。要求首采区的剥离物必须依据设计要求全部放入永久排土场，不得乱堆乱放、擅自设立临时排土场，永久排土场达到设计标准后要及时复垦、恢复植被。三是要求煤炭企业编制生态恢复规划，加强矿区生态建设。在开工前征收煤矿企业复垦保证金，对没有进行回填、复垦、绿化或达不到要求的煤矿企业，由市人民政府用其所缴纳的保证金组织实施。四是加大对运煤车辆的管理力度，严禁超载运煤，实行封闭运煤等措施避免在运输过程中出现洒煤、漏煤和扬尘污染。五是兑现落实政策规定的矿区农民补偿补贴资金，加强矿区水源地保护，妥善协调处理群众矛盾纠纷。

2.5.2 存在问题及成因

河南省在加强矿区环境治理方面进行了积极的探索，许多工作已经走在了全国前列，但仍存在许多不足和亟待解决的问题。①

（一）矿区环境管理体制仍需完善

河南省煤炭行业管理职能主要集中在各市发改委、国土局、安监局、国资委、环保局、商务局、财政局和煤炭行业协会等多个部门，部门之间的职能又相互交叉，协调难度大，宏观调控和监管效率不高，出现了越位与缺位并存，管理体系不健全，监管不力、不到位等问题。同时，各个部门的多头管理，缺乏系统的综合规划，造成了煤炭企业疲于应付，导致收费的多，解决问题的少，矿区积累的问题仍然不少。虽然几乎所有矿区都制定了环保目标，但多数目标都要服从经济发展目标的需要；同时，具体的管理内容也带有明显的被动性，这体现在三个方面：一是满足政府有关部门的具体管理制度要求，减少罚款；二是应付各级环保部门的“达标”要求；三是没有真正从矿区可持续发展的角度对矿区环境管理进行系统研究。目前，大多数矿区环境管理处于初级阶段，管理重心仍然是“先污染，后治理”，侧重于环境破坏和污染后的事后处理，管理混乱，效率低下。ISO 14000 体系认证和清洁生产尚未在矿区普遍推行，矿区生命周期管理、环境影响评价、环境安全管理等内容还没有进入深层次、全方位的管理阶段。

（二）矿区环境治理和生态恢复资金筹措机制还无法满足实际需要

煤炭的成本实际上包括资源成本、生产成本、安全成本、环境成本和技术成本，但在矿区环境保护的实践中，企业更在乎的是生产成本和安全成本，对环境成本、资源成本不够重视，生态环境管理被排斥在企业管理之外，没有将矿区企业的经济社会发展与资源环境视为一个有机整体，因而没有从整体层面来研究矿区企业管理活动及其规律性，煤炭开采完全成本机制没有建立，现在征收的各种煤炭资源税费标准与解决因煤炭资源开采引发的各类社会问题所需的成本相比较低。目前，煤炭企业虽然在矿山灾害治理、农民补偿等方面做了一些工作，但整个矿区企业占地范围外矿区居民搬迁、农民土

---

① 王国良. 鄂尔多斯市煤炭矿区环境管理研究［D］. 呼和浩特：内蒙古大学，2010.

地补偿和生态环境保护等大量的治理工作仍由政府承担。

（三）矿区环境保护法律制度不完善

一是缺少完整的矿区环境法规。关于矿区环境保护的各种制度散见于不同的法律、法规、规章和有关文件中，例如《矿产资源法》《环境影响评价法》《土地管理法》《水土保持法》《固体废弃物污染环境防治法》《水污染防治法》《中华人民共和国物权法》《矿山生态环境保护与污染防治技术政策》《关于逐步建立矿山环境治理和生态恢复责任机制的指导意见》等都有相应的规定，但是不能形成协调、统一的法律体系，不利于环境保护法律的落实，而且其内容也存在不完整、不配套、不规范的问题，可操作性较差。此外，由多个法律、法规或规章构成的矿区环境保护法律体系，必然存在多个执法主体、多个部门管理，职责交叉，造成彼此间推诿扯皮，法律责任不清，对执法责任追究制和违法处罚责任追究制的监管不到位。

二是环保法不完善，可操作性不强。现有的法律、法规中缺乏行之有效的矿山污染防治与生态保护制度。发达国家的环境保护已经是重在控制源头污染，而我国的现行环保法还是以污染控制为重点，以污染环境控制和“排放控制”为基本环节和内容，以末端控制为主，不注重对源头控制，不能全面有效地控制污染和生态破坏。缺乏对生态环境的保护，不注重对整体环境效益的保护，将单个环境要素的保护绝对化，而忽略了矿业污染的全方位性。例如，在法律、法规中，没有明确煤矿办矿标准、煤炭资源最低回采率标准、污染物处理设施标准等。政府在对煤炭企业的管理中，只能大量运用行政手段，严重影响了政府对煤炭企业的管理和调控。再如，加强采空区治理的法律依据是《中华人民共和国煤炭法》第 32 条：因开采煤炭压占土地或者造成地表土地塌陷、挖损，由采矿者负责进行复垦，恢复到可供利用的状态；造成他人损失的，应当依法给予补偿。这是《煤炭法》中涉及采空区处置的具体法律条款，也是处理此类问题的法律依据，但是法律并没有涉及对采空区出现后如何回填等问题。

三是环境保护和资源保护之间缺乏有机联系。矿业开发时考虑资源的保护和合理利用，不仅会给矿区带来巨大的经济效益，而且可以减少对环境的影响和对生态的危害，有助于矿业的可持续发展。而现在的矿区环保基本限于对污染的防治，将资源保护与环境治理截然分开，对资源关注有加，对环境保护却不太重视，而且投入的资金并未能真正用于环境保护。立法的时候各自为政，缺少有机的联系，没有形成协调统一的法律体系。

（四）矿区环境保护意识淡薄

一是部分地区政府在宏观决策中，重开发而轻资源节约和环境保护，重经济效益和发展速度而轻环境效益和发展质量；在发展战略和计划中，重经济项目而轻矿山环境保护项目；在项目决策中，重经济评价而轻矿山环境和地质灾害评估，导致一些煤炭企业在开采过程中一味追求经济效益最大化，不仅造成了严重的资源浪费，同时还破坏了当地的自然环境，致使矿区环境问题愈演愈烈。二是一些企业片面地追求经济利益最大化，往往采取掠夺性开采和破坏式开采，以自我为中心，环境保护意识淡薄，最终导致生产中产生的“三废”肆无忌惮地排放。一些矿主在高额利润的诱惑下，存在不治理、不投资只求最大利益的消极抵触情绪和不查处、不强制就不治理的侥幸心理。还有一些煤矿由于储量小，服务年限短，资源即将枯竭，矿区环境的恢复和保护意识淡薄。三是矿区居民环保意识淡薄，大多数人只关心在煤炭开采过程中自身物质利益能否得到保障，很少有人能站到地区可持续发展的高度考虑矿区环境保护问题。四是没有地方性的民间环保组织对煤炭开采过程中的环境修复工作进行跟踪监督。

（五）从业人员文化水平较低

煤炭行业既是艰苦行业也是危险行业，受煤炭行业自身的特殊性以及其他诸多客观因素影响，煤炭行业技术人才短缺、从业人员素质总体不高也是影响河南省矿区环境管理的又一主要原因。在专业技术人才中，从事管理、卫生、教育和后勤服务工作的人员比重偏大，从事煤炭一线生产、技术的人员所占比例则很小。特别是在煤矿采掘区技术人员中，接受过大专、中专等正规专业技术教育的人才比例很低，采掘区队人才短缺现象尤为严重，许多企业出现了采煤、掘进、通风区队无工程师，缺少生产一线技术员，甚至出现了无合适人选可选拔培养总工程师、主管工程师、区（队）长、区（队）工程师的难堪局面。

综上，通过 SWOT 分析法，得到了河南省煤炭企业的发展现状。SWOT 分析法是哈佛大学商学院教授安德鲁斯在 20 世纪 60 年代提出的。SWOT 分析法对内外部环境进行分析，包括优势、劣势、机会和威胁，是与研究对象密切相关的各内部优势因素、弱势因素、机会因素和威胁因素。其中，优势和劣势代表内部因素，机会和威胁代表外部因素。河南省煤炭工业发展 SWOT 分析如表 2-5 所示。

表 2-5 河南省煤炭企业发展的 SWOT 分析

优势	劣势	机会	威胁
煤炭资源丰富； 煤炭工业发展时间早，增长速度快； 通过兼并重组，煤炭产业集中度不断提高，规模经济效益显著	生态环境破坏严重； 煤炭工业产品结构不合理； 煤炭资源利用率低	国家工业化进程加快，对煤炭需求大幅度增加； 河南生煤炭工业发展政策规划	煤炭资源开发利用与环境保护的矛盾日益突出

2.6 河南省矿区环境管理对策

河南省按照科学发展观的要求，坚持走资源开发与环境保护并重的路子，在加强矿区环境管理方面做了大量工作，取得了明显的成效。但矿区环境问题的严重性和复杂性，决定了治理模式与方法的综合性、多样性和长期性。综合性是把环境问题作为一个大的系统工程来研究，充分考虑对其自然环境、经济环境和社会环境的综合影响，建立与综合治理要求相适应的体制机制模式；多样性是建立在科学研究的基础上，针对不同矿不同环境问题，采取不同的科学治理方法；而长期性是指矿区环境治理不可能一蹴而就，必须持之以恒，常抓不懈。借鉴国内外矿区环境管理好的做法，结合全省矿区环境管理现状、存在问题及成因，应主要从以下几个方面努力。

（一）建立健全与综合治理要求相适应的体制机制

一是政府专门设立矿区环境综合治理机构，负责落实矿区环境综合治理的各项法规、政策和总体规划，研究拆迁安置办法，制定应急预案，处理突发性事件。

二是推进矿区环保市场化。矿区环保市场化有利于提高环境资源的综合利用，有利于调动企业的积极性，促进治污市场的形成和发展，实现循环经济。全省应鼓励、支持、扶持专业矿区环境治理与生态恢复投资公司等环保公司发展。在所有制性质上，公司可以是不依附政府和采矿企业的民营企业，也可以是有政府投资介入的混合所有制企业。在法律地位上，公司是独立进行生产经营的法人实体，自主经营、自负盈亏，独立承担法律责任的市场主体，逐步改变目前存在的政府部门分散投资的政府行为，为环保产业的发展营造良好的市场条件。在矿区环保产业中，政府应当好中间人，积极推行有效的行政指导。

三是科学制定矿区环境综合治理规划。根据矿区企业开采的地质条件、自然环境及社会经济条件，科学合理地制定矿区土地恢复与生态环境建设规划。依据采矿业的特点、发展规律和建设进程，将环境保护、灾害防治等内容纳入企业发展规划。

四是构建环境防护监控体系。坚持预防为主、保护为先的方针，坚决控制新的矿区环境污染和破坏；严格执行环境影响评价制度，对新矿区和继续生产的老矿区，硬性规定生态恢复的技术措施及资金保障，不能再走重生产轻治理的老路。

（二）完善矿区生态恢复投入机制

进一步健全生态补偿机制。在资源开发中的生态保护和恢复，需要注入大量的资金，随着河南省煤炭开采规模的逐年加大，大量社会问题日益凸显，诸如耕地质量下降、开采塌陷区形成、丘陵沟壑区和沙地破坏严重、植被破坏、地下水位下降、环境污染、基础设施遭到破坏等，可是这些高昂的社会成本，未能在现有的煤炭资源税费中得以完全体现，应参照山西省等地的做法，将资源开发区环境保护费、育林基金、生态建设资金和土地复垦费等项纳入统一征收管理，开征能源基地生态环境补偿税（费），标准在20元/吨煤以上，专门用于资源开发区生态环境的保护和治理。此外，省人民政府应请求中央财政加大其对河南的转移支付力度，形成国家、地方、企业共同出资的矿区生态环境治理投入机制，弥补历史欠账。

（三）推行“政府引导、政策促进、利益驱动、企业为主”的煤炭行业清洁生产机制

煤炭行业的清洁生产是将煤炭开采污染预防战略持续应用于煤炭生产的全过程，通过采用科学合理的管理，不断改进煤炭开采技术，提高资源利用率，减少污染物的排放，以降低对环境和人类的危害。为贯彻《中华人民共

和国环境保护法》和《清洁生产促进法》，环保部于 2008 年 11 月公布了煤炭洗选业清洁生产标准，并于 2009 年 2 月起实施。标准从采煤生产工艺与装备、资源能源利用、产品、污染物产生、废物回收利用、环境管理及矿山生态恢复管理七个方面做出了具体要求。河南省煤炭企业多，煤炭企业实施清洁生产的空间和潜能大，目前省内企业除了几个大型煤矿开展了清洁生产审核外，大多数煤炭企业没有开展此项工作。所以，我们要做好以下工作：一是制定全省煤炭行业清洁生产的总体规划及相应的政策、法规体系。在调整煤炭行业结构的基础上，结合环保部《清洁生产标准　煤炭采选业》，研究制定与全省目前经济发展水平相适应的煤炭行业清洁生产总体规划和实施方案，将推行煤炭行业清洁生产规划纳入社会经济发展规划和环境规划中。加快制定与促进煤炭行业清洁生产相关配套的政策法规体系，包括清洁煤产品管理体系及其清洁生产技术开发与推广、清洁生产机构建设等。同时，要健全执法监督体系，依法管理，引导和规范企业的清洁生产行为。二是采取多种经济手段激励企业从事清洁生产的积极性。国家利用经济杠杆对清洁生产企业予以鼓励和扶持，在环境保护中运用补贴等手段并不少见，如美国环保局（Environmental Protection Agency，EPA）曾经拨出专项资金奖励开展清洁生产的小企业，用以鼓励小企业开展清洁生产。我国第一个清洁生产条例——《太原市清洁生产条例》明确规定：对清洁生产达标的企业，可按企业当年所得税增长部分的 50%，通过财政支出奖励企业用于清洁生产，并且在税收和物价上予以优惠。《清洁生产促进法》第六条规定：“国家鼓励开展有关清洁生产的科学研究、技术开发和国际合作，组织宣传、普及清洁生产知识，推广清洁生产技术。”河南全省应组织相关部门，开展相关研究，加快制定与促进煤炭行业清洁生产相关配套的政策法规体系，激励企业从事清洁生产的积极性。

（四）加强矿区环境保护法律制度建设

制度是一系列被制定出来的规则，服从程序和道德、伦理的行为规范，旨在约束追求主体福利或效用最大化利益的个体行为。政府作为制度的制定者，需要从我国资源环境的现状出发，通过完善和实施各项环境管理制度，加强对矿区企业的监督和管理，利用这些严格、恰当的环境管制手段，在保护矿区生态环境的同时，促进矿区的可持续发展。应做到以下几点：

一是建立严格的矿业权许可制度。严格的矿业权许可，在矿区环境保护方面主要体现为在行政许可中严把环境审批准入关。为此，相关部门应严把煤矿开采设计和环境保护方案审查关，高起点做好环保工作“三同时”制度，确保矿区最大限度地减少环境污染。

二是健全矿山环境许可证制度。目前，河南省在矿产资源勘探开发的审批过程中，有关主管部门向勘探开采矿产资源的主体颁发的探矿许可证、采矿许可证，从环境法对环境保护许可证的分类上来讲，都属于防止环境破坏的许可证，是以保护自然资源为主要目的的许可证，而就污染物排放这一方面，采取的仍是排污收费制度，并没有对矿山企业勘探、开采过程中产生、排放的污染物进行事先要求其申报排污量，根据环境容量确定该单位的排污量并发给许可证的监管内容。省环境保护厅可以将当前正在进行的矿区环境综合整治及排污许可证发放与管理工作相结合，健全矿山环境许可证制度。

三是持续深入执行土地复垦保证金制度。实行保证金制度可以督促采矿权人及时地履行矿地复垦义务。对于已建矿山和新建矿山，都必须实行土地复垦保证金制度，已建矿山应按照其矿产品产量或者销售量的一定比例提取缴纳保证金。保证金的额度应由相关部门本着合理、适当的原则确定，既要足额支付以保障复垦进度，同时又要确保保证金数额不削减复垦主体或者投资者的积极性。按照矿山开采的程度分阶段、分步骤、灵活地调整保证金数额，而非一次性足额缴纳。可以借鉴发达国家的做法，制定严格和详尽的复垦标准和程序，规定保证金缴纳的时间，不按法律规定的时间和数额缴纳保证金的，应予以罚款或刑事处罚。如果采矿权人按规定履行了矿地恢复义务，政府应退还该保证金，否则政府应立即动用这笔资金进行矿地恢复。同时，还要按照国家对建设项目的规定建立评估制度和报告制度，对土地复垦项目进行各阶段评估及最后的报告。对于土地复垦投资机制而言，主要的评估内容有：①土地复垦的适宜性评价；②土地复垦的技术经济评价；③土地复垦投资结构、规模及合理比例的评价（主要评估财政无偿投入应占总投入的比例，该比例主要受土地复垦投资目标的影响，以及劳动力折资等）；④未破坏时原土地社会、经济、生态、环境价值评估；⑤复垦土地社会、生态、经济价值评估以及投资效果评估；⑥对不同土地复垦投资经营效益进行评估，作为确定减免税费的依据；⑦复垦工作质量评估以及复垦项目后评价等。如果不建立完善的评估制度（机构、组织、规章制度等）和报告制度，将会影响土地复垦投资机制作用的有效发挥。

（五）加快大型煤炭基地建设，培育大型煤炭企业，提高煤炭就地转化率

从河南省矿区环境治理的实践看，大型煤炭企业生产工艺先进，资金实力雄厚，在使用清洁生产技术、开展矿区生态建设等方面有着显著的资金、技术优势。以国有煤炭生产企业河南省煤业化工集团为例，集团设有专门环保处，负责监督落实各项环境保护措施。在洁净生产方面，实行井上下互动式的综合治理，煤炭从工作面出井口到洗选加工，直至装车全部封闭运输。所有矿井配套建设了大型洗选加工厂，向社会提供洁净能源。洗煤用水实现闭路循环，对洗选加工后的煤矸石进行综合利用。对外运煤炭进行表面喷洒，减少火车运输途中的煤炭风损和煤尘，做到了“出煤不见煤，采煤不见矸”。污水实现了循环利用，通过井下采空区过滤净化技术，实现了污水复用，不仅解决了生产生活用水，节约了大量的资金，而且解决了矿井大规模生产带来的污水排放问题。

笔者认为，河南省煤炭企业下一步需要从以下几方面努力：一是要充分发挥市场配置资源的基础性作用，以资产为纽带，通过兼并、改组、控股和参股等方式，实现跨地区、跨行业、跨所有制的战略性重组，培育大型煤炭企业。二是要严格落实省委、省政府关于建设大型煤炭基地的规划。借鉴大型煤炭集团矿区环境管理与生态建设的经验，推动矿区环境综合治理工作有序开展。三是大力发展煤化工产业，着力打造甲醇—碳—化工产业链、煤制合成氨—精细化工产业链、煤制油产业链、煤制天然气产业链，提高煤炭就地转化能力，减少煤炭运输环节的环境污染。

（六）建立人才培养、引进和全员培训机制

要建立人才培养、引进和全员培训机制，可以从以下几个方面着手：

一是继续加强和深化与河南理工大学、中国地质大学和中国矿业大学等高等院校的合作，通过在河南省设立分校、委托培养等多种渠道培养煤炭行业急需的高素质人才，为全省煤炭资源开发利用的可持续发展储足人才资源。二是制定河南省煤炭行业专业技术人才引进优惠政策，吸引和留住煤炭生产和矿区环境治理方面的尖端人才，提高科技人员比重。三是建立面向全体职工的教育培训体系和全民环境教育体系。省财政预算专项补贴资金，用于新工人岗前培训和调换工作时重新培训，通过全员技术培训和全民环境教育，

激发矿区职工、受到采矿活动影响的公众以及对采矿活动造成的环境与社会压力等方面有兴趣的人参与环境建设的主动性与积极性。

2.7 结论与展望

河南省煤炭资源的开发利用，为全省乃至全国经济社会的快速发展提供了有力支撑，但这种大规模的煤炭资源开采和加工，增加了对矿区生态环境的干扰和破坏。近年来，全省以科学发展观为指导，坚持煤炭资源开发与矿区环境治理并重，通过采取整合关闭地方煤矿实现机械化正规化生产改造、发展循环经济、落实矿产资源保护相关法律法规、建立矿区生态环境恢复和居民利益补偿机制、统筹市矿发展缓解地企矛盾、实施矿区环境综合整治等措施，有效改善了矿区生态环境质量，实现了环境、经济和社会协调、可持续发展，矿区环境治理工作走在了全国的前列。但距离全面、协调、可持续发展的科学发展观要求和党的十七大提出的生态文明标准还有较大的差距。矿区环境管理中仍存在对可持续发展认识不足、管理体制和运行机制不合理、综合利用投入不足、从业人员文化程度低、矿区环境保护法律制度不完善、环保意识淡薄等问题。借鉴澳大利亚和德国等外国和国内产煤大省山西省等矿区环境管理先进经验，结合河南省矿区环境管理现状及存在问题，笔者认为，矿区环境保护复杂性、广泛性和综合性的特点，决定了矿区环境管理必须采用综合性的手段与方法，才能做到“对症下药”。河南在具体实践中，应突破传统管理惯性，建立以法律制度、行政管理、经济手段、环境工程技术以及环境教育等手段综合运用和协同配合的矿区环境管理机制。

第一，严格执行环保“三同时”制度和排污收费标准，进一步完善环境税和生态环境补偿费等税费征收制度，建立起科学的煤炭资源开发及其环境补偿机制，以利于煤炭资源可持续利用和矿区环境目标的实现。

第二，结合目前矿区环境管理的特点，建立起符合省情的矿区环境管理体系和健全的行业技术标准体系。针对目前矿区环境中存在的突出问题，科学制定矿区环境综合治理规划，制定限期治理和超标罚款的严格规定，纠正片面追求产值、资源浪费严重、治理污染消极被动的倾向；加快制定与促进煤炭行业清洁生产相关配套的政策法规和执法监督体系，并采取多种经济手段激励企业从事清洁生产的积极性。

第三，针对煤炭矿区环境管理职能分散和相关法律制度不健全的现状，进一步完善和实施各项环境管理制度，加强对矿区企业的监督和管理，利用这些严格、恰当的环境管制手段，在保护矿区生态环境的同时，促进矿区的可持续发展。特别是要严格落实矿区环境管理目标责任制，提升环保职能部门的地位和作用，加大对矿区环境管理的监管力度，对违法、违规矿区做到“有法可依、有法必依、执法必严、违法必究”，促使矿区自觉治理污染。

第四，推动大型煤炭企业培育、大型煤炭基地建设和煤化工产业发展，加大资金投入，改进生产技术，落实环保措施，促进矿区环境综合治理工作有序开展。

第五，建立煤炭资源开发人才培养、引进和全员培训机制，为煤炭行业健康发展提供人才保证。加强对全民环保教育，提高社会公众监督管理和矿区职工参与环境建设的主动性与积极性，并保证受到采矿活动影响的公众以及对采矿活动造成的环境与社会压力等方面有兴趣的人员广泛参与和直接对话。

第3章　低碳经济背景下河南省企业竞争力提升策略研究

3.1　绪论

3.1.1　研究背景

随着经济的高速发展，环境问题日益突出，全球变暖、臭氧层遭到破坏、海洋污染、珍贵稀有动物濒临灭绝以及大量土地干旱和沙漠化等，对自然生态的平衡构成了严重威胁。对此，世界各国环保组织开始不断呼吁人类应该加强对环境的保护。1987年联合国世界环境与发展委员会发表了一份报告——《我们共同的未来》，正式提出了可持续发展的概念："既满足当代人的需要，又不对后代人满足其需要的能力构成危害的发展。"我国作为发展中国家面临的主要问题有：①我国GDP的高速增长是以环境的持续恶化和能源的加速消耗为代价的，遗留的环境污染问题严重，解决起来困难重重，任务艰巨；②我国现有的经济结构及发展模式不符合可持续发展的战略目标，经济转型迫在眉睫；③发达国家利用其高端技术在国际贸易中故意加高绿色壁垒，造成我国产品因达不到环境标准而屡遭出口限制。

对此，我国将环境保护提上日程，颁布并实施了一系列法律法规，更是将可持续发展战略作为我国经济发展的指向标。尤其是从"十一五"规划以来，环境保护日益成为我国经济、政治活动的主题。"十二五"规划指出："我国资源环境与经济社会发展的矛盾日益严峻，能源、淡水、土地、矿产资源和环境状况严重制约着经济发展；将节约自然资源作为我国的基本国策之一，保护生态环境，发展循环经济，向资源节约型、环境友好型社会迈进，促进人口、资源、环境与经济协调发展。推进社会信息化和国民经济，走新型工业化道路，坚持清洁发展、节约发展，实现可持续发展。"

在此背景下，探讨企业竞争力问题必须考虑并重视环境因素的影响，企业自身必须认识到，如今关于对企业竞争力的影响，单纯的低成本早已不再是唯一因素，企业面临着环境成本内部化的压力，环境越来越成为影响企业竞争力的重要因素，绿色产品也越来越被消费者青睐。我国企业能否把握局势，抓住机会，将环境压力转化为提高企业竞争力的动力，如今已成为企业发展战略决策的重点。

3.1.2 研究目的

发展低碳经济、保护生态环境，走可持续发展的道路已是大势所趋，各国政府都相继采取了一系列环境管制措施。环境管制如何影响企业竞争力，企业自身又如何采取环境管理策略来提高其竞争力，如何协调环境管制与企业竞争力，已成为理论和政策制定时讨论的热点。

伴随着环境保护的强烈呼声，企业在环境夹缝中生存变得越来越难，它们必须要应对政府日趋严格的环境管制措施和来自消费者以及其他利益相关者对环境友好型产品的强烈要求。中国企业面临的环境保护形式的变化受到了国内政策和国外政策两方面的影响：一方面，经济发展水平提高后，居民的生活水平也大幅度提高，居民环保意识增强，中国在国际上承担的环境保护义务不断增多，环境管制政策也越来越严厉。另一方面，发达国家无论在环境保护强度、环境保护经验和环境保护技巧上都高于中国，其严格的环境标准不仅仅适用于本国产品，已经跨越国界在贸易领域以“绿色壁垒”和“技术性贸易壁垒”的形式影响到中国企业的国际竞争力。

在经济全球化的大背景下，资本和商品的流动性日趋增强，要素的成本也日趋均等化，尤其是在提倡可持续发展的大背景下，企业也越来越重视环境保护。环保的实质是实现外部环境成本内部化，其目的在于督促企业重视技术创新，提高企业自身的创造力，增强企业的竞争力。我国企业环保意识薄弱，环保技术水平低，清洁生产水平低，环境管制后承受的环境成本突然提高，而且当前“绿色贸易壁垒”已经成为我国出口产品的“瓶颈”。面对形形色色的“绿色壁垒”，突破“瓶颈”，实现可持续发展的关键在于如何理性和正确地认识、实施产业技术创新，尤其是绿色创新。

基于环境管制背景下河南省企业竞争力提升策略研究这一论题，本章从两个方面探讨环境管制与企业竞争力的关系：一方面是外部环境对企业竞争力的影响；另一方面是企业内部环境战略对企业竞争力的影响。外部环境包括国内与国外两方面，基于各国环境管制力度不同，企业所面临的竞争状况也不一样，当前，全省企业面临的主要有农产品出口国际贸易中的“绿色壁垒”和“技术性贸易壁垒”，以及煤炭企业所面临的环境达标和如何实现绿色创新问题。企业内部所面临的问题就是如何实现环境成本内部化，降低企业的成本以及如何实现自身的技术创新，另外就是面对不同的环境管制政策工具如何实现不同的绿色创新行为。最后，结合实际案例得出结论，在此基础上提出有建设性意义的建议，为实现社会与经济的双赢局面提供强有力的支撑。

3.1.3 研究内容

本章共六节，其论述的顺序将按照以下结构进行：

第一节，绪论部分，主要介绍本章的研究背景及研究目的，据此引出本章的研究思路。

第二节，研究综述。介绍环境管制与企业竞争力的相关研究：首先，环境管制综述包括概念和环境管制政策工具的分类及比较；其次，企业竞争力包括概念、分析模型以及影响因素分析；最后，阐述国内外关于环境管制对企业竞争力的研究情况。

第三节，主要是从外部环境管制政策和企业内部环境战略两方面介绍它们对企业竞争力的作用机制分析。外部环境管制政策主要产生“创新抵偿”效应和先动优势效应；企业内部环境战略主要介绍不同环境战略对企业竞争力的影响以及环境成本内部化对企业竞争力的作用机制。

第四节，主要介绍河南省企业竞争力在环境管制背景下提升的策略。笔者从企业和政府两大主体具体阐述提升企业竞争力的策略；结合河南省企业发展现状和我国环境管制现状，重点分析在环境管制背景下全省企业竞争力提升面临的挑战与提升策略。

第五节，主要结合河南省煤炭工业探讨环境管制背景下技术创新对企业竞争力的积极影响，并重点展示永煤集团的技术创新状况以及提升永煤集团竞争力的作用机制，最后对省内其他煤炭企业提升企业竞争力提出建议与措施。

第六节，研究结论与研究展望。

3.1.4 技术路线

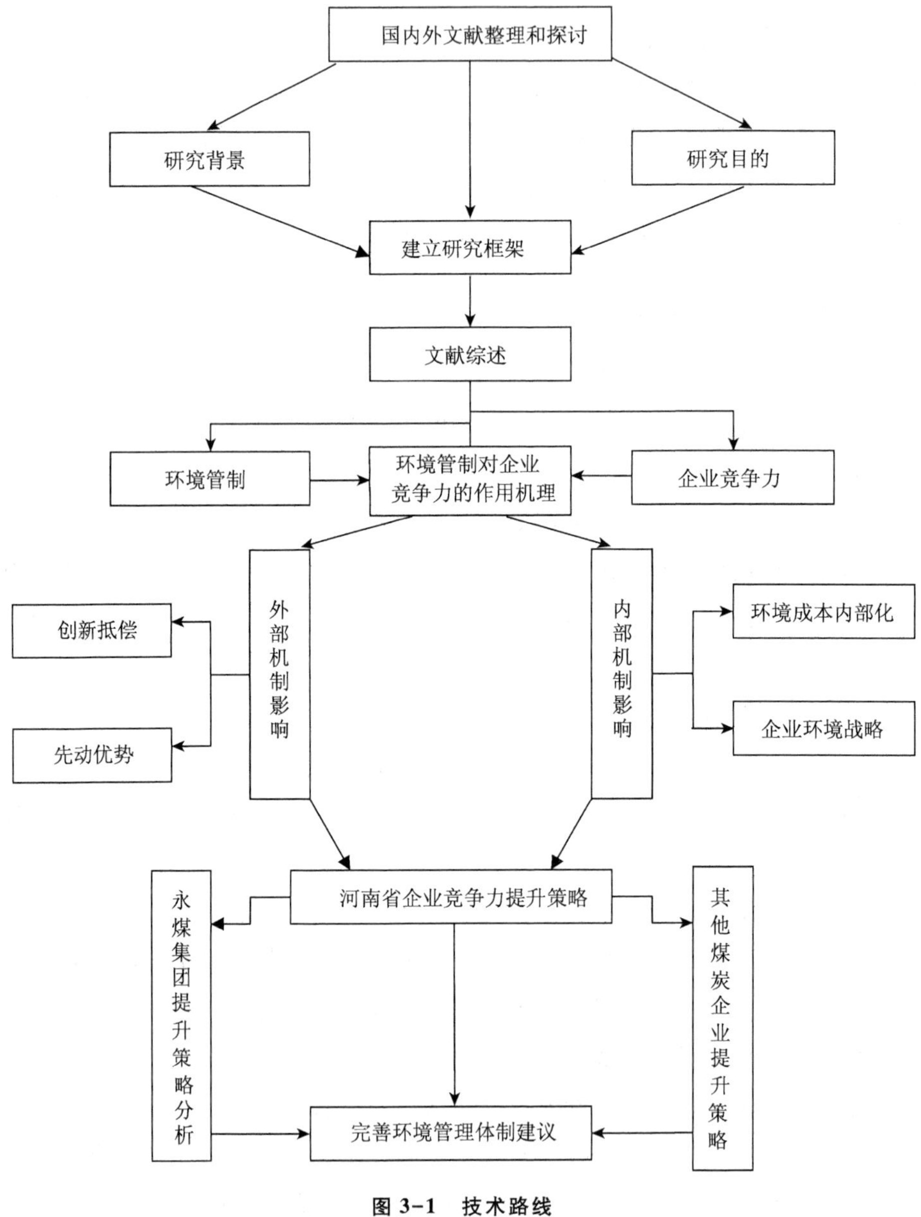

图 3-1 技术路线

3.1.5 创新点

本章的创新之处有以下两点：

①从外部和内部两个不同角度研究环境管制对企业竞争力的作用机制，指出不同的外部环境管制政策和企业内部不同环境战略对企业竞争力的不同影响，从而帮助企业结合本身的产品特性选择合适的环境战略，进而提升自身的企业竞争力。

②本章重点是研究河南省企业竞争力的提升策略，从企业和政府两个主体来研究企业竞争力的提升路径。企业自身方面主要是进行技术创新，培育企业自身的竞争优势，重点结合河南省永煤集团通过技术创新大大提升企业竞争力这一典型案例，分析技术创新对企业可持续发展的重要性。政府方面主要是完善环境管理体制，加大环境保护的力度，为企业进行清洁生产创建一个良好的铺垫和服务平台。

3.2 环境管制与企业竞争力研究综述

3.2.1 环境管制综述

（一）环境管制概念

经济学中的“管制”一词，源于英文“regulation”，也有些学者把它译作“规制”，其含义为国家政府部门通过颁发实施各种法律、法规，对某些具体产业的产品定价、投资决策、危害社会环境与安全、产业进入与退出等行为进行的管理与监督。其本质是在开放的市场经济条件下，政府干预经济的一种手段。

环境管制也称作环境规制，英文表达为“Environmental Regulation”，属于社会性管制范畴，是指为了保护环境而采取的对市场经济产生影响的一切措施，主要是针对外部的不经济性和公共物品等问题。本章所提出的环境管制主要是为了治理空气、水、生态环境的污染以及自然资源的枯竭，以保障消费者和劳动者的健康、卫生、安全以及以保护环境为主要目的，对经济物品和服务质量以及随之相伴而产生的各种行为制定的法律、法规和条例，以及限制、禁止社会主体或经济主体某种特定活动的一系列规定，包括防污和保护环境的国际环保标准、国际公约、各国及地区环境保护的法律、法规、管理措施以及签署或执行的多边协定和区域协定等。①

经济主体在生产活动或消费过程中为了满足自身利益最大化，会不自觉地将废水、废气、废物或其他有毒物质过多排放，远远超出了自然生态系统的净化能力，造成了严重的环境污染。之所以会导致这一现象是因为自然资源尤其是环境资源通常被人类视为公共财产，任何人都可以丝毫不受限制地肆意使用，甚至浪费，从而增加了社会负担。因此，在经济高速发展的同时，人类赖以生存的生态环境也随之付出了沉重的代价，并且对人类的健康及生活质量已构成了严重的威胁，环境管制的实施正是出于保护环境的目的。

（二）环境管制政策分类与比较

环境管制政策的设计是否有效和环境质量的改善高度相关。环境管制政策由两个部分组成：政策目标和实现目标的手段。环境政策的目标是减少企业的排污量，改善环境质量。实现目标的手段通常有两大类：一是命令和控制，二是市场激励。学术界对环境政策工具的划分主要有以下几种方式：

第一种，将其分为两类：①强制命令和控制；②市场工具，如可交易排放许可证、押金返还制度、环境信息的公共揭露和自愿工程等，环境信息披露和自愿工程被称为“下一代环境政策”。

第二种，将环境政策分为五类：①命令—控制；②市场激励；③强制信息揭露；④自愿规范；⑤商业—政府伙伴关系。

第三种，根据管制执行的严格程度，将环境政策工具划分为：①障碍式管制；②合作式管制。

第四种，将监管者可以使用的政策工具分为三类：①技术上的约束（实施强制的控制污染标准）；②组织上的联合（使监管者、污染者和受害者共享信息）；③经济激励机制（提高逃避控制污染的成本）。

本章从政府行为的角度将环境管制工具分为三类：命令—控制、经济激励和商业—政府合作。

---

① 宋姣姣．环境管制对企业竞争力的影响机制及政策体系研究［D］．焦作：河南理工大学，2011.

（1）命令—控制型

命令—控制手段是指国家行政部门根据相关的法律、法规和标准等，达到对生产者生产工艺或使用产品的管制，禁止或限制某些污染物的排放以及把某些活动限制在一定的时间或空间范围内，最终影响排污者的行为。命令—控制是最常见的解决环境问题的方法，这种环境管制政策在我国的运用也最为广泛。

命令—控制手段一般都是以直接规定或命令来限制污染物排放，无论是直接规定污染物排放量还是间接规定生产投入或消费前段过程中可能产生的污染物排放量，最终都是为了达到保护环境的目的。命令—控制常与标准联系在一起，常见的标准包括污染物排放标准、环境质量标准等。标准是命令—控制手段的基础。首先，标准看起来简单而直接。它们设定了明确、具体的目标。其次，标准也迎合了人们的某种道德观，即环境污染是有害的，政府应视其为非法行为。另外，现有的司法系统适合界定及阻止非法行为，这极大地方便了标准的实施。法规或命令的表现形式一般都是“命令”“要求”“希望”“警告”“建议”以及“奖励”等指令或指导。值得注意的是，由于命令—控制是政府用强制手段来控制污染，因而大多与控制、惩罚、警告等相联系，而较少有奖励和建议。在我国，命令—控制手段在环境管理手段中占主导地位。我国现有的命令—控制政策见表 3-1。

表 3-1　我国命令—控制政策分类

	阶段	管制手段
命令—控制手段	事前控制	环境规划 环境影响评价 “三同时”
	事中控制	排污许可证 达标排放
	事后控制	关停并转 污染限期治理

正是由于命令—控制型环境政策的强制实施，迫使不同的排污企业在排污、治污、防污的过程中必须采用既定的统一的技术标准和执行标准，使排污企业在对污染物的处理方式上没有了选择的余地，因此，企业一直处于被

动状态，不能诱导企业进行技术创新。在企业看来这种环境政策只会给他们增加成本，降低竞争力，所以大部分排污企业都在消极应对。

（2）经济激励型

只有当某种经济手段的应用足以影响到经济当事人对可选择行动的成本进行评估时，该手段便可以成为“经济激励手段”（根据 OECD 的观点）。它与命令—控制手段的不同在于，经济激励手段是与成本—效益相联系的，对经济主体具有刺激性而非强制性，使经济主体以他们认为最有利的方式对某种刺激做出反应。因此，经济激励手段可定义为：政府管理当局从影响成本—收益入手，影响经济当事人进行选择，以便最终有利于环境改善的一种政策手段。经济激励手段也需要法律的支持，具有间接强制性。

经济激励手段可分为创建市场和利用市场两种类型，即科斯手段和庇古手段。科斯手段包括产权/分散权利、可交易的许可证、国际补偿制度；庇古手段包括补贴/减少补贴、环境税、排污收费、押金—退还制度、专项补贴等。我国现有的经济激励政策见表 3-2。

表 3-2　我国现有的经济激励政策

	主要政策类型			
经济激励手段	排污收费（污水处理费、二氧化硫排放费等）	综合利用税收优惠及其他环境友好型税收	排污设施有偿使用费	生态环境补偿费
	绿色贷款	绿色贸易	绿色保险	“三同时”保证金
	治理设施运行保证金	矿产资源税和补偿费	废物回收押金	

（3）商业—政府合作型

商业—政府合作型是指，一方面，企业加强自我环境管理；另一方面，政府给予企业一定程度的管制豁免，企业和政府共同合作开展环境管理工作。这一工具消除了政府的监管成本，同时企业有更强的激励采取更加自由的技术达到高于法律所要求的环境标准。以合作方式执行管制，建立在自由和企业与政府相互信任的基础上，可以避免严厉执行的缺点，同时为企业和政府带来了许多利益。在这种方式下，管制者并不严格解释法律，惩罚企业的每一次违规；相反，他们给予企业一些管制豁免，激发企业服从管制的动力，使这些企业做出保证会努力通过自我控制环境行为和迅速报告及纠正违规来服从管制。这种合作可以通过政府提供灵活的管制和企业加入自愿环境管制来达成。

不同的环境政策工具在不同的条件下所发挥的作用有所不同，它们有各自的优缺点，所执行的效果也不尽相同，笔者在此将上述三种环境政策工具在执行成本、环境改善效果和激励技术创新程度三个方面进行了简单的比较（见表 3-3）。

表 3-3 环境政策工具比较

政策工具	评估标准		
	环境改善效果	执行效率（监督执行成本）	环境技术创新和改进的激励程度
命令—控制	显著	成本较高	很小
经济激励	总量不确定（可交易污染许可证除外）	成本较高	较高
商业—政府合作	总量不确定	成本较低	高

3.2.2 企业竞争力综述

（一）企业竞争力概念

企业竞争力是竞争力的形态之一，其内涵丰富，从学术研究、制定政策的不同角度出发有不同的认识。下面，列举几种比较有代表性的看法：

①美国《产业竞争力总统委员会报告》认为，企业竞争力是指“在自由良好的市场条件下，企业能够在国际市场上提供好的产品、好的服务，同时又能提高本国人民生活水平的能力”。这一定义是从微观和宏观两个角度界定的，带有福利经济学的色彩。

②哈佛大学的史宾斯教授认为，企业竞争力是指一国企业在国际市场上可贸易的能力。他认为，贸易流向、技术开发管理、产业政策等对企业竞争力有着深刻的影响。显然，史宾斯是从企业总体竞争力角度进行界定的。

③世界经济论坛 1985 年《关于竞争力的报告》指出，企业竞争力是指“企业在目前和未来，在各自的环境中以比它们国内和国外的竞争者更有价格

和质量优势来进行设计、生产并销售货物以及提供服务的能力和机会”，这一概念是从企业最终目标和国家福利角度进行界定的。

④美国竞争力委员会主席乔治 M.C. 菲什认为，企业竞争力是指企业具有较竞争对手更强的获取、创造、应用知识的能力。这一定义是从影响企业竞争力的因素界定，即把企业竞争力视为一种知识的能力。

⑤哈佛大学迈克尔 E. 波特从竞争力的直接表现进行界定，认为企业竞争优势是指一个公司在产业内所处的优势位置。

⑥我国学者范晓屏认为，企业竞争力是指企业为生存而争夺所需资源时所表现出的状态和能力。其具体解释为“企业竞争力是企业在激烈的市场竞争中以特有的竞争方式，在不断有效地争夺市场份额、挑战竞争对手、寻找有利地位、扩张经营领域、实现经营效益等方面所表现出的一种状态与能力”。显然这是从竞争力结果来界定的。

⑦《中国国际竞争力发展报告》联合课题组认为，企业竞争力是企业或企业家们在各种环境中成功地从事经营活动的能力。这一界定突出了企业家在培育企业竞争力方面的作用。

对企业竞争力的定义，有的是从一国企业总体角度进行，有的是从微观企业竞争角度进行，有的是从竞争力结果进行，还有的是从竞争力的影响因素进行的。但综合来看，我们发现任何概念都是服务于研究的角度和目的的，对企业竞争力的不同界定是由于人们研究问题的角度和目的不同。本章定位于对微观企业个体竞争力的评价，它从微观企业竞争的实践出发，侧重于企业自身的生存和发展能力，而不考虑企业带来国民福利的多寡；同时，竞争力分析不仅要考虑企业竞争力表现出的结果，更要考察背后支撑这种竞争结果的原因。

企业竞争力是个多层次含义的综合性范畴，它不仅涉及企业占有市场和创造价值的能力，还涉及企业内部要素结构和经营管理过程；不仅是静态的比较能力，更是动态的发展能力。企业竞争力分析的关键在于辨识根植于竞争与企业中的最基本、最深层次的因素。根据本章研究的定位和目的，笔者把企业竞争力定义为：作为独立经济实体的企业，在竞争的市场环境中，配置、创造企业资源，并将其资源有机组合而形成的，在占有市场、创造价值，维持发展等方面与同行业其他企业在市场竞争中的比较能力。

为了对企业竞争力有更深的认识，进一步探讨其基本特征是必需的。企业竞争力具有四个基本特征：第一，效率性。竞争是各行为主体之间的相互较量，企业竞争力源自企业所拥有的能够在相互较量中获取优势的能力与资源，因此企业竞争力的首要特征就是效率性或有用性，即能够提升企业的行为效率和经营业绩。第二，比较性。企业竞争力是一个相对的、比较的概念，说一个企业有竞争力总是指对谁而言有竞争力。正是在市场竞争的比较中，同行业的企业表现出竞争的优势和劣势。第三，动态性。企业的竞争力随着市场结构和竞争行为的变化而变化，企业竞争的优势或劣势不是绝对持久的。优势企业可能变为劣势企业甚至消亡，劣势企业可能变为优势企业。第四，层次性。企业竞争力是一个具有层次性、综合性的系统。一方面，企业竞争力最终体现在竞争业绩中，包括产品的市场控制力和企业财务状况；另一方面，企业竞争力在内体现为企业所拥有的各类竞争资源与能力，它们是企业竞争业绩的内部支撑力，是企业竞争力的深层次土壤和真正的源泉。

（二）企业竞争力的分析模型

关于企业竞争力的分析模型，①波特提出了著名的“钻石模型”，认为企业竞争力主要取决于六个因素：生产要素，需求条件，相关与辅助产业，企业战略、结构与竞争，政府，机遇。同时，他还指出，企业竞争力的影响因素会随着企业竞争的不同阶段发生改变。波特的分析模型开启了从竞争优势的角度剖析企业竞争力来源及影响因素的大门，为以后的企业竞争力研究奠定了理论基础和分析框架，但是波特的“钻石模型”是基于发达国家的企业竞争力研究得出的，对于发展中国家或欠发达国家的企业竞争力的解释力度则明显降低，这主要是因为影响企业竞争力的因素在不同经济水平的国家之间存在较大差异。②为此，很多学者展开了对“钻石模型”的修改和扩展，其中，Cho构建了“九因素模型”，强调人的因素不可忽视。③朱春奎在波特的“钻石模型”和Cho的“九因素模型”基础上建立了企业竞争力来源的层次结构模型，分直接来源、间接来源和最终来源，共三个层面十六个因素。④赵宏斌基于对企业竞争力分析的不同假设，把企业竞争力分成三种表现形式：绝对竞争力、相对竞争力、差别化竞争力，并建立了企业竞争力的三角模型。笔者提出，资源环境约束下的企业竞争力既受制于其相关产业、政府因素、市场竞争及机遇等外部要素，也取决于企业的资源、科技、管理等内部能力要素，它们相互作用。在外部要素条件相似的条件下，内部能力要素是企业竞争力的核心，而且各要素之间的有效整合是形成竞争力的关键。在此基础上，建立了基于环境因素的企业竞争力分析模型（见图 3-2）。

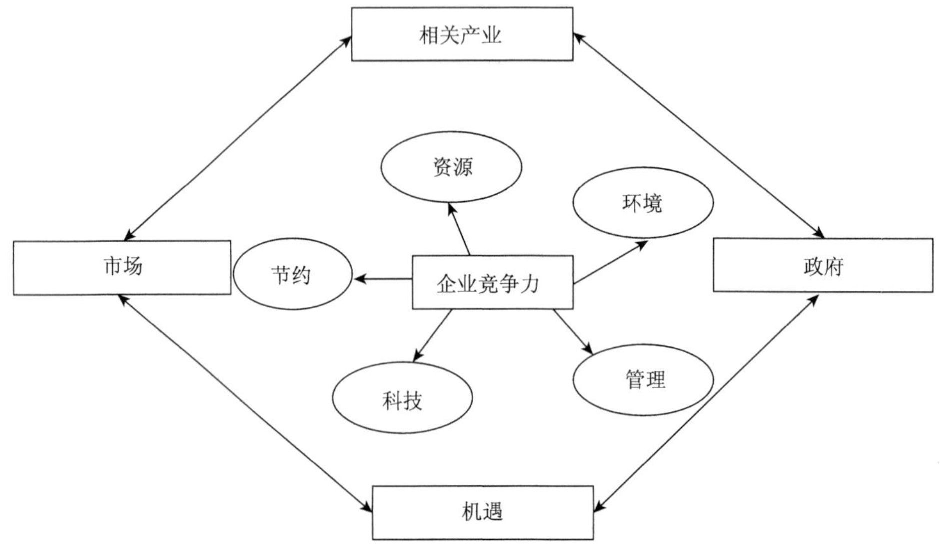

图 3-2　基于环境因素的煤炭企业国际竞争力分析模型

（三）企业竞争力的影响因素分析

（1）资源——竞争力的基础

资源是企业形成和运作的物质基础，是企业生存和发展的条件，也是企业竞争力的基础。① 资源状况对企业的活动领域、范围起着重要的决定作用。当然，企业的竞争力水平不仅取决于企业所拥有的资源数量，而且取决于其对综合资源的开发、利用、配置的效率。随着生产力的不断发展，资源无论是内涵还是外延都已经出现了很多变迁。首先，从资源的分布来看，资源早已打破了国家及地域的界限，因为高科技的普遍使用使资源延伸到世界的每个角落。其次，从资源要素禀赋来看，企业优势越来越倚重对生产原料的创新及改造。最后，从资源的流动情况来看，生产要素特别是自然要素的流动方向越来越不受限制而且越发自由化，所以，资源对企业竞争力的影响程度

① 肖香玉．企业竞争力评价研究［D］．南昌：江西财经大学，2003.

越来越小。

（2）企业管理——竞争力的整合

管理是一种重要的资源和生产力。马克思指出：“不论生产的社会形式如何，劳动者和生产资料始终是生产的因素。凡要进行生产，就必须使它们结合起来。”“一切规模较大的直接社会劳动或共同劳动，都或多或少地需要指挥，以协调个人的活动，并执行生产总体的运动。”在此，把劳动者和生产资料结合起来的正是管理。管理是连接各种生产要素的纽带；没有管理，就没有生产劳动，也就无所谓生产力。从这种意义上说，管理是比劳动者、生产资料层次更高的生产力要素。

管理作为生产力的重要因素，对企业的发展、企业竞争力的强弱产生着重要的影响。一些企业家认为，在一个企业里，如果投资占 1 分，科技占 3 分，管理则占 6 分。国外一个研究机构提供的资料表明：在一个现代化企业里，每增加一个合格的体力劳动者，可以取得 1∶1.5 的经济效果；每增加一名合格的技术人员，可以取得 1∶2.5 的经济效果；而每增加一名有效的管理者，可以取得 1∶6 的经济效果。

国家也好，社会组织也好，企业也好，其兴衰成败，管理是重要的一环。就企业而言，业务活动和管理活动构成了其运营的全部。管理是企业业务活动有序整合、高效运行、价值创造的根本保障。综观国内外优秀企业，卓越管理是卓越企业的重要条件，而劣质管理是导致经营恶果的普遍原因。管理对企业的竞争力有着广泛的影响和作用。良好的管理可以提高生产率，降低产品成本；可以提高产品质量，提升品牌形象；可以促进新产品开发和技术更新，可以提高产品的差异化程度；可以促进产品营销，提高市场占有率；可以加强客户关系管理，提高企业服务水平。优秀的战略管理，可以为企业制定并实施切实可行的竞争战略。

（3）技术创新——竞争力的关键

现代经济的竞争实质就是技术实力的竞争，企业的竞争实力将主要取决于技术实力。企业争得市场份额，拓展生存空间，求得自身发展的最现实选择就是不断推动企业技术创新。企业技术创新与竞争力之间是相互促进的关系，没有竞争就没有技术创新的动力，而没有技术创新也就没有竞争力的形成。企业技术创新的一个重要目的是要创造新的竞争力。

当今社会经济和科技的飞速发展使企业面临的环境日益复杂，变化迅速，不确定性因素增加，市场竞争更加激烈。这种市场环境使企业深刻地认识到，以新产品来参与竞争比以现有产品的降价来参与竞争，优势要大得多。技术创新的结果往往是创造性地去破坏现状。创新产生的新技术，实现商业化后，过去的状况就会遭到破坏，从而建立起新的秩序。在新秩序下，技术创新企业与其他企业相比更具竞争力。这主要体现在：由于提供了一种新产品从而抢先占领了市场，由于改进了生产工艺使产品成本下降，从而使企业内部资源配置更趋合理，导致创新企业产生更好的整体效益；同时，这也使原有竞争对手的威胁程度大大降低，从而使企业在优势的基础上获得更大的发展。这些都使创新企业面临的未来的不确定性大大降低，极大地增强了企业在市场上的整体竞争力。

在国际资本相对过剩、人才流动频繁的条件下，在市场容量、资源、环境的约束更为强烈的今天，一个国家的形象、一个企业的竞争力，主要取决于技术转化为生产力的速度、规模和效果。发达国家争夺资源的重点已由原料转到技术上，各国不仅在技术开发和创新上大量投入，还不断以优厚条件网罗人才，进行大规模的技术投入、开发，从而促进技术特别是高新技术向经济的各个领域渗透。技术创新已成为一个国家、一个企业获得优势的第一推动力。

（4）人力资本——竞争力的源泉

人力资本是指体现在劳动者身上，通过资本的投资转化，表现为劳动者的素质、技术知识和工作能力。人力资本是企业运营的复合要素，具有“人”的属性和“能力”的属性。它是企业竞争力来源的最能动和基础的因素。

在企业中，人力资本与其他类型的资本相比，具有以下特征，这些特征体现着人力资本对企业竞争力的全面渗透和决定作用：①人力资本是一种极强的主观能动性资本。人是人力资本的载体，人的目的性、主观能动性和社会意识使人力资本在人们从事的经济活动中总是处于主导性，成为一种最活跃的生产要素。②人力资本具有内外两重效应。内部效应是指人力资本具有自我学习、自我积累的特征，伴随其在使用过程中不断自我补偿、自我丰富、自我发展，人的资本含量随之增加。人力资本的外部效应，是指人力资本会导致其他物质资本生产率的提高。③人力资本具有收益递增的特征。随着企业在人力资本上投入的增多，其获得的效益也随之增加。

大量实践研究充分证明了，人力资本是经济持续增长的关键。巴罗在对世界98个国家的跨国研究中发现，在起始GNP为既定条件下，平均一个国家的经济增长率与其起始的初等、中等入学率高度正相关，相关系数为0.73。有关员工在职培训后引起对工资和生产率增长的相关性研究表明，经过培训，一般工资增长为5%~15%，而培训投资为企业带来的回报率为20%~35%。具有竞争优势的企业都具有丰富的人力资本，而且十分重视对人力资本的投资。

企业间的竞争，从表面上看起来是经营额、利润、成本、质量等实力的竞争，实际上是技术和人才的竞争。在企业三大要素人、财、物中，人是决定性因素。日本企业家土光敏夫曾说："没有沉不了的船，没有倒闭不了的企业，一切取决于人的努力。"人是企业一切活动的核心，人才的开发、培训和使用，是提高企业竞争能力的最根本的方法。

3.2.3 环境管制对企业竞争力影响的研究综述

（一）国内研究综述

国内学术界对相关问题的研究主要集中在以下几个方面：

（1）环境管制与企业竞争力的关系研究

国内学者普遍借鉴了国外修正学派的思想，研究发现，恰当的环境政策有利于企业国际竞争力的提高。如曲如晓（2001）指出传统理论对环境保护与竞争力关系的认识是基于静态分析，作者从动态竞争力理论出发，认为企业竞争力是在可持续发展基础上，突破约束条件进行创新和改进的能力，进而指出适当严格的环境标准会促使企业进行环境技术创新，通过"创新补偿"形成竞争优势。曾凡银和冯宗宪（2001）从比较优势、产业转移和贸易壁垒等方面分析了环境资源因素与国际竞争力之间的关系，指出由于长期实行粗放式经济增长，中国的国际竞争力受到国际标准、生产过程与方法的制约，建议从制度创新、技术创新等方面来提升中国基于环境的国际竞争力。赵细康（2003）认为环境管制虽然提高了生产成本和产品价格，但是会刺激技术创新，宏观上看，短期内会对整体经济带来不利影响，但是长期影响并不明显。刘秀香和张婷（2004）以二氧化碳排放量作为衡量环境质量的指标，分析了中国1981—1999年间外贸出口增长的环境影响，得出的结论是，随着出口的扩大，贸易自由化和环境规制逐步严格，中国二氧化碳排放量增幅下降，贸易的结构效应为正，技术效应为正，规模效应也是正的。但是，陈艳莹和孙辉（2009）从*X*无效率和引致技术进步两个角度分析了环境管制与企业竞争优势的关系，发现环境管制虽然能够提高企业效率，但并不一定能够增强企业的竞争优势；而且当环境管制引致的*X*无效率降低和技术进步节省的成本等于污染控制给企业增加的成本时，绿色企业将与灰色企业具有同样的竞争力。

（2）环境成本内部化后在多大程度上影响企业国际竞争力

国内学者指出，环境成本内部化与一国环境标准的高低和产业特征有关。一般来说，高环境标准的国家，企业面临的环境成本内部化的压力较大，污染密集型产业受环境成本内部化的影响较大，如傅京燕（2002）提出了一个新的分析框架，从成本和差异化两个方面对决定环境与竞争力关系的各个因素进行分析，并对一些污染密集型产业进行实证分析。作者对比分析了发达国家和发展中国家各相关产业的国际竞争力受环境成本内部化影响的不同程度，从而解释了南北国家的出口产业在环境成本内部化影响下的脆弱程度。

（3）国外环境管制政策及其激励绩效研究

张嫚（2005）以新古典理论的利润最大化决策模型为理论起点，探讨了环境管制对企业行为与企业竞争力的影响。李挚萍（2005）总结了国外环境管制经历的三个发展阶段，即从以命令—控制型手段为主导，到市场经济手段的介入，再到合作型等多元手段的参与，这对我国环境管制改革具有重要的借鉴作用。田侃、高红贵和欧阳锋（2007）等着重分析了国外政府关于环境问题的研究趋势。他们指出，20世纪70年代以来，国外环境管制的理论与实践研究的重心开始从经济性管制转移到社会性管制上来。王虹（2008）从成本、出口产品的差异化和企业环境管理战略三方面分析了环境管制对企业竞争力的影响机制。李创（2009）分析了不同环境管制政策对中小型煤炭企业和大型煤炭企业的激励效果。马中东（2010）以企业的环境战略为传导机制，分析了环境管制背景下企业选择不同的环境战略对其竞争力的影响机制。李创（2011）指出，要进行环境管制与企业竞争力的关系研究必须把外因与内因、外部环境与内部条件等问题阐述清楚，才能够更好地理解为什么发达国家的许多企业尽管面临着更加严格的环境管制其竞争力却不降反升，而在发展中国家虽然执行着较为宽松的环境管理政策，但企业仍然缺乏竞争力。

（二）国外研究综述

国外学者对这方面的研究开始较早，研究也比较深刻，但到目前为止国外理论界在环境管制对国际竞争力的影响问题上还存在着一些分歧，主要形成了两种截然相反的学派：传统学派与修正学派。

（1）传统学派——环境管制与企业竞争力“冲突”的观点

传统学派的代表人物有 Palmer、Simpson 和 Bradford 等，他们从静态的角度分析后发现，如果要实施环境保护，那么企业就必须调整现有的生产模式，从而必然会增加企业的额外费用，所涉及的额外费用包括：

首先，生产成本。为了实施环境保护，企业被迫添加污染控制系统设备和工艺，或者缴纳污染税费。购买减少污染的设备或工艺，需要企业支付新设备的购置费和运行费，以及操作新设备的人工费用，这就增加了企业的固定资本投资；而缴纳污染税费则增加了企业的可变成本，成本的增加迫使企业降低产量。企业为了保持原来的利润不得不提高商品的价格，使得需求量下降，从而导致产量与利润的双重减少。List 和 Catherine（2003）建立了一个两国（发达国家与发展中国家）的局部均衡模型，采用美国 1982—1992 年间企业防污成本的数据进行计量分析，得知不同行业实施更严格的环境管制所得到的效益不同，企业竞争力与环境管制的宽松程度呈 U 形关系。发达国家处于 U 形的下降部分，而发展中国家刚好相反，这就说明严格的环境管制确实导致了企业国际竞争力的降低。此外，Cole 和 Elliott（2006）用同样的方法发现，实施环境管制所产生的减污成本对巴西和墨西哥两国的企业竞争力具有显著的影响。

其次，管理费用。企业添加了防污设备后必然增加企业生产工艺流程的复杂性和难度。企业的生产规模越大，相关的设备投入、控制管理、技术改造等事项越复杂、难度也越大，管理时间相应增加，从而占据原本用在其他方面的时间，增加了管理费用。管理费用的增加最终会分摊到商品的价格上，商品价格的上涨反过来又迫使需求量下降，从而导致产量减少。

另外，有的学者还认为，企业实施环境管制会降低管理人员的工作效率，这是因为管理人员必须把工作重点放到现在的防污管理上来，忽视了企业的其他事务，从长远的利益看，将会影响企业的发展。企业实施环境管制还会减少企业的技术投资，阻碍原本的技术创新。这是因为，为了预防和控制污染，企业被迫把原来用于技术开发的资金转移到防污技术上来，企业不得不停止原来正在运行的工艺流程和生产技术，迫使原本正常的技术改革步骤由于资金的短缺和技术的突然中断而被打乱，从而导致生产率下降。此外，还存在一个环境投资的机会成本，企业实施环境管制就必须把有限的资金从更有潜力的项目上转移到降低环境污染的投资上，即挤出效应，减少了企业的资本投资收益，从而降低了企业收益。

总的来说，传统学派的主要观点是：环境管制阻碍企业国际竞争力的发展，环境管制的实施必然导致企业国际竞争力的下降，严格的环境管制造成企业用来防止和治理污染的成本上升，进而影响企业的生产能力，缩小企业的盈利空间，导致企业在国际市场上的竞争力下降，甚至可能会使企业丢失国外市场。这种观点也遭到现在很多学者的批判，他们认为传统学派目光短浅，只看重当前的利益，完全忽视了生态环境的破坏对未来经济可持续发展的影响。如果按照动态的、发展的眼光来看，实施环境保护完全可以促进经济的增长，两者能够协调可持续发展。

（2）修正学派——环境管制与企业竞争力的“互补”观点

修正学派的代表人物有 Porter 和 Linde，他们从动态的角度进行分析，认为环境管制和经济增长最终将和谐发展。修正学派认为，由于企业实施环境管制，为了保持原有的市场份额，在短期内，企业商品价格的提高幅度不会弥补企业实施控污的成本，使企业近期的收益亏损或下降。然而从动态的角度来看，面对严厉的环境管制，企业不得不调整其低效率的内部资源配置，通过优化配置，提高企业的生产效率，从而能够弥补甚至超过实施防污所产生的环境成本。因此，实施环境管制而采纳防污新技术的企业要比采用传统生产模式的企业更有效率优势、创新优势、整合优势及先动优势。还有，环境管制有利于企业采用环保技术减少污染、提高产量，与此同时，在企业的生产过程中所产生的废弃物可以通过加工将其转变为有利用价值的产品再销售，这就为企业增加了额外的收益。Spatareanu（2007）利用东西欧 25 个国家的数据，通过比较不同国家环境政策的差异，分析了环境管制的严格性和稳定性是否会影响企业的国际竞争力，结果表明严格的环境管制与企业竞争力呈现正相关关系。Domazlicky 和 Weber（2004）选用污染治理支出和成本作为环境管制强度（Environment Regulation Intensity，ERI）的衡量指标，建立了 ERI 与企业竞争力之间的双变量 VAR 模型。作者采用中国的时间序列数据进行 OLS 分析，得出的结论是：严格的环境管制有利于提高企业的国际竞争力。此后，一些学者利用污染处理率、污染排放达标率、污染设施状况和环境管理情况等指标，也得出严格的环境管制能够促进企业竞争力提高的观点。这是因为，企业周围隐藏着许多双赢机会，假如企业采用有效的管理与技术创新促使环境管制产生足够大的引致创新效应，那么实施环境管制则能够达到一种环境绩效与经济绩效同步上升的“双赢”状态。企业越是大幅度地提高效率，其所支付的赋税就越少，则企业获取“先动优势”的成本就越低，进而达到“双赢”状态的机会就越大。Forest L. Reinhardt（1999）也对此观点表示赞同，认为通过提高环境质量使企业的效益收入弥补其成本支出的机会是随处可见的，严格的环境管制或高昂的污染税费将促使企业积极主动找寻这些机会。

总的来说，修正学派的主要观点是：严格的环境管制可能会带来很多创新活动，如技术工艺、产品设计以及生产过程等方面可能出现的创新，进而引发生产成本下降，因此，严格的环境管制是完全有可能提高企业竞争力的。只要环境管制给企业带来的创新动力能促使企业通过技术革新和产品差异化来降低成本和引领消费需求，由此弥补甚至超过企业实施环境管制造成的成本损失，那么企业最终将在激烈的竞争环境下获得持续的核心竞争力。

另外，还有其他观点：

（3）环境管制与贸易的相关观点

目前，环境管制对企业竞争力的影响延伸到了行业和国家层次的竞争力，从而在贸易领域产生了对环境问题的争论，主要有以下一些相关观点：

①环境标准竞相降低假说，即世界各国为了减轻环境管制对本国企业竞争力的不利影响，纷纷采取降低环境标准的做法。该理论认为，自由贸易导致了全球环境标准的下降。不同的国家或地区对待环境政策的强度和执行环境标准的方式与“公有地悲剧”相似。在自由贸易条件下，竞争更加激烈，许多发展中国家的环境标准较低，导致其对资本要素流动的吸引力更大，结果使资本外流国家的失业率迅速上升。环境标准越高，资本流出量就会越大，

产业越缺乏竞争优势。为了预防资金外流，发达国家也会采取低环境标准做法，甚至纷纷加入低环境标准俱乐部中。如果更多国家都采取这一“理性”做法，最后的结局就会出现这样的情况：通过国际贸易，世界环境标准变得比没有开展自由贸易时的情况更低，从而导致世界环境不断恶化。

②污染天堂假说，又称为污染产业转移假说。这一理论与环境标准竞争降低假说有一定的联系，但重点不同。这一理论的核心是，当国家之间存在自由贸易时，对于追求利润最大化的企业而言，在环境政策强度低、环境标准低的国家的投资和生产方面具有更大的优势，因为它们的环境污染内部化成本较低，这对那些在环境标准高的国家生产经营的企业是一种巨大的吸引和诱惑，尤其是那些对环境敏感的企业。结果可能会导致这些产业或企业在上述吸引力之下，纷纷从环境标准高、要求严格的国家迁出，向环境标准低、要求宽松的国家迁入。从目前发达国家和发展中国家的环境质量差异不难看出，前者的环境标准高，后者的环境标准低。因此，根据这一假说的推论，发展中国家将成为污染产业的“天堂”，或者“避难所”。

③生态倾销说。发达国家认为，由于环境标准不同而造成的产品成本差异使发展中国家享受了不公正的成本优势和市场竞争优势，而使自己处于不利的竞争地位，这种低成本的环境标准构成了“生态倾销”。因此，要求统一各国环境标准，并要求政府征收生态倾销税或给予本国产品补贴。这实际上构成了“绿色壁垒”或环境壁垒，发达国家为了实现规定的合法目标而设置这一壁垒是有其合理性的。然而，发达国家打着生态考虑的旗号进行游说，要求提高环境标准，背后则隐藏着其追求经济利益的实际目的，即借环境保护之名，行贸易保护主义之实。发达国家所谓的生态倾销说只是为其实施贸易壁垒寻找借口。在关税税率不断下降和非关税壁垒不断被拆除的情况下，“绿色壁垒”成为影响21世纪国际贸易发展的重要机制，逐步替代关税和一般非关税壁垒，是发达国家实行贸易保护主义的主要手段和高级形式。

④环境成本转移理论。在世界贸易格局中，发展中国家生产和出口初级劳动密集型产品和资源密集型产品。发达国家出口高新技术产品。前者在生产过程中需要排放大量的污染物，故又被称为污染密集型产品，高新技术产品则是典型的清洁产品。这种贸易结构的结果是：发达国家通过与发展中国家开展资源密集型产品的进口贸易，便将污染物以“合法”的形式留在发展

中国家，从而提高了国内环境质量，而牺牲了发展中国家的环境质量。一些学者通过对国际贸易商品结构的研究发现，美国的污染控制计划的确导致了美国贸易模式的改变：美国一方面进口了更多环境污染消除成本较高的商品；另一方面，通过进口满足国内市场需求，实现了美国国内自然资源的消耗减少。因此，资源密集型产品的国际贸易流动导致了国际间“环境成本转移”，最后的结果是发展中国家的环境质量不断下降，对其可持续发展产生了严重的负面影响。

（4）基于投资视角的研究

决定对外投资的原因有很多，如市场规模、基础设施、劳动成本、劳动者素质、政治稳定性等。经验表明，环境管制的松紧也是一个重要的决策因素。这里有两种不同的观点：一种认为环境管制严厉的国家或地区的企业为了保持自身的竞争力会转移到环境管制相对宽松的国家或地区，从而出现“污染天堂”（Pollution Heavens）的假说；另一种则持相反的观点，认为环境管制不会导致“污染天堂”假说的现象出现。因此，环境管制对企业投资方面影响的研究主要体现在是否会出现“污染天堂”现象方面。①

①支持“污染天堂”假说的观点。Esty（1995）研究发现，在理论上环境标准较高的国家的企业与环境标准较低的国家的企业相比的确会处于竞争劣势，一国严格的环境政策会迫使肮脏产业向环境宽松的国家转移，出现“污染天堂”的现象。Low 和 Yeats（1992）使用污染产业出口占世界总出口份额和某一产业的显示性比较优势两个指标，检验污染产业在世界范围内的迁移。结果发现，污染产业在工业化国家的份额下降，工业化国家的环境管制造成了污染从发达国家转移到发展中国家。Xing（1996）考察了美国在1985—1990年对22个国家的投资，统计分析结果表明，东道国宽松的环境管制是吸引美国对外投资的一个显著的决定因素，从国际投资的视角论证了环境管制会降低本国企业的国际竞争力。Grether（2002）利用1980—1998年52个国家《产业国际标准分类》（*ISIC*）三位数代码的污染产品的生产和贸易份额进行研究，结果表明，除有色金属外，其他污染产业有向发展中国家转移

① 许士春，何正霞，魏晓平．环境管制与企业国际竞争力：一个文献综述［J］．商业研究，2009（9）：34-37；李创．国内外环境管制问题研究综述［J］．资源开发与市场，2011（9）：819-822.

的趋势。

②反对“污染天堂”假说的观点。Wheeler 和 Mody（1992）研究发现，跨国公司的海外投资决策主要取决于劳动成本和市场准入，而公司税率和环境成本的影响很小或几乎没有。Smarzynska 和 Wei（2001）对 1989—1994 年 24 个转型经济体中的 534 家跨国企业的投资进行了分析，结果发现，东道国的环境标准对跨国企业投资流向几乎不会产生影响，不存在“污染天堂”的现象。Harrison（2002）利用美国减污成本数据考察了美国流向墨西哥、委内瑞拉、摩洛哥等国的外资流向，结果发现，没有很显著的证据表明对外直接投资会流向东道国污染密集型产业，从而无法证实环境管制会负面影响本国企业的国际竞争力。

（5）基于绿色技术创新视角的研究

①绿色技术的含义。1992 年，美国联邦政府提出了“深绿色技术”和“淡绿色技术”。随后，绿色技术的概念迅速传播。绿色技术承载着一种新型的人与自然的关系，强调防止、治理环境污染，维护自然生态平衡。Katsuhiko（1996）指出，绿色技术实质上是一种环境技术，是指对生态环境没有副作用的技术。

②绿色技术创新的过程。Chatterji Deb 的研究深入到生产领域中，研究企业如何在环境中 R&D 获取领导能力。他们认为，企业经营管理的全面绿色化，需要经过五个阶段：反应型、参与型、主动型、创新型和领先型。在每个阶段中，企业从战略决策到项目开发再到制造、营销等的策略都是不同的。

Kusz（1991）提出了一个基于传统技术创新过程模型的绿色技术创新过程模型。在此模型中，随着产品创新过程的连续进行，环境原则被整合进创新过程的每一个阶段，即认知、分析、定义、开发、选择、精炼、详细规格、开发实施、生产、扩散、市场化。他的模型实际上可以概括成“为环境而设计—为环境而制造—为环境而营销”这一绿色经营链。Foster 在 1991 年描绘了 ICI 为制 CFC 替代物而采用的产品创新过程，Omercen 在 1992 年描绘了瑞士一些企业的“环境调整产品开发”战略，实际上就是 Kusz 这一模型在实践中的应用。按 Katz 和 Kahn 的观点，企业组织是为追求一种目标而对投入、生产和产出进行管理的一群人的集合。从系统观来看，组织活动被看作“投入—生产—产出”链，并同时与外界环境相作用的过程。因此，Shrivastava 提出了一个VIPO绿色技术创新过程模型。由于他将外部环境管制因素与技术因素对企业创新过程的影响反映了出来，所以这一系统模型更能说明企业绿色技术创新的源泉与推动力。

③环境管制对绿色技术创新的影响。Porter（1991）认为，设计适当的环境标准能够拉动创新，这将部分或完全地抵销顺应环境规则造成的成本。更加严格而有效的环境标准会促使企业提高资源生产能力，从而增强企业的竞争力。因为面对巨大的环境成本，环境改进也成为企业经济上的竞争机会。此外，Porter研究指出，并非所有环境规则都有利于技术创新，只有有益的环境规则才能促进企业创新的发展，这些规则被称为“创新友好型规则”，因为它们能使企业最大限度地通过创新来解决污染问题。Jaffe等（1995）认为，有远见的企业会看到未来与环境有关的需求不断增加，从而乐意增加新设备投资以提高生产能力，进而提高国际竞争力。Dorfman等（1992）发现，在新的环境标准下，Ciba-Geigy燃料厂重新利用了废水系统，结果带来了两项技术革新，并节约了大量费用。Lan Jouw和Mody（1996）利用环境保护的支出与环境技术专利的数据检验了环境管制对环境技术专利数量的影响，研究发现，美国、德国和日本的环境管制程度与环境技术专利数量之间具有正相关性，从而得知环境管制能带来企业的绿色创新，提高企业的国际竞争力。同时，Bhatanger和Cohen（1998）通过分析美国专利数量的变化，也发现了严厉的环境政策有利于企业的绿色创新。Martin（2000）通过不可改变性和差异性的复杂相互作用，运用技术动力学阐述了可持续能源发展的公共技术政策，技术进步的结果显得有些自相矛盾。

现有技术的进步既延缓了可供选择方法和基本技术手段的发展，技术改变又在现有能量供应和终端使用技术系统中产生了多样性，导致大量技术发生改变。制定可持续能源发展的公共技术政策，除了要考虑单项技术的导入和传播，还要考虑技术相关性、基础设施要求、能源投入体系化所导致的技术改变的系统化。Slater和Angel（2000）的研究上升到了公司战略的高度。他们通过对马来群岛的30个受限制企业进行详细问卷调查，发现企业会在多大限度内将环境力量整合进公司战略，企业在做投资决策时（包括跨国产品和市场的扩展）要在多大范围内考虑到环境影响，结果依赖公司自身理念——环境信息公开的行为和意愿。通过使用Logist回归分析，Slater和Angel

发现，变化存在于对环境管制的战略回应程度，但在未来的跨国公司和其他类型的公司中，也存在系统差异。Mohr（2003）假定新的生产性资本比先前的资本具有低污染性，并假定具有规模经济，最终研究结果表明，环境管制不仅提高了绿色生产技术水平也减少了对环境的污染。

（6）基于环境政策视角的研究

①环境政策的分类。按照 Kemp（1998）的分类，环境政策大致可分为命令的手段（市场准入环境标准、技术规范等）、市场的手段（污染税、排污权交易、环境补贴等）和相互沟通的手段（信息披露等）三大类。Hamilton（1998）将环境政策分为利用市场的手段（庇古税、使用费、执行债券、押金—返还制度、专项补贴等）、建立市场的手段（界定资源产权、建立可交易的许可证和排污权、建立国际补偿体系等）、利用环境法规（标准、禁令、配额等）和动员公众（宣传、广告等）。

②环境政策的优化问题。环境政策的一个重要目标就是如何激励企业进行绿色创新，从而进行清洁生产。不同环境管制政策工具对企业的激励程度是不同的，因此这也就成为环境政策的一个评价标准。早在 20 世纪 70 年代，一些学者对不同环境政策工具的经济影响进行了研究。Weitzman 在较早时期进行了不同环境政策对企业生产影响的研究，并为后来的研究奠定了基础。Weitzman（1974）从理论上证明，当预期边际收益曲线较为平坦时，采用税收的手段比单纯采用命令与控制的手段更有利于企业的创新。Downing 和 White（1986）证明，基于市场的环境政策工具对企业的激励作用要远大于单纯采用命令的环境政策工具。Milliman 和 Prince（1989）研究了五种环境管制政策工具（进入标准、排放补贴、排污税、分配的配额和拍卖的配额）对企业生产的影响，结果发现，拍卖的配额和税收手段对技术创新的刺激和环境目标的实现都是最好的。这是目前这方面较权威的研究，也是较全面的研究。

有的从不同的环境管制政策对企业国际竞争力的影响来分析。Jung 等（1996）研究了不同环境政策对企业激励作用的影响，从刺激力的大小来看，拍卖的配额激励作用最大，污染税和补贴的激励作用次之，分配的配额激励作用较小，环境标准制度的激励作用最小。Stavins（1995）指出排放限额、标准、禁令等直接管制手段对发展新的、更多的和有效的技术创新通常缺乏足够的激励，对现存技术的普及和扩散的效应也是有限的。其原因是这些手段通常仅注重企业的末端技术处理，没有注重企业的清洁生产技术，从而无法促进企业生产由外延型向内涵型转变。Berg（1999）提出，市场手段有利于企业持续地创新，而环境标准往往仅对极少数污染物有效，所以建议政府进行环境管制时，应尽量采用市场手段。Fullerton（2006）构建了一个整体框架，分析了环境税、排污减少补贴、排污许可、强制控制法规等不同环境政策工具导致的利益在政府、企业与消费者之间的分配效应，但尚未得出何种环境管制政策最优的结论。

综上所述可知，第一，环境管制对企业国际竞争力的正负面影响至今仍没有定论，两者之间不存在简单的一对一关系，因为不同学者所采用的理论模型、假设条件及研究角度不同，得到的结论也就不同。第二，国外传统学派与修正学派关于环境管制对企业竞争力影响的争论焦点在于环境管制能否激励企业的技术创新，技术创新能否弥补甚至超过环境成本的支付。第三，与国外研究成果相比，我国学者对这一研究领域的关注较少，研究也不够透彻。主要原因是完整可靠的环境数据很难收集，一方面，我国的环境统计起步较晚，发展不够成熟；另一方面，在我国企业内部缺乏环保行为的抽样调查，相关信息收集不到位。第四，由于我国经济发展水平所限，对环境保护不够重视，大多数企业所采取的环保手段仍然是先污染后治理，即末端治理。此外，企业环境保护业绩与经济发展和企业竞争力之间的内部作用机制分析不够透彻。第五，在不同的环境管制形式下，产生的创新激励效果不同，所以环境政策制定者应该根据企业自身的实际经济状况制定与其相适应的激励机制，实现环境和经济的可持续发展。当然，树立环保意识、提高主动环保的积极性才是实现环境和经济协调发展的根本之道。

3.3 外部和内部因素对企业竞争力的作用机制分析

3.3.1 外部环境管制对企业竞争力的作用机制分析

在近几年对环境保护与产品竞争力的讨论中，一般认为，环境保护与竞争力之间存在两难的处境，即环境保护必然会加大企业的生产成本，从而使产品在国际市场上失去竞争力。因此，在这个问题上，各国的政策重点都放在协调环境保护与竞争力的关系上。发达国家与发展中国家也围绕着此问题展开了争议。发达国家认为，发展中国家由于实行较低的环境标准，不需为满足环境要求而增加额外的成本，从而使企业享受了不公正的竞争优势。因此，发达国家要求采取各种环境贸易措施，阻止发展中国家低标准的产品进行环境倾销。发展中国家也害怕过高的环境标准会使本国企业在国际市场上失去价格竞争的优势，对实施过严的环保标准心存疑虑。但是，经过多年的实践，许多学者研究发现，严格的环保标准不仅不会使企业失去竞争力，而且会促使企业进行环境技术创新，提高劳动生产率，从而足以补偿环保成本，并使企业获得先行性优势。大量事实表明，与同行的企业相比，率先实行环境保护的企业更具有国际竞争力。

问题的关键是，传统理论对环境保护与竞争力的关系存在认识上的误区，即静态地分析生态与经济增长的关系，认为环境保护将不可避免地增加企业的成本，给企业带来额外的负担，使产品的竞争力减弱。然而，竞争力概念的内涵和外延一直都在变化，尤其是近二三十年，国际竞争力的概念已经偏离了静态的模型，新的内涵已变成一个建立在创新基础上的动态概念。波特（1990）在《国家竞争优势》一书中首先阐述了这种变化，指出企业的竞争力是指在可持续发展的基础上比其他竞争者更加有效地提供商品和服务的能力。他对几十个国家的上百家企业的案例研究后发现，具有国际竞争力的公司并不是那些具有最低的投入或具有最大规模的公司，而是那些具有不断改进和创新能力的公司（这里的创新是指广义的创新，包括产品或服务设计，生产、营销等）。因此，竞争优势既不是建立在静态效率的基础上，也不是建立在固定约束范围内的最大化上，而是突破约束条件进行创新和改进的能力，包括利用和开发新产品、新工艺和新服务的能力。

这种动态竞争力理论为环境保护提供了新的空间，因为适当的环境标准可以引发创新，并能够补偿部分甚至全部适应成本，我们称为“创新抵偿”。这种创新抵偿不仅能够降低满足环境要求的净成本，甚至能够在国际市场上形成竞争优势。

（一）创新抵偿（Innovation Offset）是如何发生的

人们通常把针对环境保护目的的管理创新和技术创新统称为环境技术创

新。一般体现为两种形式：一种形式表现为企业对处理污染的经验和技巧的提高，这种类型的创新在没有改变产品其他性能的情况下，大大减少了污染控制的适应成本；另一种形式是既解决了环境问题，同时又使相关产品本身或生产工艺得以改善。在许多情况下，第二种形式的创新所带来的效益能够超过适应成本，因此这种创新才是更加有效的创新。根据环境技术创新的类型，又可以把创新抵偿分为产品抵偿和工艺抵偿两种形式：

（1）产品抵偿

所谓产品抵偿，是指实行环境保护政策后不仅使产生的污染减少，而且能够生产出更好、更安全、成本更低的高质量产品，这种产品在使用之后不危害或少危害生态环境以及可回收利用和再生，或对使用者来说具有较低的处置成本。与环境保护有关的产品创新，一方面可以提高产品质量，增强企业的产品竞争力；另一方面可以降低产品成本或减少使用者的处置成本。这可以通过替代昂贵的材料、减少不必要的包装和简化产品的设计来完成。如环境保护法对产品再循环能力的要求，使企业在产品设计上使有价值的材料更容易回收利用，这样，无论是由制造商还是消费者回收产品都能从中获得巨大的收益。又如，为便于拆卸而设计（DFD），以长远目光构想、开发和制造产品，在产品使用寿命完结时部件可以翻新和重新使用，或者可以安全地把这些零部件处理掉。如东芝公司为响应1991年日本的再循环法，对产品重新设计以减少拆卸时间，在这个过程中，洗衣机的零部件减少了16%，吸尘器的零部件减少了30%，这样，就使安装和拆卸更为简便，并降低了产品的成本。

（2）工艺抵偿

工艺抵偿是指生产工艺过程中不仅能减少废弃污染物的产生和排放，而且能产生较高的资源生产率，如有较高的产出、原材料和能源节约、副产品更好更充分的利用、废物处置成本降低等。所有这些抵偿通常是相关联的，在达到一个目标的同时可以实现其他目标。

工艺创新可以使用更便宜的原材料和充分利用原有的材料。江苏常州农药厂是我国生产氨基甲酸类农药的主要厂家之一，由于生产产品的原材料消耗高、环境污染严重，面临着成本高、竞争力差和环保的多重压力。在市环保局的支持下，该厂投资180万元，采用异氰酸甲醇清洁工艺，对原落后工艺进行了彻底改造，结果每吨产品可节约成本2800元，同时大大减少了污染。

工艺创新可以减少排放物，增加产出，变废为宝。如，广西贵糖集团有限公司主要生产白糖、纸张、酒精和复合肥等产品。该公司加大技术创新力度和环保投入，变废为宝，在生产工艺上实行了一系列的改造：利用生产白砂糖的甘蔗渣为主要原料生产文化用纸；利用“50吨/日黑液碱回收炉工程”，将造纸系统排放的稀黑液经过蒸发、燃烧等工序变成生产可用的辅助材料及热能，实现了原料及热能资源回收；利用世界先进的浓缩法，将酒精生产中排放的废液生产成高效甘蔗用有机复合肥，从而实现了酒精生产废液零排放。所有这些项目都取得了明显的经济效益、环境效益和社会效益。

（二）先动优势效应

环境政策的颁布与实施为企业提供了新的发展机会，企业可以利用这个契机发展新的产业领域，比如设计生产对环境污染进行监管和测量的新设备等，以获取先动优势。具有先动优势的企业无须受到环境管制的压力而将更有信心、更有实力地主动进行技术创新。与此同时，还可以利用创新产品占取市场份额及提高技术壁垒来阻止竞争对手的进入。但是，只有在企业领导者能够正确预测环保趋势且追求利润与社会效益相一致的前提下，该企业才有可能获取先动优势。

3.3.2 内部环境战略对企业竞争力的作用机制分析

（一）企业环境战略的分类

首先，需要对企业实施的环境战略进行一个简单的划分。对于目前紧迫的环境和社会问题，企业以不同方式做出了反应：一些企业主动采取可持续商业政策并进行相关环境实践，其他则忽视，甚至拒绝。近年来，学者们就企业在自然环境方面的立场提出了许多不同类型的划分方式，其中，Roome（1992）提出的分类是最著名的，其使用也是最广泛的。基于本章研究的需要，我们根据企业大体的环境实践表现，将环境战略概括为三种基本类型①，即“不服从”管制、“服从”管制和“超越服从”管制，如图3-3所示。

---

① 宋姣姣．环境管制对企业竞争力的影响机制及政策体系研究［D］．焦作：河南理工大学，2011；彭海珍．环境战略影响企业国际竞争力的途径和内部条件分析［J］．软科学，2006，20（5）：126-130.

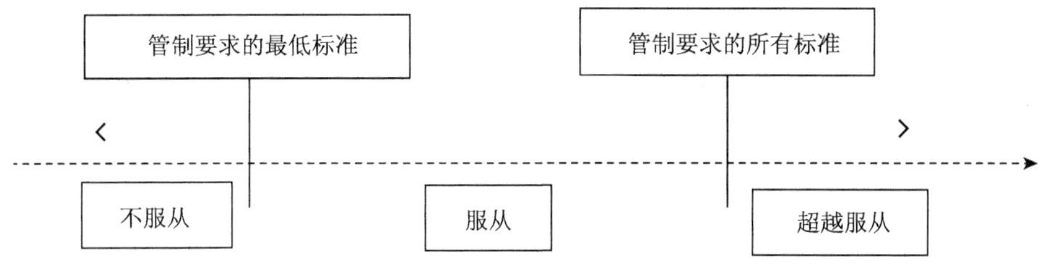

图 3-3 环境战略分类

当企业采取“不服从”的战略姿态时，往往将环境问题抛在一边，否认环境责任，几乎不采取什么环境措施，比管制所要求的做得少，甚至不服从要求。处于“服从”战略区间的企业，越靠近左边虚线一端，反应越被动，仅仅承认但抗拒责任，只是满足管制所要求的最低标准；越靠近右边虚线一端，反应趋向主动，接受环境责任，能达到管制的基本要求。而当企业采取“超越服从”战略时，则是一种主动反应，往往会预测环境责任，所做的一般比管制所要求的更多。所谓“超越服从”就是指企业自愿超出政府强制性要求企业达到的排污标准、排污数量、环境技术等环境指标，实现高于政府制定的、更为优越的环境绩效。趋向被动的环境战略一般在污染问题发生后采取行动处理，属于污染控制的性质，常常使用末端技术控制污染，较少投资在环境技术创新上，并且常常抵制环境立法的制定和执行；而趋向主动的环境战略是出于企业对环境问题重要性意识的提高和其中蕴含竞争优势的逐渐察觉而做出的积极反应，企业采取一种“污染防治”的姿态，更多地进行产品、过程管理，强调源头减少和过程创新的一个系统方法。

（二）企业环境战略影响企业竞争力的途径分析

企业环境战略能否产生竞争力，其所涉及的技术创新投资成分是一个关键的考虑因素，正如波特在提出的环境与竞争力的“双赢”观点中所阐述的，企业通过环境技术创新和改进活动来实现“创新补偿”。这是实现竞争力影响的重要途径，它可以通过多个维度表现出来，最显著、最直接的就是改变生产成本或者提供差异化的产品，更深层次的则可能改变企业的经营理念和企业文化，追求可持续的竞争力。因此，环境战略影响竞争力的基本途径为：①改变生产成本；②提供差异化产品（见图 3-4）。

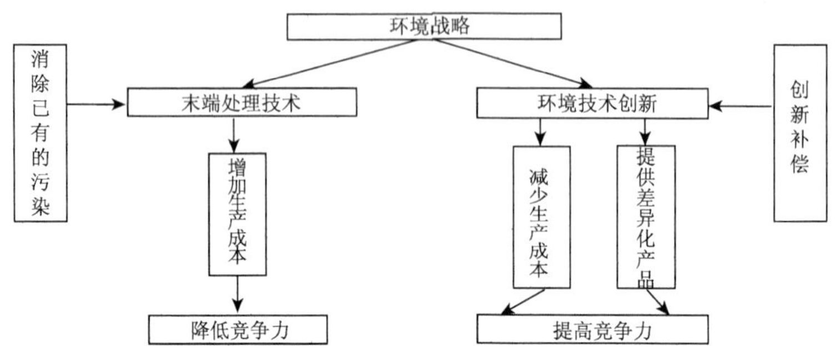

图 3-4　环境战略影响企业竞争力的一般途径

所谓“末端处理技术”是在污染已经形成之后再消除污染，但在排入环境之前。这样的技术不能额外产生增值产品，而会造成企业的资本、生产力及投资回报率降低。这类技术的创新成本低且可以迅速扩散。所谓“环境技术”是在污染形成之前尽量消除污染，一般是从处理生产过程中造成的污染，转变为杜绝污染产生。这里可以将“污染”看作一种投入物，“环境技术”就是要减少这种投入，达到降低成本的目的。环境技术创新主要体现在下面的一些领域：替代使用产生污染少或不产生污染的投入；重新设计产品，减少对产生污染的投入物的需求或减少生产过程中带来污染的步骤；使用新的生产过程减少或消除理想产出导致的不理想污染外部性。这类技术一般创新成本较高，且不易扩散。

据此，先要区分上述实施不同类型环境战略的企业在环境技术创新上的积极性。采取不服从或者仅仅服从战略的企业，很少在环境技术创新上投资，因此不可能处于一个使用其环境资源去赢得一个竞争优势的战略立场，对其竞争力的改善不显著（甚至可能有害）。当企业采取超越服从的积极态度实施环境战略时，企业基于自身的经济动机，努力于环境技术创新活动上，主动尝试将其转变为一种获得竞争优势、提高国际竞争力的来源。因此，超越服从环境战略更多时候与竞争优势密切关联。

战略指导实践，在“超越服从”环境战略下执行的环境实践同时具有某些特殊的属性，可能会为企业产生竞争优势。Christmann（1999）研究发现，这些实践主要集中在生产过程上，作为环境管理的更全面方法，它们考虑从设计到制造、使用和处理的企业产品整个生命周期中企业操作对环境的影响，可以谓之最佳环境实践，其特征主要表现为“生命周期分析”“摇篮—坟墓设计”“为拆卸设计”。环境战略因此亦可以视为通过不同的最佳环境实践实现竞争优势的。这些最佳环境实践主要包括污染防治、产品管理和早期时间选择等，见图3-5。

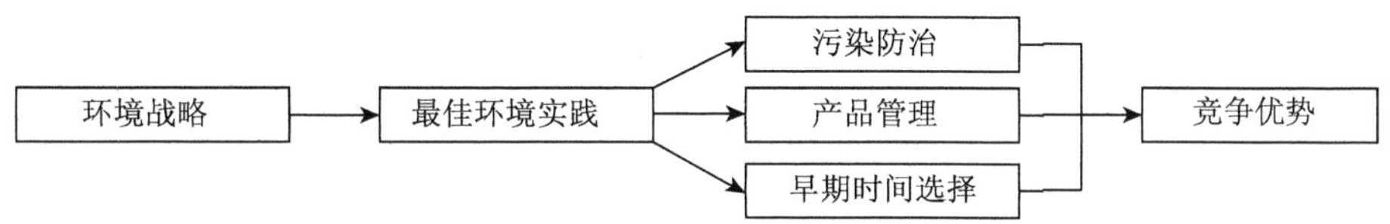

图3-5　环境战略影响企业竞争力的具体途径

（1）污染防治（Pollution Prevention）

企业可以从各种技术中选择从而减少它们的活动对自然环境的不利影响。这些技术可以根据它们用来减少污染的方式进行分类。污染可以通过防治或通过控制来减少。污染防治指通过更好的设备管理、材料替代、管制或者标准进行。污染防治技术，指源头减少或清洁技术，将生产过程中的污染和废物控制在最小化的水平内。污染控制指使用污染控制技术挡住、存储、处理和解决排放和污水。企业通过增加现有生产过程中的设备，减少污染和废物，这些设备通常指“末端技术”。前者生产可销售商品的同时能在制造过程中减少污染，后者应承担昂贵的、无生产力的污染控制设备费用。污染防治因此在许多方面似乎与全面质量管理（TQM）类似，它要求广大雇员参与和排放减少的持续改进，而不是依赖昂贵的“末端”污染控制技术。

作为环境管理的一个重要的良好实践，污染防治技术主要集中在企业生产过程中，这些实践往往会给企业带来成本优势。例如，可以通过更有效地使用投入物或使用成本较低的替代物，可以通过除去操作中的不必要步骤，或者可以通过使用高质量的监督设备减少发生故障的时间。此外，污染防治技术可以把排放削减到管制要求的水平之下，降低一系列其他成本。污染控制技术，作为在非生产资产上的投资只是增加成本。同时，末端方案常常是现货供应的技术，它们可以在市场上获得，并且是附加到现有生产过程中的，要求很少变化。这样，这些技术可能容易被竞争对手模仿。而污染防治技术则大部分是具体针对特殊生产过程的，难以为竞争对手模仿，有助于形成可持续的成本优势。

（2）产品管理（Product Stewardship）

污染防治集中于建立生产和操作过程中的新能力。然而，在价值链每一阶段上的活动——从原材料使用到生产过程、产品使用之后的处置——都对环境产生着影响，这些将来肯定全都需要被“内部化”。因此，产品管理实际上就是产品生命周期分析（LCA）采取的一种形式。LCA 用于评价一个产品体系从“摇篮到坟墓”所创造的环境负担，产品管理需要以一种生命周期的思考方式最小化产品设计和开发过程中各个环节的环境成本（Hunt，1990）。一个产品要达到低生命周期环境成本，可以通过以下途径：①最小化不可再生原材料的使用；②避免有毒原材料的使用；③依照资源的再生性使用可再生资源。此外，这些产品必须易于组装或者再回收，再循环。许多国家实施的产品“召回”法律正是对生命周期思想的一种延伸，促进企业更积极地执行产品管理。

通过产品管理，企业能够退出环境危险业务，重新设计现有产品体系以减少责任，以较低生命周期成本开发新产品。而且，产品管理在初期可以通过竞争力获得成本优势：①通过优先或专门地获得重要但有限的资源（如原材料、位置、生产能力或者消费者）；②通过建立独特的适合企业能力的规则、管制或者标准。

同时，产品管理密切关注重要的外部利益相关者（如环境主义者、管制者），这是提高其环境声誉的一条途径。在推行产品管理的中后期，可以证实企业是一个新绿色产品领域中的先动者，从树立声誉，为产品差异化创造基础；还可以通过集中在产品特征和产品行情上的环境实践产生差异化优势，包括以对环境更加负责的方式重新设计包装和产品、开发新的环境友好产品和宣传产品的环境绩效等。

（3）早期时间选择（Early Timing）

比竞争对手更早或在环境管制被执行之前就开始解决环境问题而获得先动优势，通过以下三种方式可获得成本优势：

第一，预期到将来要施加的一个环境管制，并在它被执行之前采取达到管制要求所需的技术，将会降低企业的服从成本。这是因为，“预期”能够将企业开发和执行环境技术相关的生产过程中断的可能最小化。后来对管制做出反应的企业则可能面临“时间—压迫不经济”，因为它们需要在较短的时间内去更快地执行这些环境技术，从而导致生产过程的频繁中断。此外，如果新管制仅仅给企业很少时间去调整，则只有当企业做出管制预期，才可能有足够的时间执行污染防治技术，因为这些技术要比污染控制技术花费更多时间。

第二，比竞争对手更早解决环境问题将会让企业通过“学习曲线”效应获得成本优势。越早开始，就能越快移动到环境管理“学习曲线”的更低处，因此，在给定的时间内，付出的环境保护成本将相对于竞争对手更低。

第三，在需要强加正式管制解决某一环境问题之前，开发有效的解决方案，作为一种成功的模式可能会在未来的环境管制中被采取，因此影响到即将实施的环境管制，从而可以提高竞争对手的服从成本，获得比较成本优势。

上述分析如表3-4所示。

表3-4　环境管理最佳实践与竞争优势

环境实践	环境驱动力	竞争优势
污染防治	最小化废气、废水和废物	成本优势
产品管理	最小化产品的生命周期成本	成本优势
		差异化优势
早期时间管理	降低与管理服从相关的成本	成本优势
		先动优势

3.3.3　企业环境成本对企业竞争力的作用机制分析

（一）企业环境成本的概念和内涵

根据界定范围，企业环境成本有广义和狭义之分。广义的企业环境成本是指企业需要完全弥补其生产经营活动对生态环境造成的价值损失（包括自然资源耗损、环境质量降级）而产生的支出。狭义的企业环境成本一般是指联合国国际会计和报告标准政府间专家工作组第15次会议文件《环境会计和财务报告的立场公告》中提出的：“环境成本是指，本着对环境负责的原则，为管理企业活动对环境造成的影响而被要求采取的措施成本，以及因企业执行环境目标和要求所付出的其他成本。”两者之间的差别在于前者是理论意义上的，而后者与接受管制有关，是“被要求”支付的成本。如果管制是完全效率的，也就是说资源存量下降和环境污染的外部性被全部内部化了，那么企业的环境成本就没有广义和狭义之分。如果管制低于完全效率，比如管制部门低估了外部性，那么由此产生的管制环境成本（狭义环境成本）就是广义环境成本的一部分。

狭义上讲，企业环境成本是指符合国际社会和各国制定的可持续发展政策的要求，基于企业的环境费用，将企业用于环境治理方面的投入和因预防环境事件发生而采取的预防措施支出成本都纳入核算对象。根据该定义，企业在生产经营过程中发生的环境保护费用，应当计入企业的环境成本费用。狭义的环境成本包括以下几个方面：

①资源补偿成本，是指随着自然资源开发，数量和质量的双重下降，自然功能和环境绩效明显下降，企业为此提供补偿和修复自然资源功能而发生的各类费用支出。

②环境治理成本，是指企业为减少和控制污染排放量、治理环境污染、修复环境功能、保护环境系统而支出的各项费用。

③与前面两项成本支出相关，如果企业的资源补偿和环境治理成本支出不足以补偿、恢复资源和环境功能至社会可接受水平，那么企业也可能不得不接受由此产生的差额成本，如环境收费等。

④赔偿支付费用，企业因外部性损害所发生的各项赔偿费用。

以上四个方面基本涵盖了企业因环境保护而直接增加的额外成本支出。

另一方面，企业的环境成本是指企业在生产经营和市场竞争中，由于环境问题而产生的各种机会成本。机会成本概念的引入，有助于我们更加全面地、多角度地考察政府政策造成的机会成本。但这里所指的机会成本只是指环境问题引起的成本支出，本章不分析其他原因造成的机会成本。环境机会成本与环境问题的外部性紧密相关，企业在生产经营过程中，考虑到各种因素所决定的环境问题，就会出现这种情况。如果一切环境问题均能内部化处理，也就没有环境机会成本发生了。由此看来，这本质上不是环境成本。因为企业难以将环境机会成本转移给消费者或者社会，环境机会成本只能由企业承担。

（二）企业环境成本内部化的内涵

企业环境成本内部化是指明确产权以使有效市场的出现和包含环境成本

在内的价格占有主导地位，也就是对环境外部成本进行评估将它们内化到生产消费商品的成本中，从而体现资源的稀缺性，消除其外部性。具体地说，环境成本内部化正是针对环境外部性的特点，将破坏环境的外部成本内化到与此相关的市场主体（包括企业、消费者和政府）身上，实质上相当于给环境资源定了一个价格，由使用环境资源和破坏环境的主体来承担，体现“谁使用，谁付费；谁污染，谁治理”的原则。生产者和消费者在做出决策时必须将外部成本（经过内部化措施后实质上已成为内部成本）考虑进去，从而将他们的行为调节到社会最优的生产和消费组合，因此，环境外部性得以消除，资源得到优化配置，可持续发展得到促进。

实际上，联合国国际会计和报告标准政府间专家工作组所定义的狭义环境成本实质上可以看作是被内化到企业身上的环境成本。换言之，内化到企业身上，并由企业来负担的环境成本即狭义环境成本。然而，随着社会经济的进一步发展，广义的环境成本各个组成部分能够越来越多地得到确定，得到确定的环境成本就有可能进一步内部化到产品（包括公共产品和私有产品）的价格中去。因此，企业在了解和解决狭义环境成本问题的同时，把握住广义环境成本内部化的发展趋向，对于自身的长远生存和发展是至关重要的。

（三）企业环境成本内部化对企业竞争力的影响机制分析

企业竞争力源于以下两个因素：一是企业生产产品的成本；二是企业提供产品的差异化（质量、性能、品种、品牌、服务等）。环境成本内部化的实施将直接或间接地影响企业成本和企业产品的差异化情况，进而影响企业竞争力。但环境成本内部化对企业竞争力的影响是多重的和不确定的，必须从不同的角度，辩证地和动态地分析问题，才能全面而客观地把握其中的规律。具体而言，环境成本内部化对企业竞争力的影响与环境标准、企业的贸易依存度、企业产品的性质、企业规模及生产力水平等因素有关。

（1）环境标准越严格，对企业的影响越大

目前，发达国家实施的环境标准比发展中国家实施的环境标准普遍来说要严格得多，因而发达国家的企业因此而承担的环境成本也比较多，所受的影响也较大。事实上，有人认为这种情况是导致发达国家的劳动密集型和资源密集型产业转移到发展中国家的原因之一，也是发展中国家的一些企业获得产品价格优势并获得全球竞争力的主要原因之一。但从发展的趋势看，情况正好相反。随着可持续发展越来越成为一种全球共识，发展中国家的环保标准将越来越严格，发展中国家的企业将面临来自环境成本内部化的重大冲击。对于发达国家的企业来说，它们在经过一段时间的环保措施的限制之后，要么在产品结构上已经做好了基本的调整，要么在产品性能上已经基本实现了基本转变并适应了环境内部化的要求，而发展中国家的企业则还未能实现这样的转换。要实现这样的转换，需要进行产品结构的调整，采用更具有效率、减少排污的生产工艺过程，需要财政与技术实力的投入，但从目前的条件来看，大多数发展中国家的企业技术和财政能力都十分有限，难以承担这样的投入。

（2）对贸易依存度大的企业影响较大

进行国际贸易的企业不仅会受到国内环境成本内部化措施的影响，而且会受到贸易国以及国际组织环境标准的影响，因为一国实施的环境标准虽然不会直接将环境成本内部化到国外企业身上，但是该国往往可以通过贸易行为，如开展绿色认证、征收绿色关税及实施所谓的反补贴措施，使国外企业的行为也同它们的环境标准保持一致，因此，实际上国外企业也同样受到该国环境标准的影响。而且，政府在制定环境政策或草拟环境标准时，国内对政治、经济有影响的势力将施加压力，相应地，政府制定的环境标准所造成的环境成本政策和要求，也将有利于国内主要行业的生产技术和方法，而国外厂商只能被动地服从。所以，一国采取的成本内部化措施，可能会在无意中给外国厂商更大的成本压力。由此可见，进行国际贸易的企业往往比那些只生产国内产品的企业承担了更多的环境成本，比较优势和国际竞争力受到削弱，甚至会终止产品的生产和贸易。

（3）对产品性质不同的企业影响不同

环境成本内部化对产品差异化的影响主要决定于产品的环保性能。产品的环保性能（产品原料的获得、产品的生产过程、产品的使用过程以及使用后的遗弃物对环境的污染情况）如果好，受到的影响就小，甚至还可能因为环保性质而提高价位并获得差异化竞争力。以我国企业为例：我国许多对外贸易企业的比较优势产品主要是纺织、服装、机电等劳动密集型和资源密集型产品，这些产品对自然资源消耗较大，生产过程对环境的破坏也较大，因而其单位产值的环境成本也会高于高科技产品的单位产值的环境成本，这些企业为获得国外绿色标志，一方面要支付大量的检验、测试、评估、购买仪器设备等间接费用，另一方面还要支付不菲的认证申请费和标志使用年费等直接费用。出口产品成本的大大增加，削弱了该类产品的国际竞争力。

除了产品的环保性能外，环境成本内部化对企业竞争力的影响还与产品的可替代性有关。如果产品的可替代性较大，也就是说需求弹性较大，由于实施环境成本内部化，特别是在产业间产品可替代的情况下，不同部门竞争产品之间价格的变化会相差很大，产品价格增加容易使消费者转向可替代产品，企业不容易实现成本转嫁，不仅会失去市场份额，而且单位产品实现的利润也会减少，竞争力将会削弱。相反，如果产品需求弹性较低，环境成本就容易转移给消费者，而且由于价格增加使市场的份额减少很少，因此企业的竞争力得以保持。

（4）对不同发展规模、技术水平和组织结构的企业的影响不同

企业的发展规模、技术水平和组织结构会影响企业在环境成本内部化的冲击下维持原有企业竞争优势以及培育和提升未来竞争优势的能力。企业的组织及其生产技术因素在环境成本内部化的过程中，会影响需要追加的资本投资额、需要调整的运营成本数量，并且会影响投资和调整的结构能否获得创新补偿和效率的提高。而一个企业的研发机制和创新机制越完善，对环境污染和损害的技术处理能力和修补能力，以及对环境无害技术和有益技术的开发和创新能力就越强，企业承受环境成本内部化冲击的能力就越强，并且可能在不久的将来将技术创新转化为企业竞争力。

3.4 环境管制背景下河南省企业竞争力提升策略研究

3.4.1 我国环境管理体制现状

根据不同环境介质对应的不同分管部门，可将中国的环境管理体制归纳为表3-5，除环境保护部门外，其他部门也参与部分相关的环境管理。

在水环境保护方面，涉及的环境管理部门除了环境部门之外，还有水利部、住房和城乡建设部、农业农村部和国家海洋局等，它们分别负责处理不

同水域的环境管理问题。

表 3-5　基于环境介质划分的中国环境管理体制

环境介质	水	大气	噪声	固废（包括危废）	土壤及生态
管理部门	环保、水利、建设、农业、海洋	环保、发展改革、气象	环保、城管	环保、发展改革、海关、质检	环保、林业、国土、农业

在大气环境保护方面，国家发展改革部门和气象部门承担主要的与气候变化相关的管理和技术服务职能。

在噪声污染与防治方面，环保部门负主要责任，城市管理行政部门对于部分商业、经营性活动产生的扰民噪声采取突击性、临时性的检查和整治。

在固体废弃物污染防治方面，实行环保部门统一监督管理，国家发展改革部门参与制定限期淘汰产生严重污染环境的工业固体废弃物的落后生产工艺、落后设备的名录，海关、质检部门负责固体废弃物进出口的控制。

在土壤及生态保护方面，林业部门负责森林、野生动植物资源的保护，防沙治沙，国土和农业部门负责耕地、草原、滩涂等的生态保护。

此外，除了各级环境保护行政管理部门，我国各级人民代表大会和政治协商会议是环境保护的立法、监督和建议性机构。

3.4.2　我国环境管理体制问题分析

（1）中央与地方权责划分缺乏依据

我国法律将大部分的环境保护责任规定为由地方政府承担，中央政府主要制定政策并监督地方政府的执行情况，这种权责划分缺乏理论依据。环境保护的特殊性就在于其具有不同程度和范围的外部性，如酸雨通常具有跨省的外部性，水污染通常体现为跨流域的外部性，有毒有害物质具有跨时代的外部性，城市可吸入颗粒物的影响则主要在市内。面对形形色色的外部性种类，不能简单地把大部分环境保护责任划分给当地政府，这是因为：一方面，在经济利益面前，地方政府很难坚持优先环保的发展原则，尤其是在面对社会就业、经济增长、财政收入等民生问题时，经济优先的发展战略往往具有压倒性优势。另一方面，当环境问题的跨区域治理遇到我国行政分割的环境监管模式时，也会出现地方政府的“理性选择”，即不在本政府辖区内的环境问题自然不会纳入自己的环境治理范畴。

（2）缺乏相对完备的信息机制

我国的环境统计系统尚不完善，统计信息的数量缺乏且质量不高，不同部门之间的数据不能相互补充和核实，这种信息基础，为识别最基本的问题带来了困难，难以对问题进行排序。例如，淮河流域已经治理了十几年，但到目前为止并没有一套权威可信的数据表明该流域每年的污染物入河量是多少，其中工业、农业、生活所占的比例分别是多少。这就无法保证亟待解决的问题优先进入决策。

（3）环境管理决策需要进一步公开透明

过去的几年，我国在环境管理决策的信息公开上取得了一定的进步。《水污染防治法》于 2008 年 2 月 28 日修订通过，自 2008 年 6 月 1 日起施行。现行版本为 2017 年 6 月 27 日修正，自 2008 年 1 月 1 日起施行。决策公开的范围和透明的程度仍待进一步提高。首先是广阔的范围，目前主要的公开方式是互联网、报纸和环境保护类杂志，这在一定程度上限制了接触到信息的人群，很多非专业人员由于不经常接触与环境保护相关的媒介而失去了获得这些信息的机会。其次是透明的程度，环保部门的网站上经常只公布对环境审批的结果，并不公布审批通过或不通过的原因以及申请审批的内容。

（4）执行能力有待加强

如果决策目标超出现有执行能力，而执行能力又不能在短期内得以加强，将导致部分决策目标形同虚设，甚至促使下级政府部门为了“实现”目标而不得不瞒报、虚报数据，反过来又影响了信息质量，从而影响下一项决策，形成恶性循环。

（5）需建立强有力的问责和回应机制

首先，应该重视对决策过程中的记录和公开。理想情况下不仅应当把各参与者在决策过程中的表现记录下来，还应当给予公开，公开对于决策者本身就是一种约束力。但由于记录和约束还不够完善，导致决策的失误与责任人难以对应。其次，对问责手段和方式的法律支持应进一步完善。目前的问责主要是自愿的，总体上属于劝说、鼓励机制，尚需制度保障使其成为环境管理的长效机制。最后，过失与责任不对等，也将导致回应和调整的缓慢、滞后。

3.4.3 河南省企业发展现状

表 3-6 2011 年河南省企业 50 强

名次	企业名称	营业收入（万元）
1	河南煤业化工集团有限责任公司	14699085
2	中国平煤神马能源化工集团有限责任公司	10662320
3	河南省漯河市双汇实业集团有限责任公司	5066989
4	郑州铁路局	4906269
5	中国石油化工股份有限公司河南石油分公司	4540141
6	中国石化集团洛阳石化	4483924
7	安阳钢铁集团有限责任公司	4372115
8	中国石化集团中原油田	3630084
9	河南中烟工业有限责任公司	2682846
10	金龙精密铜管集团股份有限公司	2329025
11	中国建筑第七工程局有限公司	2209945
12	义马煤业集团股份有限公司	2196755
13	中国人寿保险股份有限公司河南省分公司	2193664
14	万基控股集团有限公司	2190828
15	河南神火集团有限公司	2175477
16	郑州煤炭工业（集团）有限责任公司	2032412
17	河南豫联能源集团有限责任公司	1962774
18	伊川电力集团总公司	1853812
19	郑州宇通集团有限公司	1620560
20	河南中原黄金冶炼厂有限责任公司	1483294
21	中国一拖集团有限公司	1479163
22	中国石化集团河南石油勘探局	1439524
23	河南豫光金铅集团有限责任公司	1402471
24	天瑞集团有限公司	1315527
25	河南济源钢铁（集团）有限公司	1304355
26	河南龙成集团有限公司	1265556

续表

名次	企业名称	营业收入（万元）
27	洛阳栾川钼业集团股份有限公司	1237654
28	中信重工机械股份有限公司	1224022
29	登封电厂集团有限公司	1220055
30	舞阳钢铁有限责任公司	1154147
31	中国建设银行股份有限公司河南省分行	1135347
32	许继集团有限公司	1120445
33	郑州日产汽车有限公司	952779
34	风神轮胎股份有限公司	812185
35	郑州煤矿机械集团股份有限公司	675210
36	河南交通投资集团有限公司	664060
37	河南财鑫集团有限责任公司	656732
38	辅仁药业集团有限公司	597499
39	中国水利水电第十一工程局有限公司	569116
40	焦作万方铝业股份有限公司	559397
41	中铝洛阳铜业有限公司	555985
42	林州市林丰铝电有限责任公司	545016
43	平高集团有限公司	539545
44	河南新飞电器有限公司	535928
45	益海（周口）粮油工业有限公司	505300
46	河南天冠企业集团有限公司	503118
47	河南凤宝特钢有限公司	493283
48	河南省淅川铝业（集团）有限公司	486291
49	河南省志元食品有限公司	473824
50	洛阳北方企业集团有限公司	468086

由表3-6河南省企业50强可以看出，煤炭开采和洗选业、有色金属矿采选业、非金属矿采选业、食品制造业等基础性和资源性产业的市场竞争力极强。“十一五”期间，河南省三次产业结构由2005年的17.9∶52.1∶30.0演变为2010年的14.2∶57.8∶28.0；第二、三产业2010年的增加值占GDP的比重为52.1%，比2005年提高了5.8个百分点。2010年，食品、有色金属、化工、装备制造、纺织服装等优势产业的优势更加突出，实现增加值占规模

以上工业增加值的54.3%，比2005年提高了4.3个百分点。物流、金融等现代服务行业迅速发展，成为新的经济增长点，2010年全省新兴服务业增加值比重达45.7%，比2005年提高了3.4个百分点。交通、批零贸易等传统服务业比重有所降低，2010年传统服务业占第三产业增加值比重为42.5%，比2005年降低了6.1个百分点。总体来说，“十一五”时期，河南工业大省的地位更加巩固，竞争新优势正在积蓄。

“十一五”时期河南省一批规模大、效益好、市场竞争力强、具有自主创新能力的大企业迅速崛起，部分企业品牌知名度高，竞争力强，于全国行业中领先。食品行业的双汇集团、花英禽业、莲花味精，有色金属行业的金龙铜管、栾川钼业，煤炭行业的河南煤业、中平能化，汽车行业的宇通客车，非金属矿物制品业的黄河集团、西保集团，化工行业的风神轮胎、神马集团等公司已经成为国内外知名企业甚至是该行业的“领头羊”。2010年主营业务收入超过100亿元的工业企业集团达到了30家，比2005年增加了23家，其中超过1000亿元的有2家，填补了“十五”时期的空白。由表3-7可以看出，河南省企业总体竞争力在日益增强。

表3-7　河南省企业景气指数（2010年）

单位：家

指数	第一季度		第二季度		第三季度		第四季度	
	本期	预期	本期	预期	本期	预期	本期	预期
企业综合经营状况								
良好	38.9	45.5	40.8	43.5	40.8	44.5	40.1	41.0
一般	49.9	47.3	48.8	47.8	49.0	48.7	50.1	51.1
不佳	11.2	7.2	10.4	8.7	10.2	6.8	9.8	7.9
景气指数	127.6	138.3	130.4	134.7	130.7	137.6	130.2	133.1
生产情况								
增加	34.5	46.6	48.3	36.6	43.0	43.4	42.3	34.5
持平	34.7	40.1	32.3	48.0	34.6	43.5	33.6	46.7
减少	30.8	13.3	19.4	15.4	22.4	13.1	24.1	18.8
景气指数	103.7	133.2	128.9	121.1	120.6	130.3	118.2	115.7
盈利（亏损）变化								
增加	35.6	40.0	39.6	34.9	34.2	42.8	39.4	32.5

续表

指数	第一季度		第二季度		第三季度		第四季度	
	本期	预期	本期	预期	本期	预期	本期	预期
持平	39.8	47.6	37.5	47.6	43.4	43.3	36.3	48.8
减少	24.6	12.4	22.9	17.5	22.4	13.9	24.3	18.7
景气指数	110.9	127.5	116.7	117.3	111.8	128.8	115.2	113.7
资金情况								
充足	19.2	18.8	17.6	18.1	18.8	18.0	17.9	16.6
一般	46.2	47.0	47.9	48.8	47.5	48.0	46.7	49.6
紧张	34.6	34.2	34.5	3.1	33.7	34.0	35.4	33.8
景气指数	84.7	84.6	83.1	85.0	85.1	84.0	82.5	82.8
投资情况								
增加	22.2	29.5	29.6	26.5	31.2	26.9	32.8	23.2
持平	59.1	60.6	56.5	62.9	57.6	62.4	53.2	62.6
减少	18.7	9.9	13.9	10.6	11.2	10.7	14.0	14.2
景气指数	103.5	119.6	115.6	116.0	120.1	116.3	118.7	108.9

“十一五”时期，河南省就积极引进外资，到2010年已有68家世界500强企业来投资落户。到2018年，在河南投资的世界500强企业有127家，国内500强企业有158家。与此同时，全省抓住沿海产业转移的有利机遇，开展大规模的招商引资，一批重大项目开工建设或建成投产，富士康、海马、奇瑞汽车等陆续落户。此外，河南省还加强了与央企的合作，与36家中央企业签署了战略合作协议，在基础设施、能源、化工、电子信息、装备制造、新型建材、新型电池以及金融、物流、医药等领域引入央企，取得了显著成效。

3.4.4 河南省企业竞争力提升面临的挑战

(1) 产品结构有待提升，高附加值产品所占比例偏低，竞争优势不突出

长期以来，河南一直是我国的农业大省和矿产资源大省，小麦种植面积和产量始终位居全国前列，煤炭资源和石油资源都比较丰富，这为全省的农业发展和能源发展提供了天然禀赋。但与此同时，农产品和矿产品的天然属性是差异性非常小，甚至几乎没有差异，导致企业的竞争优势发展不足。加

之，河南省在农产品深加工、农产品品牌建设、煤炭资源的高端开发和产业链延伸等方面也存在一定差距，高科技产品的研发投入较少，导致其产品结构有待提升，高附加值产品所占比例偏低，竞争优势不突出，影响了企业竞争力的提升。

（2）企业环境管理体制存在缺陷

迫于“三同时”的要求，有些企业不得不兴建治理设施，但为了降低成本，往往不运转，有的甚至连试运行都没进行过。很多企业治理污染的设备技术不过关、管理水平不高，从而治理效果不佳、浪费严重；而且使“三废”处理完全达标的环境成本很高，企业难以达到也不愿负担。全国工业废水处理设施运行情况调查表明，报废设施中的80%、停运设施中的67%是全部或部分地由技术因素造成的。可见，处理设施技术不过关、设计不合理、工程质量差已成为环境保护设施不能发挥效益的主要原因。

（3）缺乏核心竞争优势

企业的多元化经营往往是以其核心竞争优势为依托，在相关或相近领域拓展业务，最终实现多元化经营战略。河南省虽然也试图在多元化经营方面有所尝试，但苦于没有有竞争优势的拳头产品，结果使企业的多元化战略仅仅是经营规模上的扩张，不仅不能促进原有核心业务的发展，甚至还导致了某种程度上的经营分散、资金短缺、人员不足，原来的竞争优势也在逐渐下降。

（4）高科技企业数量少，发明专利不足

现在国际竞争越来越表现为高新技术的竞争，是高科技产品的竞争，因此，高新技术企业的数量多少直接决定了一个地区市场竞争潜力的大小。与东南沿海省市相比，河南省的高新技术企业不仅在数量上明显落后，而且高科技企业的发明专利数量也存在较大差距，尤其是拥有自主知识产权的高新企业和掌握前沿技术的高新企业更是凤毛麟角，从而影响着全省在全国乃至全球市场上竞争力的提升。

3.4.5 环境管制背景下河南省企业环境竞争力提升策略分析

（一）企业方面提升策略分析

（1）大力弘扬环境文化，积极倡导生态文明

企业要努力增强经济社会发展与环境保护相协调的理念，树立“保护环境就是保护生产力，改善环境就是发展生产力，建设环境就是创造生产力”的意识，以环境补偿促进社会公平，以生态平衡推进社会和谐，以环境文化丰富精神文明，推动经济发展，在遵循自然规律和经济规律的前提下，达到经济、社会、环境三个效益的统一。

（2）将环境保护纳入企业综合决策体系之中

企业要坚持环保与企业发展相结合，在企业发展中实施环境规划、环境工程建设、环境质量的改善，将环境优化经济增长的模式、社会行为、工作制度、科技支撑和企业文化等纳入企业的发展之中，努力促进人与自然的和谐，在环保中优化企业经济增长。

（3）加快转变企业生产方式

企业要抓住环保历史性转变的新时期，在调整结构、转变生产方式上狠下功夫。随着国家经济结构战略性调整步伐的加快，淘汰落后产能和落后工艺，着力提高资源利用效率，保护生态环境的力度将越来越大，企业特别是国有骨干企业，必须坚持节约发展、清洁发展、安全发展。要狠下决心，从根本上摆脱“老账不还，又欠新账”“先污染后治理”的老路，改变消极被动、事后补救的状况，形成积极主动的事前预防格局，努力做到不欠新账，还清旧账。在总量控制上，依靠重点项目“以新带老”消化总量，以清洁生产削减产量，以淘汰落后生产能力腾出总量，带头节能减排，优化发展，以尽可能少的资源消耗和环境成本，实现企业的健康发展、可持续发展。

（4）建立与清洁生产相结合的管理体系

从社会经济效益看，实施 ISO 14000 管理体系有助于提高企业的经营管理水平和促进企业的经济、社会和环境效益的统一和良性循环；从环境保护效益看，有助于环境管理手段和措施更丰富、更科学、更有效、更具可操作性，

从而使环保更标准化、更规范化、更符合国际社会对环保的要求。而且，它为实现污染全过程控制和清洁生产奠定了基础。从潜在的效益看，它可以规范各国企业和社会团体等所有类型组织的环境行为，达到减少环境污染、节约资源的目的，进而消除贸易壁垒，促进世界贸易的发展；通过企业建立和实施一套完整的环境管理体系，可以提高全体企业员工的环境意识和业务素质，规范企业的环境行为，增强员工环保的自觉性，改善环境管理工作，达到预防环境污染、节约资源能源、不断改进环保工作的目标。

（5）实施绿色营销策略

一般来说，企业的绿色营销活动主要包括：①制定绿色营销战略计划，导入企业形象识别系统 CIS，统一绿色产品标志形象识别，加强绿色产品标志管理，树立良好的绿色企业形象；②收集绿色信息，开拓和占领相应的国际绿色市场；③开发绿色产品，从产品设计开始，包括材料的选择，产品结构、功能、制造过程的确定，包装与运输方式，产品的使用到产品废弃物的处理等，都应全面考虑其对生态环境的影响；④制定绿色价格，把企业用于环保方面的支出计入产品成本；⑤选择绿色营销渠道，选择有信誉的批发商、零售商，设立绿色专柜、绿色专卖商店或绿色连锁店，开展生态商业销售活动；⑥开展绿色促销活动，企业要利用广告、营业推广、人员推销及公共关系等促销手段，宣传自己的产品，扩大国际知名度，铸造绿色品牌。

（6）大力发展循环经济，走生态型企业发展之路

把企业变成生态企业，按照自然生态系统的模式进行生产经营活动，实现“自然资源—精细化生产模式—绿色产品—再生产资源深加工—绿色产品”的循环，使整个生产经营过程基本上不生产或只生产很少的废弃物，这是企业可持续发展的必然选择。

（二）政府方面提升策略分析

如今，环境已成为影响企业竞争力的主要因素之一，企业要想赢得长期的竞争优势，就必须积极利用环境要素。尤其是对于我国企业而言，通过运用环境要素来提高企业竞争力的模式仍处于缓慢发展阶段，企业在利用环境要素时往往会遇到某些不确定因素的障碍，所以我国企业的绿色竞争力缺乏优势。企业作为市场的主体，为了赢得持续的竞争优势，那些已经开始运用环境要素的企业要再接再厉，而那些未开始运用环境要素的企业则要突破障

碍，积极通过环境要素来提高企业的竞争力。与此同时，从宏观角度来看，政府作为环境政策的制定者，有必要为企业构建外部支撑体系，创造一个有利于企业突破一切障碍、积极利用环境要素来提高企业竞争优势的良好外部竞争环境。针对上述问题，我国有必要在环境政策的制定及实施方面做出一定的调整与修改，本章将针对以上存在的问题分别从四个方面给出政策性建议。

（1）完善环境信息管理体系

主要包括对排污申报的监控、完善的环境统计、信息共享平台的建设。通过对污染源的例行监测、抽测，辅以严厉的处罚手段，促使污染源申报的信息具有可靠性，即具有足以证明其达标排放的能力；合理布置环境质量监测的点位，点位的设置应当伴随区域建设状况而调整，在监测方案上不仅依靠固定点位的监测，同时还要辅以流动监测、第三方监测，使监测信息具有代表区域环境质量的能力；环境统计改革的重点应围绕着小康社会指标体系、地方党政干部政绩考核体系等方面的需求，着力加强环境统计机构、队伍和能力建设，进一步提高环境统计人员素质和环境统计技术装备水平；建设环境信息共享平台，不同部门互通有无。

（2）健全环境政策公开机制

扩大决策公开的范围，采取多种渠道的公开方式，决策公开的受众不局限于政府部门和环境保护专业人员，而应考虑到更为广泛的普通群众，并为各类群体创建便于反馈其意见的窗口；增强决策透明度，决策公开的内容不仅是决策的结果，而应是决策的全过程，包括决策产生的方式、决策本身的内容、决策通过或不通过的理由，以及对反馈意见的处理情况。目前，我国的环境信息公开制度政策框架如表3-8所示。

表3-8 环境信息公开制度政策框架

项目	政策名称	颁布机关	实施机构
行政法规	政府信息公开条例（2008）	国务院	各级政府部门
	全国污染源普查条例（2007）	国务院	各级环境保护主管部门

续表

项目	政策名称	颁布机关	实施机构
部门规章	环境信息术语	环保总局	各级环境保护主管部门
	环境信息公开办法（试行）（2008）	环保部	各级环境保护主管部门
	关于企业环境信息公开的公告（2003）	环保总局	各级环境保护主管部门
	环境信息系统集成技术规范（2008）	环保总局	各级环境保护主管部门

（3）加强环境管理能力建设

核心是环境管理人员的配备以及与人员配套的资金保障，目前节能减排已成为我国的纲领性政策，而环保部门在这项政策中起着最为重要的作用，为顺利实现这一目标，必须加强环保系统的能力建设。首要的是人员配备，其次是与人员相配套的资金、设备等方面能力的强化。随着生态环境部的成立，环境管理能力势必有所加强，但加强的力度应当与决策目标相匹配。

（4）建立资源开发利用补偿机制和生态环境恢复补偿机制

首先，企业应依法履行环境保护、土地复垦等义务。对不符合法律、法规和政策规定，造成生态破坏和环境污染的，将依法查处，责令限期整改、达标，并要求企业按国家有关规定给予补偿；逾期不能达标的，限产或关闭。其次，政府将监督、引导、鼓励资源开发利用，企业应在环境保护和污染防治方面加大研发、技术投入，采用先进适用的工艺、技术、设备，并改进管理措施。最后，政府应将调整资源性产品与最终产品的比价关系，完善自然资源价格形成机制，更好地发挥市场配置资源的基础性作用。

（5）不断完善和改革环境保护技术政策

环境保护技术政策具有极大的正外部性，其外部性具有国家和全球尺度，也具有代表尺度，因此，中央政府应承担主要责任。环境质量标准涉及全国公民的健康，涉及生态系统的健康，环境质量标准的制定和实施也需要公众参与。排放标准涉及企业利益和公众利益，需要有适当的机制反映不同利益集团的诉求。技术指南涉及企业间的竞争，需要按照法律和市场机制制定管理办法。环境保护科技研究政策也要遵循公开、透明、平等及效率原则制订计划和实施。中国环境保护技术政策框架，见图 3-6。

（6）建立可持续发展的环境保护管理制度体系

中国的环境保护管理制度是以环境政策为依据，经过不断改善，逐步将成熟的管理制度用法律的形式固定下来，成为具有约束力的法律规定。要想建立可持续发展的环境保护管理制度体系，就必须进行制度创新，包括：为实现“污染源头控制”，推行环境影响评价制度；为预防新污染产生，实行“三同时”制度；为有效控制污染物的排放和管理，实行排污申报登记制度；为落实排污者的经济责任，实行排污收费制度；对超标排放和超总量排放污染物的企业实行限期治理制度；为保障环境保护行政主管部门对排污单位的有效监督管理，实行现场检查制度；对资源能源消耗高、污染物排放大的工艺设备，实行淘汰制度；为控制污染物排放总量，实行排污许可证制度。

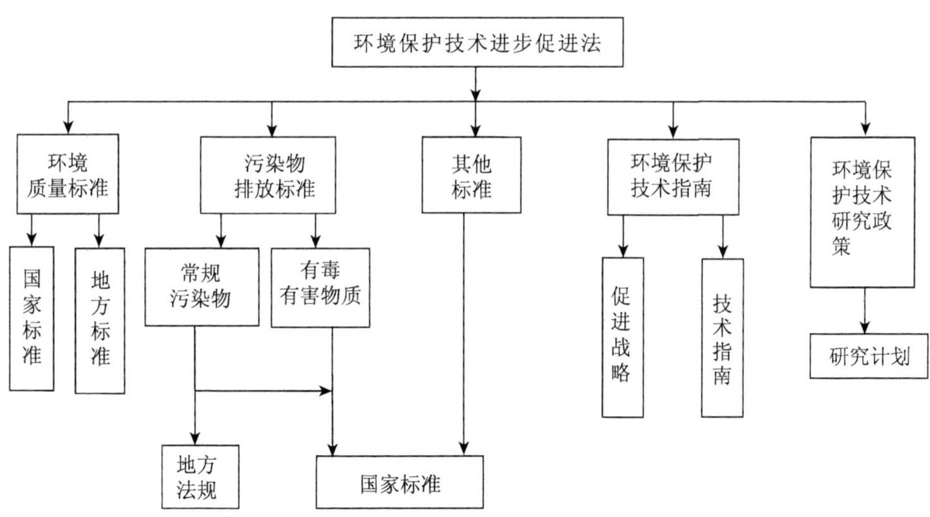

图 3-6　中国环境保护技术政策框架

由环保所带来的直接收益，因其自身的公益性通常不会立刻体现出来，环保设备投入资金数额庞大，成本回收期限较长。以煤炭企业来说，某些环保设备比如热能回收、污水处理等通常消耗企业的成本较高。据了解，如果企业的设备投入及技术的成本回收期超过三年，那么这些企业尤其是中小企业的投资积极性就会不足，因此他们希望国家或地区的相关部门能够对环境管制取得较好成效的企业提供财政或税收上的支持。《中国2020年环境保护战略目标研究》显示，当污染治理投资占GNP的比例约为2%时，社会、经济和环境才可以协调发展。而目前，我国仅有上海、北京、天津、厦门、深圳和大连等城市的环保投资比例能达到这个水平，这就需要国家尽快加大对其他地区的环保投资。所以，财政部门应该鼓励绿色产品政策，继续加强环保投资力度。同时，金融部门可以给予信贷资金的资助，在银行信贷的重要条件中增加环境因素，认真审查每笔贷款，坚决拒绝污染项目的信贷申请；加大力度扶持少污染、高科技、低耗、高附加值的产业；利用外汇储备引入先进的环保设备和技术。此外，我国也可以适当争取国际援助。比如，向发达国家争取更多的优惠政府贷款，投资于我国的环境保护产业，要求发达国家低价转让相关环保方面的先进技术。

3.5 河南省煤炭企业案例分析——以永煤集团提升企业竞争力策略为例

3.5.1 河南省煤炭资源分布状况

河南省煤炭资源总量比较丰富，全省已探明的煤炭资源储量为1130亿吨，保有储量为245亿吨，煤层气储量为8796亿立方米。煤种主要为无烟煤、焦煤、肥煤、贫煤、瘦煤、长焰煤、气煤等，其中，品质优良的无烟煤资源储量约占全省煤炭总量的1/3。河南是全国重要的产煤大省，是国家规划的13个大型煤炭基地之一，到2010年，全省煤炭产量连续28年保持在全国前三位。煤炭工业是全省重要的基础产业和支柱产业。从区域分布看，已发现能利用的煤炭资源多集中在豫西和豫北地区，见表3-9和表3-10。从东西分布来看，沿京广线以西分布有14个煤田，资源总量为234.91亿吨，占全省的90.4%；而京广线以东仅有3个煤田和1个含煤区，已发现资源量为25.09亿吨，占全省资源量的9.6%。从南北分布来看，以平顶山、周口一线为界，以北有14个煤田和1个含煤区，资源总量为258.38亿吨，占全省资源量的99.4%；以南只有3个煤田，资源总量仅为1.62亿吨。在豫西南，陇海、京广、焦枝和孟宝铁路圈范围内集中有荥巩、新密、汝州、禹州等七大矿区，已发现能利用的煤炭资源量为 138.34 亿吨，占全省资源量的 53.2%。全省煤炭资源种类齐全，从褐煤到无烟煤均有，其中无烟煤资源储量约占全省煤炭总量的 1/3，且带性分布特征明显。从煤田地质的开采条件来看，京广铁路以西大部分为裸露和半裸露煤田，第三、第四系覆盖层厚度浅部为 0~30 米、深部为 50~100 米，总体煤层埋藏较浅，开发条件相对较好；而京广铁路以东则均为隐伏煤田，第三、第四系覆盖层厚度均为 100 米和数百米，煤层埋藏较深，开发条件差。

煤炭资源是煤炭企业形成和运作的物质基础，是企业生存和发展的条件，也是企业竞争力的基础。煤炭资源状况对企业的活动领域、范围起着重要的决定性作用。煤炭企业的竞争力水平不但取决于企业拥有的煤炭资源的数量，而且取决于对综合资源开发、利用、配置的效率。

表 3-9 河南省矿业城市矿产资源及开发能力概况

矿业城市	矿种	保有储量（亿吨）	开采能力（万吨/年）	开采年限（年）
平顶山	煤矿	12.44	2089	35.7
焦作	煤矿	7.32	427	102.86
鹤壁	煤矿	4.23	737	34.44
义马	煤矿	3.09	1105	16.78
永城	煤矿	7.41	540	82.33

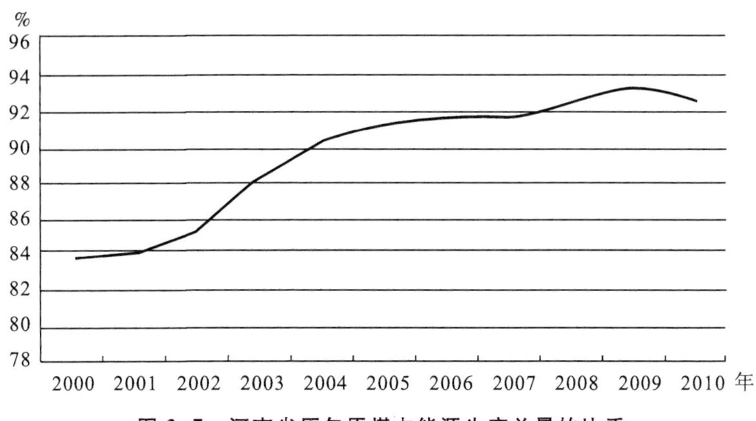

图 3-7 河南省历年原煤占能源生产总量的比重

由于经济增长方式粗放和治理投入经费的不足，河南省矿业城市的污染相当严重。矿业城市的环境问题主要表现为：废水排放、煤矸石堆放、地面塌陷、水土流失等，见表 3-10。

表 3-10 河南省主要矿业城市矿山环境状况

城市	"三废"排放	次生地质灾害
鹤壁	煤矸石 1124.93 吨； 废水 315 万立方米/年	塌陷 2.64 平方千米；地裂缝逐年出现
焦作	煤矸石 1016 万吨；废水 6314 万立方米/年	塌陷 73.38 平方千米；地裂缝发育，水土流失
平顶山	煤矸石 1 万多吨；废水 4620 万立方米/年	塌陷 112 平方千米；地裂缝 35 处
永城	废水 1614 万立方米/年	塌陷 7 平方千米；地裂缝发育

表 3-11 河南省主要矿业城市发展阶段概况

城市	矿业人数比（%）	矿业产值比（%）	发展阶段	主要矿业类型
平顶山	0.23	10	中年	煤炭
焦作	9	22	老年	煤炭
鹤壁	7	18	老年	煤炭
义马	54	41	老年	煤炭
永城	12	33	幼年	煤炭

3.5.2 河南省永煤集团提升企业竞争力策略分析

永城煤电集团有限责任公司简称永煤集团，是河南省国有大型煤炭企业，中国 500 强企业之一、全国工业重点行业效益十佳企业之一。2005 年，煤炭产量达到 1156 万吨，经营总值和实现利润分别达到 119.8 亿元和 13.03 亿元。安全生产稳步好转，百万吨死亡率逐年下降，2004 年和 2005 年连续两年百万吨死亡率为零，万米成巷死亡率为零，成为全省唯一一家年度百万吨死亡率为零的国有重点煤炭企业。人均产值、人均利税、人均利润均处于煤炭行业一流的水平。按照"以煤为主，适度相关多元化"的发展思路，永煤集团集中精力迅速做精、做强、做稳、做长、做大煤炭主业，大力发展有色金属矿物采选业，构建煤—煤化工、煤—电以及有色金属矿物采选加工产业链，适度发展机械制造加工业。

2000 年，永煤集团董事长陈雪峰临危受命。在他的带领下，通过大胆改革和创新，在短短几年内，将全省第二大亏损企业做成了工业第一强，被誉为河南工业战线上的一面旗帜。永煤集团的成功，正是由于它做了一个优秀企业应该做的事情。它发展很好的原因在于：一是按照中央要求建立了现代企业制度，实行科学的企业治理；二是实施了正确的经营战略，先做大主业，再扩大经营领域；三是有好的带头人，能够把握市场脉搏和企业发展方向。永煤集团资源如表 3-12 所示。

表 3-12　永煤集团资源

名称	明细资源
社会资源	政府扶持资源
	银行资源
资金资源	宝钢的资本资源
	整合国家的债务资源，减轻负担
客户资源	客户直接合作，建立长期合作关系
	与电厂合作，与钢铁厂合作
股权与股东资源	入股方式，形成利益共同体
资本资源	煤炭开采资源、企业资本资源

“先人一步，遍地黄金”，是永煤集团抢占市场先机、获取竞争优势的法宝。永煤集团的竞争优势不仅反映在客户竞争过程中的价格优势、客户联盟合作形成的市场优势等外部特征上，在集团内部所具有的人才优势、资本规模优势、管理优势、技术创新优势、安全生产优势等，在更大范围内为实现集团外部竞争优势提供了长期保障，使其内部优势不断转化为外部优势，极大地提高和增强了集团的整体优势，提升了集团的整体竞争力。

（一）河南省永煤集团的管理创新

管理创新的核心在于创新，而创新的实质在于突破和改革，打破原有的阻碍和约束公司发展的体制要素、行为要素，建立适应并推动公司长期发展的新型管理模式。永煤集团的最大特色在于：在逆境中创新，在创新中发展，在发展中壮大。这首先体现在集团引入了标煤概念。

长期以来，无论是在计划经济体制还是在市场经济体制下，“吨煤”是衡量煤炭企业产量和计算内部工作量的唯一数量标准。在市场经济体制下，市场和用户关注的是产品质量的好坏，直接反映在发热量上。影响发热量的主要有三大指标：一是煤炭的含矸率，二是水分，三是块煤率。含矸率越低，水分越低，块煤率越高，发热量就越高；反之，发热量就越低。集团当时的情况是块煤率仅有5%左右，煤炭质量差，这种局面与“吨煤”这一计量方法有着直接关系。因为“吨”导向的是只注重“量”，拉出井口的一吨煤可能是石头，也可能是杂物和水。

2001年，永煤集团率先把电厂企业早已实行的“吨煤”概念引入煤炭企业，彻底废除了我国煤炭企业长期以来沿用的以“吨”计量的方法，成为国内第一家使用“标煤”（见表3-13）概念的煤炭企业。集团“标煤”概念的实施，实现了煤炭“质”和“量”的有机统一，实现了质量效益型的根本转变，推动了公司内部市场改革的进程，彻底扭转了集团生产数量型的经营观。

引入“标煤”这一做法，使永煤集团煤矿系统生产能力得到了最大限度的利用和发挥，同时节约了成本和投资，产生了巨大的效益增量。现在，集团各矿区的生产各环节，不需要人工分拣矸石，节省了人力；地面没有矸石山，不需要占用土地，不需要追加投资消除矸石山，节省了大量无效投资，同时减少了矿区的环境污染。“标煤”概念所引发的管理革命，为集团创造了巨大的经济效益，并在市场上赢得了竞争优势。

表3-13 标煤的定义、计量方法和具体操作

定义	以标准煤为计量单位，按5500大卡发热量为质量标准的一吨煤，称为标煤
计量方法	低于5500大卡不计产量，同时进行处罚； 高于5500大卡多折产量，实行奖励
具体操作	5500大卡发热量的一吨煤为1吨； 5000~5500大卡的一吨煤，折合0.8吨； 低于5000大卡的一吨煤，折合0吨； 低于4000大卡的一吨煤，折合-1吨，因为生产的煤用户不需要，造成了公司的成本浪费

（二）河南省永煤集团的技术创新

技术创新是企业提升产品价值的主要策略，是提高企业竞争力的主要手段，同时也是实现“低成本与高价值”组合的有效方式。对煤炭企业而言，技术创新同时是降低劳动力成本、提高工效的重要途径。煤矿技术创新的重点是煤炭生产工艺、生产方法和生产技术，目标是高产、高效、安全、洁净。因此，煤炭企业技术创新的最大约束条件是，必须结合不同煤矿的自身资源条件，因地制宜地选择能够使企业经济合理、技术先进的创新技术，而不是仅从技术本身的角度来选择技术。

永煤集团面临的主要制约因素是复杂的煤炭地质条件，特别是每层构造和水灾的诱发因素。这是集团选择采煤技术时必须首先考虑的关键因素。企业技术创新，必须充分考虑市场机遇和技术可行性。技术创新的目标，不能片面强调技术越新越好，一味求新。创新的技术一旦脱离市场需求，将导致创新失效。永煤集团的技术创新主要有四个方面：

（1）技术引进

技术引进是企业缩短或填补与先进企业间的技术差距和技术空白的有效创新战略。通过对引进技术的消化和吸收来提高自己的技术水平，积累自己的技术力量和经验，在此基础上引进二次创新以寻求更大的市场空间。

2008年，永煤集团旗下的龙宇煤化工气化装置一次投料试车成功。这标志着集团已成为世界上最大的利用壳牌煤气化技术生产甲醇的企业。集团煤化工煤气化装置，采用荷兰壳牌干粉煤气化技术，是世界上首套成功应用于大型甲醇生产装置上的洁净煤气化技术。该工艺具有气化效率高、煤耗低、原料适用性广、“三废”排放少等优点。气体净化引进国外低温甲醇洗和超级克劳斯工艺，采用国际上流行的低压甲醇合成技术和三塔精馏。

关键技术均选用环保、高效、节能的先进生产工艺，综合能耗在目前国内煤制甲醇装置中最低，排出的渣、灰全部在集团内部实现综合运用。气化炉熔渣经激冷后性质稳定，对环境几乎没有影响，可用作水泥掺合剂或道路建造材料。废水COD控制在50 mg/L以下，远远低于国家综合排放100 mg/L的标准。同时，投资2亿元配套建设一个大型污水处理厂，进行三级污水处理，使污水在处理后进行循环使用，把企业生产对环境的影响降到最低限度。

（2）二次创新

二次创新是指在技术引进的基础上，结合自身的市场条件，对新技术进行改造创新以使其适合现有的工作条件。永煤集团大型综采设备改成小型综采设备就是二次创新的集中体现。集团紧紧围绕大型综采适应性不足的特点，结合自身实际情况，对大型综采设备进行技术改造和二次创新，使其完全符合集团的实际情况。

（3）合作创新

合作创新是指企业跟其他企业或者高校、研究院所合作进行的技术创新活动（见表 3-14），是现阶段我国企业特别是中小企业技术创新的主要模式。

表 3-14 永煤集团主要合作创新项目

永煤集团与航空研究院合作项目	航天炉，这是国内首套拥有自主知识产权的粉煤加压气化示范装置。被国家发展和改革委列为“十一五”重大科技创新产业化项目，于 2008 年 10 月建成的“航天第一炉”，极大地促进了我国煤化工技术及产业的发展，这是中国煤气化技术的一场革命
永煤集团与中国科学院山西煤化所联合研发	“合成气制汽油”“合成气制低碳醇”“钴基催化剂制煤、柴油、石蜡”项目，已取得阶段性成果，并申请了五项国家专利
永煤集团与荷兰壳牌公司、山西煤化所联合研发	“煤制富油混合醇”项目，已取得积极进展，开辟了“煤制醇油”的崭新途径
永煤集团与英国 BP 公司、山西煤化所合作研发	“煤经二甲醚制合成油”项目，已处于国际领先水平

（4）自主创新

永煤集团在技术创新中，始终坚持自主创新。技术创新战略的引入，大大激发了技术人员的积极性，使集团取得了一大批国内先进的技术成果。随着集团技术人才的不断成长和技术研发力量的增强，初步形成了一套完整的技术创新体系。

比较有代表性的就是“井下钻孔孔口防喷器”，该专利填补了集团公司防治水专利技术空白。在矿井生产中，井下钻孔突水期间，一般突水量较大。由于巷道水沟中的浮煤、碎石等杂物，加上孔内冲洗出的岩粉，常因排水能力不足或排水设备故障发生水害险情，甚至导致淹头淹面事故，同时还大大增加了排水费用和人力排水清淤成本。为解决这一“瓶颈”问题，该矿专业技术人员通过反复试验，成功开发研制了“井下钻孔孔口防喷器”，该成果在国内属首创。不仅每小时节约费用 100 元以上，而且安全风险大为降低，钻孔在钻进过程中突水发生水害事故概率减少。

（三）河南省永煤集团节能减排成效

随着国家环保政策的落实，永煤集团积极关注和支持节能减排工作，推广与普及节能减排技术。集团建立了控制体系与可持续发展模式，构建了服务循环经济发展的科技支撑体系，形成了节约资源和保护环境的生产方式。

大力推进清洁生产技术，减少废水、废气和固体废弃物排放量；制定了集团公司循环经济发展规划，在完善节能降耗、循环经济运行考核奖惩制度的基础上，建立了以集团公司技术中心为平台，产学研共同参与的企业节能减排及发展循环经济技术创新体系，对资源回收技术进行攻关，实现了资源综合利用最大化；实施土地复垦及生态重建工程，对生产矿井实施井下防治水工程，保证了矿井安全，节约了水资源，降低了水电费等。

永煤是一个精打细算的企业，把发展的重点转移到对废物的充分利用上，以“资源投入最小化”和“废物利用最大化”为目标，对煤炭及其副产品“吃干榨净”，实现了变废为宝；突出构建四条循环链，改变传统的“资源—产品—废弃物”单一的线性模式；建立“资源—产品—废弃物—资源—产品”非线性的可持续利用模式，实现了公司直接经济效益、环境效益和社会效益的三维整合。

（1）煤炭物理循环

目前，永煤集团每年入洗原煤近1000万吨，产生矸石100万吨，煤泥近50万吨，而煤泥和洗矸的利用率达100%，部分洗矸、煤泥和中煤就近向市场出售。对井下岩巷掘进过程中产生的矸石，集团引入了煤矸分流系统，将矸石最大限度地留在地下，同时对地面矸石综合利用，每年减少占用土地近20亩。永煤集团是一家看不到矸石的煤炭企业。

（2）各种废气、废水、固体废弃物的综合利用

煤化工项目投产后每年要产生大量燃料气，排空将会造成大气污染，对此永煤集团专门与美国能源投资公司签署协议，共同建设燃气—蒸汽联合循环发电厂，以使这些燃料气得到充分利用；与中科院合作对电厂锅炉工艺进行攻关，改善燃烧状况，提高热效率，增强炉灰活性，使水泥厂产生水泥时炉灰的掺和量达到30%~50%。废水利用采用闭路循环，水循环利用率达到95%以上。

（3）加快煤粉灰、炉渣向建材产品的转化

永煤集团水泥厂拥有国内外先进的挤压联合粉磨系统，将熟料、煤粉灰、炉渣、石膏等原料按一定配比混合辊压粉磨，生产出符合国家标准的各种型号的普通硅酸盐水泥和复合硅酸盐水泥。水泥厂生产水泥时炉灰的掺和量达到 30%～50%。集团已经建成投产的天龙建材公司，主要产品为烧结砖，是国家重点推广的墙体建筑用材料，其原料为 90%的煤矸石和 10%的煤粉灰。

永煤集团一系列“变废为宝”的举措，不仅做到了对每一块资源充分利用，还给集团带来了更大的经济效益。据统计，2007 年永煤集团仅依靠发展循环经济实现的产值就达 50 亿元。

表 3-15　永煤集团 2003—2007 年重大技术创新成果

年份	永煤集团重大技术创新成果
2003	集团综采生产工艺研究及轻型综采设备选型设计应用，获河南省煤炭工业科技进步一等奖；集团公司车集煤矿回采工作面底板注浆改造工艺，获河南省煤炭工业科技进步一等奖；陈四楼煤矿矿井通风系统安全性评价与通风能力核定的研究，获河南省煤炭工业科技进步一等奖；车集煤矿灰岩水害防治技术综合研究与应用，获河南省煤炭工业科技进步一等奖
2006	集团大涌水量矿井主排水系统扩容改造研究，获河南省煤炭工业科技进步一等奖；复杂地质条件下不规则工作面综采工艺研究与应用，获河南省煤炭工业科技进步一等奖；城郊煤矿二煤层底板改造工程高可靠性保障技术，获河南省煤炭工业科技进步一等奖
2007	软破碎围岩巷道支护机理与技术研究，获中国煤炭工业十大科技成果奖；河南省瓦斯地质规律研究及煤矿瓦斯地质图编制，获河南省煤炭科技进步奖特等奖；高水平地应力节理煤巷锚杆符合支炉，获河南省煤炭工业科技进步一等奖

3.5.3　河南省其他煤炭企业提升竞争力的措施

绿色技术创新为煤炭行业开辟了广阔的发展前景。前述煤炭如果仅作为初级产品作为燃料来使用，则不仅是巨大的浪费，而且会造成巨大的环境污染，而通过深加工则可生成油、气、浆、电、热及化工等多种产品。目前，国内外日益成熟的煤炭液化和气化技术的发展则使煤炭成为洁净能源成为可能，也为我国解决石油储量不足和燃料油的供给问题提供了一条可行的出路。

而近来兴起的煤气化燃料电池技术，不仅可以提高煤炭的利用率，而且可大幅度减少环境污染。还有煤炭清洁开采技术和洗选煤技术成果的推广应用，大大提高了煤的质量，减少了污染。具体的提升路径如下：

①加强组织领导，健全管理考核机制。成立节能环保工作领导小组和节能环保办公室，负责协调能源管理领导、管理人员、统计人员和网民，针对具体问题组织召开专门会议，研究专门政策和决定；对能源利用情况进行跟踪调查与分析，形成“专管成线，群管成网，专管和群管相结合”的节能管理网络和责任机制。建立健全一系列节能环保体系，规范节能管理和水、气、声、渣的防治工作。

②加强产学研合作，培育和造就一批创新型人才。实现煤炭行业节能减排的技术创新，关键保障因素是培养和发展一批具有前沿技术的创新型专业人才。尽管煤炭企业是节能减排技术研发的主体，但高校和科研院所储备着大量的科研人员，也是最有实力的科研基地，可以提供足够的人力资源。河南省具有一定规模的高等教育和科研机构，它们研发的积极性非常高、科研创新潜力巨大，这些良好科研机构的研究能力必须被充分利用和高效利用。因此，必须加强顶层设计，加强企业、高校、科研机构的产学研合作，实现产学研有机结合，在合作过程中培养实用人才，全面提高科研人才的创新能力，为煤炭工业节能减排技术创新提供人力资源保障。

③加强煤炭结构调整，有效转变发展方式，促进行业节能减排。加快资源整合的推进力度，努力实现煤炭行业发展的规模化和现代化，切实提高资源开采效率，严厉打击环境污染和环境破坏行为。不断降低煤炭资源的消耗量、损耗量，以资源消耗“减量化”为抓手，不断提升煤矸石、矿井水等固液废弃物的资源利用水平，提高资源利用价值，最终提高煤炭资源的综合利用水平；积极制定煤层气开采和共采激励政策，减少煤层气资源的浪费，实现煤炭及相关资源的循环利用和高效利用，推动煤炭产业链向深加工方向延伸。

④培植和增强企业环境技术创新能力。企业的需求是环境技术创新的动力，因此，必须使企业成为环境技术创新与产业化的主体。企业应秉承社会责任理念，选择合适的环境战略，加大环境投资和环境支出力度。通过创新，使产品绿色化，提高产品差异化程度，满足人们的不同需要。

实现煤矿区人口、资源、环境、经济、社会协调可持续发展，关键是加强煤炭资源规划管理与保护，依靠科技进步，最大限度地解决好煤炭开采利用带来的环境问题，提高煤炭资源综合利用水平和利用效率。其中，推进煤炭资源的高效和循环利用是缓解资源、环境压力，建设资源节约型矿区，发展循环经济，实现煤炭工业持续健康发展的重大举措。

3.6 结论与展望

3.6.1 结论

本章从外部和内部两方面入手，介绍了环境管制与提升企业竞争力的关联机制。外部研究环境管制政策对企业竞争力的影响；内部介绍企业应加强技术创新，调整产业结构，制定合理的环境战略。

①环境管制对企业竞争力的影响是通过影响企业环境战略来实现的。政府采取不同的环境保护政策，在实施效果、实施效率和对企业的激励等方面存在较大差异，但环境管制对企业竞争力的作用最终表现在成本和技术两方面：当成本压缩到一定程度后，只能通过提高技术来实现企业竞争力的提升；企业通过提高技术，可以获得创新补偿与先动优势——创新补偿通过提高处理污染物的经验或能力及提高产品差异化可促使企业竞争力的提升，先动优势效应则通过建立企业技术壁垒来保护自身产业。

②企业环境战略对企业竞争力的影响主要是通过企业对环境实践发生作用，企业进行不同的环境实践会产生不同的竞争优势。当企业采取污染防治这一环境实践时，将最小化废弃物及污染物的排放量，且获取过程创新和执行能力这两种相应补充资产，最终会提高企业的成本优势；当企业采取产品管理这一环境实践时，将最小化产品生命周期，且获取跨职能管理能力和整合利益相关者的能力这两种相应补充资产，最终会提高企业的成本优势和差异化优势。企业越早进行这一环境实践时，与开发和执行服从技术相关的生产过程将最小化，且获取过程创新和执行能力这两种相应补充资产，最终会提高企业的成本优势和先动优势。

③由案例分析可知，企业要提升竞争力，就必须注重绿色技术创新和人力

资本的积累，选择合适的环境战略，积极贯彻可持续发展的方针；同时，政府要完善环境管制法律体系，加大环境违法成本，加强对环境污染的惩处力度。

3.6.2 研究展望

环境管制背景下河南省企业竞争力提升策略研究是一项涉及面广泛、结构复杂的综合性研究。企业竞争力的影响因素有很多，环境管制只是其中一个方面。本章只是尝试性地从理论方面分析环境管制对企业竞争力的影响机制。无论是在研究方法上，还是在研究结论上都比较粗浅甚至存在谬误之处，这就需要在今后的研究中不断摸索改进。根据这一研究思路，在此提出可能需要进一步探讨的研究展望：

①注重对不同产业的企业竞争力进行逐个的实证和理论分析。有学者提出不同产业的环境管制对企业竞争力的影响有所不同，本章主要从微观企业个体研究企业的竞争力，只是通过对煤炭企业的研究得出结论，而其他产业的环境管制对企业竞争力的影响是否符合这一结论并不能完全肯定。此外，本章只是对单一产业进行研究，相对容易地建立模型进行分析，从而准确地了解环境管制对不同具体产业企业竞争力的影响作用。

②注重研究不同的环境管制政策对企业竞争力的影响，进一步得出企业具体该制定怎样的环境战略来应对。另外，把地域进一步扩大，扩展到国际竞争力上，进一步研究企业应如何应对各种不同的贸易壁垒和进入壁垒，进而提升我国企业的整体竞争水平。

第4章　发达国家排污权交易的比较研究

4.1　绪论

4.1.1　研究背景

近年来，经济发展与环境资源稀缺间的矛盾和冲突越来越突出。在此背景下，如何通过科学技术创新、制度创新来有效地分配和利用资源以解决经济发展与环境资源稀缺问题的研究显得越来越重要。自工业革命以来，环境资源的利用问题一直就是重大社会发展问题。特别是工业革命以来的科学技术进步和制度创新，使人类改造自然和征服自然的能力得到了很大的提高，生产规模越来越大，对土地、水、矿产、生物等资源的需求迅速增加，开发速度越来越快。但是，在社会财富的生产过程中，由于采用了一些落后的生产技术和环境管理手段，忽视了环境的承载力，环境污染日益加剧，甚至突破了环境资源容量的限制，严重影响了社会经济的可持续发展。进入21世纪以来，随着电子计算机和生物技术的广泛应用和迅猛发展，人类征服自然和改造自然的能力得到了异常迅猛的提高，换言之，人类对自然环境的影响和作用越来越大。伴随着物质产出迅速增长，水资源污染、大气污染、臭氧层破坏、物种资源短缺等环境问题越来越严重。这些事实使人们不得不对人与环境之间的关系以及环境治理的政策手段进行反省。在20世纪，德内拉·梅多斯等人的著作《增长的极限》问世后，引起许多学者对经济增长与资源环境之间的关系进行深刻反思，高能耗、高污染的粗放型的发展之路逐渐被抛弃，走内涵式的经济增长之路逐渐被人们接受。20世纪中期以后，德国、日本、新加坡、韩国等国家用短短几十年左右的时间，迅速地实现了工业化，成为新兴工业化国家。这些事实促使经济学家们对以往的经济增长理论和发展模式重新进行思考，工业化主要是在资源丰富的大国才能实现的传统的主流观点被质疑，资源不丰富的小国和地区，依赖其人力资本和相适应的制度创新及适当的技术创新，选择适合本国、本地区的经济发展模式是能够迅速实现国家工业化目标的。但是，纵观全球工业化的发展历程，大多数的国家和地区的工业化道路仍是以环境污染和资源枯竭为代价的，日益严重的环境污染和环境破坏，通过大气循环、水循环，以及国际贸易等形式从一国、一地区转移到了其他国家和地区。在全球经济增长的同时，臭氧层、湿地、淡水等资源面临着日益严重的破坏。

可持续发展既能满足当代的需求而又不危及后代的需求。但是，该理论仍不完善。

首先，存在效率问题。在目前人类的发展水平上，通过大规模投资来解决环境问题的可能性很小，因此，必须提高环境资源的使用效率，即用尽可能少的环境资源创造尽可能多的 GDP、就业机会和生活质量的增量。实际上，可持续发展的效率问题就是要求在经济上有效解决环境问题的效益问题。排污权交易就是一个有效的经济手段，它能在市场机制下解决环境问题的效益最大化问题。其次，与效率问题相比，可持续发展的公平问题显得更为复杂。因为革除政府和市场失灵之类导致环境资源使用无效的因素，只可以改善可持续发展的前景，但不能保证可持续发展的实现。实现可持续发展包括获得代内公平和代际公平。因此，解决公平问题，就要充分发挥经济、政治、法律、道德等手段，来促进目标的实现。不过，在市场经济的要求下，应最大可能地采用经济手段，如排污收费、排污权交易等。总之，尽管可持续发展的观念已经深入人心，但不对其理论采取革命性的提升，就不能促进可持续发展理论的前进。所以，不管是在理论上还是在实际生活中，我们都需要进行对可持续发展的探索，可见，在可持续发展的大背景下，进行排污权交易的探讨是十分必要的。

4.1.2 研究意义

排污权交易制度是环境经济政策领域的一项重大创新。美国最先将排污权交易制度在大气污染治理中加以实施，并取得了显著的环境绩效和经济绩效。美国排污权交易制度的成功运用与其发达的市场经济体系、健全的法律法规、完善的交易市场、成熟的市场交易经验和先进的污染检测技术都有着密切关系。在中国国内，排污权交易也在一些省市进行了试点运行。由于诸多因素的影响，与美国的实践效果相比还存在较大差距，排污权交易制度的实施还存在诸多困难和障碍，推行这一政策尚需较大的努力。

但是，无论是从环境经济政策的改革发展趋势，还是从我国环境污染治理的实际需求来看，加快推进排污权交易制度都是非常必要和迫切的。因此，笔者下面将对国际社会的排污权交易制度进行深入的分析研究，以便更好地指导我国国内有关部门开展相关工作。本章具有重要的理论意义和现实意义。

4.1.3 研究内容

本章通过运用规范分析和实证分析相结合的方法，对国外发达国家或地区，如美国、欧洲、日本等有关排污权交易的主要技术指标、实践经验和政策设计进行总结分析。各节主要内容如下：

第一节主要介绍研究背景、研究意义等。

第二节主要内容为国内外相关的研究成果。

第三节主要内容为排污权交易的主要理论成果。

第四节主要内容为有关排污权交易的主要技术指标分析，力图为我国的排污权交易实践提供借鉴。

第五节主要内容为通过对国外发达国家的排污权交易实践进行实证分析，来试图找到支持排污权交易理论模型的现实依据。

第六节主要内容为发达国家的相关政策，希望通过比较来为我国制定相关的政策提供参考。

4.2 国外文献综述

环境问题是典型的外部性问题。自 20 世纪 60 年代以来，经济学界出现了大量关于解决环境外部性问题的研究文献。外部性理论认为，适宜的经济政策能够给经济主体提供足够的激励，以便使它们刚好承担经济活动中产生的外部性。从经济学的角度来看，可以通过两种方式来实现环境外部性的内部化：一种是基于价格的工具（Price Policy），主要是庇古税和补贴；另一种是基于数量的工具（Quantity Policy），主要是排污权交易体系。

排污权交易在美国最早得到应用和发展，因此大多数关于排污权交易理论的研究主要来自美国的环境经济学界。[①] 随着这项环境经济政策得到越来越广泛的应用，学术界的研究和讨论也日渐活跃。托马斯·克罗克（Thomas Crocker）在1966年，约翰·戴尔斯（John Dales）在1968年各自独立地提出了用可交易的排污许可证在厂商或个人之间分配污染治理负担的思想，明确了“污染权”的概念。

1968年，Dales在其“*Pollution, Property and Prices*”一书中指出，排放污染的权利应该像股票一样售给出价最高者，政府充当交易代表和资源所有人，卖出一定额度的排放权给污染者，污染者可从政府部门购买此排污权或与其他排污权持有人进行交换该权利。如今排污权交易经过几十年的发展，部分发达国家已能成功掌握并有效运用排污权交易这一严格控制排污总量的经济政策，其中，美国无论在理论研究方面还是在具体实践上都处于世界领先地位。

1972年，蒙哥马利（Montgomery）在其“*Markets in Licenses and Efficient Pollution Controlprograms*”一文中率先应用数理经济学的方法，严谨地证明了排污权交易具有污染控制的成本效率特征。

随后，Tietenberg，Krupnick，Oates及McGartland等经济学家从不同的角度对排污权交易理论及其应用问题进行了较为深入的研究，得出了许多有价值的结论，从而推动了排污权交易理论的发展。

1985年，泰坦伯格（Tietenberg）在《排污权交易——污染控制政策的改革》一书中对排污权交易进行了全面细致的论述，从排污权交易的成本效率分析、创建排污权交易市场具体问题的解决方案到排放的监测与实施都做了细致的分析。该书所涉及的排污权交易的成本效率分析、排污权（对应治理责任）的分配理论、市场势力和排污权交易的实施是比较深入而具体的，颇具参考价值。该书得出的一个重要结论是，如果用排污权交易代替指令体系，就可以节约大量的控制成本。

从20世纪70年代中期到80年代末，美国联邦环保局和州环保局在排污权交易方面进行了多年的实践。从实践中可以看出，不同的交易计划效果之

① 安丽. 基于可持续发展的排污权交易有效性研究［D］. 天津：天津大学，2009.

间存在很大的差异。Hahn 和 Hester 在其“*Marketable Permits: Lessons from Theory and Practices*”一文中，对现有的这些排污权交易计划进行分析后认为，用排污权交易代替指令控制体系可以节约大量成本的理论预测并没有完全实现。尽管有大量的交易发生，但大部分交易是内部交易，即使实现了成本节约，却没有完全实现预期的水平。对这一问题，泰坦伯格（Tietenberg）在其“*Economic Instruments for Environmental Regulation*”一文中进行了深入的研究。他认为，造成这个问题的原因是多方面的，其中一个主要原因是管制者不愿建立一个活跃的排污权交易市场。此外，对外部交易来说，所制定的繁杂程序实质上增加了交易成本，复杂的管理制度也增加了潜在交易的不确定性。

在1990年，美国国会通过了《清洁空气法修正案》（*Clean Air Act*, *CAA*）。该修正案提出了酸雨计划（Acid Rain Program），EPA 又大大扩展了排污权交易在空气质量治理中的应用范围。随着这项计划的提出和实施，理论界的研究也主要集中在对其各个方面的讨论之中。

其中，一个比较新的研究方向是排污权市场的垄断问题。Hahn 和 Tietenberg 等人对此进行了比较深入的研究，得出的主要结论是，垄断的排污权交易市场可能比指令控制手段更加缺乏效率。另一个新的研究领域是不协调行为问题。在污染控制的任何系统中，厂商之间不协调的行为是普遍存在的。对这一问题，Malik，Egterten 和 Weber 进行了较为深入的研究。他们的研究结果表明，如果边际协调成本（Marginal Cost of Compliance）（这个成本是指购买排污权来补偿增加的排污单位的成本）比欺骗的边际罚金要高的话，厂商会采取欺骗的行为。

在酸雨计划实施了一定阶段以后，20世纪90年代中期，一些学者热衷于对其效果的评估问题。Burtraw，Cason，Plot，Coggins，Swinton 等都对这一问题进行过深入研究，对二氧化硫交易计划进行过深入的实证分析。这些都对本章的研究具有直接的指导作用，对许多问题的分析都值得借鉴。

在关于排污权交易的讨论中，更多的研究集中在建立全球性排污权交易体系上，以控制全球的温室效应和对臭氧层的破坏。这些研究包括全球范围内的排污权初始分配、发展中国家在交易中的地位以及交易条件的设计等。

通过上述文献回顾可以看出，“排污权交易”源于国外，国外学者对排污权交易的研究比较全面，在理论和实践方面都比较成熟。理论方面包括排污权交易的概念、理论基础、基本内容；实践方面包括排污权交易体系的设计、考虑因素、企业监督、分配条件、排污价格等，值得我们学习和借鉴。国内学者对排污权交易的研究可以分为两个方面：一个方面是理论研究，另一个方面是应用研究。在理论研究阶段，我国学者主要是在国外学者研究的基础上，阐述排污权交易的概念和内涵、排污权交易的理论基础、排污权交易的作用和意义，并从宏观角度对我国排污权交易的发展现状及存在的问题进行分析。在应用研究阶段，这一阶段与理论研究阶段的不同主要表现为三点：第一点是研究的视角趋于微观化；第二点是研究方法的多样化；第三点是研究内容的体系化。首先，前期的研究主要以我国全国排污权交易的发展为研究对象，研究的是我国排污权交易的整体发展水平，而后期的研究对象多是我国某个区域，范围更小，更具有针对性。其次，后期的研究一般都采用定量和定性分析相结合的方法。许多学者在建立经济模型的基础上，搜集原始数据，通过数学统计软件分析得出排污权交易的相关结论，这样的研究结果更具有客观性和准确性。此外，研究的内容形成体系，更加利于排污权交易政策体系的建立与发展。

4.3 排污权交易的理论分析

4.3.1 排污权交易的理论基础

（1）外部性理论

外部性指的是私人收益与社会收益、私人成本与社会成本不一致的现象。在马歇尔（Alfred Marshall）所著《经济学原理》中“外部性”的概念被首次提出，而他的学生庇古（A. C. Pigou）又提出了环境经济学中的外部性。在庇古的阐述下，外部性指的是某一个经济主体的活动对其他经济主体的活动所产生的某种影响，这种影响可以是有利的也可以是不利的。这里的其他经济主体主要是指外部环境因素，而这种影响通常没有办法为市场价格所反映。所以，经济活动的外部性分为外部经济性（正面的、积极的或有益的）和外部不经济性（负面的、消极的或有害的）两个方面。作为排污者的排污的外部性指的就是外部不经济性。

在庇古看来，企业的生产经营和交易往往取决于自身的成本和利益，但是排污的行为使被污染的社会和环境遭受了巨大损失，这就造成了社会成本与私人成本之间的差异，而这种差异就是由环境污染引起的，于是市场主体成本与社会总效益或费用之间就出现了差别。虽然社会和私人之间的利益有这种差异的产生，但是这种差异对市场上生产者和消费者之间的交易行为产生的影响为零，并且不能够自动解除。这种问题的解决办法就是国家或地方政府采取税收手段向排污企业收费，将排污成本加到产品的价格中去，将外部性内部化。

庇古于 1920 年提出的解决外部性的方法是对排污者征收和排污相关的税费，考虑到企业污染的外部成本，加上政府监管费用因素作为排污税收的标准，由此使排污者的排污成本等于社会成本。此种税费就是所谓的庇古税或排污收费。

随着环境污染日益严重并成为全球性的问题，作为税收治理环境污染的庇古理论又一次受到了经济学界的关注并加以实践，而从税收手段到排污权交易手段是跨度较大的一步。排污权的引入不但解决了环境污染的外部性，而且也减少了政府的管理成本和征收排污税费所花费的成本，使企业真正将对环境的使用成本计入自身的收益当中，是与企业发展密切相关的一种制度，更好地实现了环境成本内部化，使环境污染治理由行政收费控制发展到由市场机制发挥作用的阶段，从而提高了社会整体效益。

（2）公有地悲剧理论

美国经济学家哈丁（Hardin）教授在研究中提出了公有地悲剧理论，其阐述的主要思想是：对于环境资源的无限制的使用权最终只会带给人类毁灭，因为在一个资源共享的社会中，作为单独的个体或者单位都希望自己得到的利益最大，而作为公有的资源通常被人们忽视，但是公有资源也拥有其本身的价值。人们在不受限制地追求自身利益的同时必将对公有资源造成过度使用，所有成员的长远利益都将受到损害，最终导致整体资源的崩溃。

我们利用哈丁的观点来解释环境问题，比如在某个流域中存在多家排污企业，每个排污企业都会考虑自己的生产效益，希望不断削减成本，提高产品价格获利。在对环境资源使用是免费的条件下，净化污染物所花费的成本比直接排放到公共环境中所承担的成本高，因此企业没有任何必要和义务来花费成本削减排污量，排污者不会考虑整体环境长远利益，相反每个排污单位都会对该流域自由地排污，比如工业废水、固体垃圾等排入河流。长此以往，在无人限制无人管理的条件下，大量的污染物会积累得越来越多，结果，环境的污染和退化越来越厉害。由于环境对污染物的承载能力是有限的，最终将导致环境质量差得使人无法生活和生产，全体居民不得不从该地撤出或花大钱专门治理环境污染，从而酿成公有环境污染的悲剧，最终导致生态环境加速退化，环境系统崩溃。

亚里士多德曾经说过："许多人共同拥有的东西所得到的关心总是最少的。"环境作为一种公共资源，其价值本身就蕴含在整个社会之中，对于每个排污单位或者个人来讲都是一种极为重要的价值并且这种价值一旦失去就很难弥补，因此我们要对环境容量资源从法律上规定它的价值。企业对环境的使用权要归企业自主支配，政府部门将排污权即对环境的使用权分配给排污者，使环境的外部性内部化，利用市场手段达到排污权的合理分配和对环境总量的控制，排污权交易的产生也正是基于这种思想。

（3）稀缺资源理论

资源的稀缺性本身就是经济学产生的理论基础，而稀缺资源理论的主要内容也与此相似，也就是只有稀缺的资源才能成为具有价值的商品，才能产生供给和需求从而产生交易。环境功能资源的稀缺性和环境容量资源的稀缺性是导致排污权交易的经济原因。

我们用稀缺资源理论来解释环境问题，早在人类刚刚形成之时，环境资源随处可见，人类活动范围较小还要不断适应自然环境以达到生存的目的，水资源、土地资源、大气资源的总量相对于人类当时的生产技术水平是无限的，因此也就不具有稀缺性。但随着人类社会不断发展，以及工业革命带来的生产技术水平的提高，全球加剧了对煤炭、石油等燃料的消耗，产生了大量污染物的同时导致了环境污染治理成本的增加，并且随着人口的增加对土地资源、水资源和大气资源的需求刚性的增加，环境资源多元价值难以协调，环境各种功能开始出现矛盾；再加上环境自身的净化功能难以满足人类日益增长的生产排污的需要，环境容量资源特别稀缺，政府及社会对污染的治理成本越来越大，环境资源的稀缺性日益凸显，这也就构成了环境资源的使用价值对排污企业的重要经济意义，从而成为排污权交易制度产生的经济学理论基础。

（4）科斯定理

科斯定理是科斯（Ronald H. Coase）在《社会成本问题》中提出的思想，斯蒂格勒等经济学家对其做了总结。科斯是现代产权理论经济学的代表人物，也是新制度经济学的开创者。科斯定理一般被认为是现代产权理论的重心，也是排污权交易制度的理论依据。斯蒂格勒于1966年在教科书《价格理论》中引用了科斯的思想并第一次使用了科斯定理。对科斯定理的归纳主要有两个方面：第一，在市场交易费用不存在的条件下，当产权明确界定时，只要通过市场交易就都可以实现帕累托最优，而不管初始产权如何分配。第二，在市场交易费用存在和产权界定明确的条件下，经济效率会受到初始产权分配的影响。这两条叙述在一定程度上都强调了产权的明确界定对于实现市场交易的重要性。第二条更加注重对现实情况的考虑，因为在现实世界中，交易成本一定是存在的，这也就是说在现实世界中初始产权的分配会影响市场交易的进行和资源的优化配置效率。从科斯的角度我们可以对产权做如下的理解：如果将生产资料视作权利，那么对环境容量资源的使用即排放污染物的权利就更加容易理解，因为排放污染物也是生产的一部分，就像我们行使将污水排放入河流中权利的同时破坏了下游居民对于免费饮用水的权利，河水必须要经过自来水厂进行净化后才能够饮用，因此行使排污权时的成本正是排污时影响别人正常权利所造成的损失的成本。

科斯认为庇古让污染者交“庇古税”以补偿受损者的思想存在巨大疏漏，因为环境问题具有整体性，某一部分因污染所受的损失如果远远小于排污所得到的利益，并且这种污染能够被环境短时间内自我净化，则限制排污就是限制该地区经济发展。科斯想要解决的问题就是从整体的角度如何减少较为严重的损失，在如何权衡排污者和受害者收益和损失上不能单纯依靠污染者向受损者提供赔偿的方法，因为这并不代表社会的总产品会增加，而权衡的关键点在于排污者和受损者之间收益与损失的对比。科斯认为，需要改变已有的方法并提出了在产权清晰且产权可转让状态下利用市场机制有效配置这种权利并达到最优状态。科斯的思想为其后的经济学家提供了有效解决外部性问题的办法，即市场手段。

哈佛经济学教授曼昆（G. Mankiw）在他的《经济学原理》一书中通过

对比大象和黄牛两种具有商业价值的动物所面临的生存状况时，提出了“为什么象牙的商业价值威胁到大象，而牛肉的商业价值是黄牛的护身符”的问题，答案非常简单：“原因是大象是共有资源，而黄牛是私人物品。”可见，产权对资源保护的意义不言而喻。

当然，在产权不明确的情况下，排污权交易形同虚设，因为排污者对于环境资源的破坏，污染排放更加不能够在一定的范围内进行，而环境污染问题的产生正源于产权问题的不健全。以大气污染为例，当它的产权没有界定没有保障时，各个排污者不受任何约束，就会导致公有地悲剧和市场失灵。从科斯定理的理论思路来看，当政府将排污权作为一种权利划定明晰的产权时，它就可以按照一般的商品那样进行交换，从而能够建立起排污权交易制度。这种制度将使排污权交易在各个市场交易主体间进行有偿交易和合理的分配，将市场机制成功引入环境保护和资源配置之中，缓解了经济和环境之间的矛盾，有利于排污的治理和资源的优化配置。

4.3.2 常用的排污权交易模式

排污权交易的理论首先被美国联邦环保局用于大气污染源及河流污染管理，而后德国、澳大利亚、英国等国家相继进行了排污权交易政策的实践。我国也开展过一些排污权交易试点工作，并取得了一定效果。2001 年，中国国家环保总局与美国环境保护基金会就合作推动排污许可证制度的进一步完善和开展排污权交易试点工作签署了合作协议，表明排污权交易的这种污染控制政策在中国正逐渐受到重视。简单来说，排污权交易的主要思想是，在满足环境要求的条件下，建立合法的污染物排放权利即排污权（这种权利通常以排污许可证的形式表现），并允许这种权利像商品那样被买入和卖出，以此来进行污染物的排放控制。排污权交易在美国实行时间最长，实行范围最广，并取得了相当可观的成效。下面就结合美国的实践对常用的排污权交易模式做一介绍。①

① 蔡守秋，张建伟. 论排污权交易的法律问题［J］. 河南大学学报（社会科学版），2003，43（5）：98-102.

（一）基准—信用模式

基准—信用模式是最早从理论走向实践的排污权交易形式，它最早在美国环保局提出的州内大气层“排污交易计划”（Emission Trading Program）中被采用。在这个项目中，一个排污削减信用（Emission Reduction Credits, ERCs）被定义为减少一吨的特定种类的大气污染排放量。在这种模式中，当一个污染源的实际排污水平低于环境管理部门规定的该污染源的污染排放基准许可水平，并且所产生的排污削减是一个永久性的排污削减时，它就可以向环境管理部门申请获得排污削减信用。在获得空气质量管理部门（通常来说是地方政府的空气污染控制机构）的严格审批之后，污染源可用资源交易该排污削减信用。在排污交易计划中，根据美国环保局的规定，要生成一个 ERCs 必须要满足五个标准：①真实性：信用必须是由于实际的排污水平的降低而产生的；②永久性：削减必须是在新建或者改扩建的污染源的整个经营期内持续的减少量而不包括阶段性或者临时性的排污减少；③可量化：污染排放的减少必须可以通过公认的程序和计算方法来计算和度量，并且必须有一个官方的排放基准；④可执行：许可的产生以及执行过程必须是能够由发放排污权的机构管理的；⑤剩余：排污的减少必须是针对清洁空气法的州内执行计划所要求的污染减少量的剩余。

对于基准—信用模式，美国在 1986 年的清洁空气法修正案中确认了气泡（bubble）、补偿（offset）、储蓄（banking）和净得（netting）四项排污权交易政策体系。最早的气泡概念是在 1975 年提出的，并于 1979 年 12 月开始试点实施，用于达标区和未达标区的老污染源。气泡政策允许现有的污染源利用 ERCs 来履行州实施计划规定的污染治理义务，它把一个多污染源的工厂当作一个气泡，只要该气泡向外界排出的污染物总量符合政府按照环境要求计算出的排污量，并保持不变，不危害周围的环境质量，则允许气泡在减少某些污染源排放量的同时，增加另一些污染源的排放量。

补偿政策用于未达标区的新污染源和改扩建污染源，以及达标区的一些老污染源。制定补偿政策是为了解决未达标地区的经济增长与逐步满足环境标准之间的矛盾。补偿政策允许新建或改扩建污染源在未达标地区投产运营，条件是要安装污染控制设备，达到最低可达到排放率（Lowest Achievable Emission Rate，LAER）标准，并从现有的污染源购买足够的排污削减信用，以补偿新污染源排放的增加。

银行政策允许各公司存入排污削减信用，以便在将来的气泡、补偿和净得计划中使用或者出售。银行计划由各州自行制订，但是其规则中必须指明存入的排污削减信用的所有权，管理发放、持有、使用信用的条件。美国联邦环保局 1980 年规定，排污削减信用不能成为一种绝对财产权，公众具有改变排污削减信用使用方法的权利，包括借支部分或全部排污削减信用。

净得政策允许进行改建或扩建的污染源免于承担满足新污染源审查要求的负担，条件是厂内排污净增量并无显著增加。该政策允许用厂区内无论任何地方得到的排污削减信用来抵销扩建部分或改建部分预计的排污增加量，然后再看排污净增量是否超过了限度。该方法可以避免审查和立项许可的许多麻烦，显著地提高了审查的预定限度，但是它必须满足“新污染源特性标准”所规定的排污限度。排污减少信用不能用来改变国家标准。

（二）总量—交易模式

美国在地区清洁空气激励市场计划（Regional Clean Air Incentives Market-Program，RECLAIM）、酸雨计划（Acid Rain Program）、分阶段减少铅计划（Lead Phasedown Program）以及分阶段减少氯氟烃计划（CFC Phasedown）中都采用了总量—交易模式（Cap-and-trade）。根据交易对象不同，总量—交易模式又可以分为排污许可总量—交易和生产许可总量—交易。排污许可总量—交易的参与者是生产过程会产生污染排放的生产者，发放给污染源进行交易的是排放污染量的许可证；而生产许可总量—交易是针对那些生产出来的产品在使用过程中会产生污染的生产者发放的许可证，是生产的产品中允许含有隐含污染量的许可证。前述四个计划中，前两个属于排污许可总量—交易模式，后两个为生产许可总量—交易模式。

在排污许可总量—交易模式中，环境管理部门根据减少污染物的污染控制计划的需要，将某个地区或者行业的污染物排放总量进行划分，以排污交易许可证发放给各个污染源，污染源自由选择将得到的许可证存入银行或用于交易（RECLAIM 计划不允许存入银行），但是在一个计算期结束时，污染源必须拥有足够数量的许可证来保证它在本期内的排污量的合法性。其中，排污许可证被定义为特定一年的特定数量的污染物排放权。一般来说，在环境质量达到政策者期望的环境目标以前，每年分配的排污许可证数量是逐渐减少的，当达到环境目标以后，排污许可证的数量将维持一个恒量。

生产许可总量—交易模式中，环境管理部门按照减少污染物计划的需要，确定生产者生产的产品中含有污染物的总量，并对其进行划分，以生产交易许可证的形式发放给各生产企业。生产企业可以将许可证在各个生产点生产的产品中进行平衡，或者在市场中交易。环保部门负责对生产出的产品进行监测，以保证达到许可的要求。

（三）非连续排污削减模式

非连续排污削减（Discrete Emission Reductions，DERs）可以在一个州的公开市场交易系统（Open Market Trading System）中交易，一个 DER 表示非连续地削减一吨污染物。当一个污染源自愿削减超过许可标准要求的污染时，就可以获得 DERs。DERs 模式与 ERCs 模式最大的区别就在于，DERs 是临时的排污削减，而 ERCs 是永久性的排污削减；ERCs 要求在以后的每年都要有相应的削减量，单位是吨/年，而 DERs 只要求在获得非持续排污削减时已经削减了相应的污染物排放量，单位是吨。

DERs 是 1995 年美国联邦环保局在公开市场交易规则（Open Market Trading Rule）中提出来的。它的提出是由于在 ERCs 模式下，仍然有很多地区迟迟不能达到排放标准的要求。为了增加排污交易计划的灵活性，鼓励各州实施经济激励计划（Economic Incentives Program，EIP），美国联邦环保局决定采用这种要求更为宽松的交易模式。

4.4 排污权交易制度有效性评价指标体系构建

4.4.1 实行排污权交易制度有效性评价的基本指标

（一）排污权交易制度有效性评价标准的基本指标构成

因为排污行为外部效应的完全内部化、排污权交易政策中总量控制标准对于交易政策本身的独立性这两个前提条件在实际情况中无法被完全满足，所以这些条件在交易政策中被满足的程度以及不被满足情况下的对应措施，是具体交易政策能否取得排污者和公众支持的关键因素之一。这就要求排污权交易政策在设计过程中具有开放性，有适当的弹性，必要时应该结合其他污染治理的方法。因此，现实中是否具有适当的弹性是判断排污权交易政策优劣的又一个重要的评价标准。

通过上面的分析，可知排污权交易政策评价标准的指标体系所包含的重要基本指标，如表 4-1 所示：

表 4-1　排污权交易政策评价标准的基本指标

指标名称	市场投机程度	监督有效性	环保品创新速度	政策弹性
指标性质	内在指标	内在指标	内在指标	外在指标

内在指标与外在指标的区别在于：前者被用来评价具体污染物品种下所制定的排污权交易规则是否恰当、有效，而后者主要是评价排污权交易政策是否能够适应客观环境的改变而仍然有效并能以较低成本执行排污权交易政策的相关规则。

（二）排污权交易制度有效性评价各基本指标之间的内在联系

以上各指标之间是相互关联的，它们之间有着密切的联系，它们一起决定了排污权交易政策的总有效性。① 如果分别用 a、b、c 来表示市场中的投机程度、监督的有效性以及环保品的创新速度，用 R 来表示排污权交易政策的总效率，并根据“排污权交易政策评价标准原理图”中所暗含指标与评价标准之间的内在联系，可以得到如下方程组：

$$\max R = f(a,\ b,\ c) \qquad (4-1)$$

$$s.\ t.\ r = g(a,\ b,\ c) \qquad (4-2)$$

$$r = e_{i-1}/e_t$$

$$e_t = p_t/p_o$$

式（4-1）和式（4-2）中，p_t 是 t 时期排污许可证（排污权的一种载体）的实际交易价格（剔除通货膨胀的影响），e_t 是 t 时期排污许可证的价格指数。按照有效排污权交易政策应能实现的目标（评价标准），式（4-1）中指标变量 a、b、c 与目标函数 r 的关系分别为负、正、正相关。政策弹性指标没有出现在方程式中是因为它包含的内容较为广泛，对其进行定量分析存在困难并

① 安丽. 基于可持续发展的排污权交易有效性研究［D］. 天津：天津大学，2009.

且不具有实际意义。

4.4.2　实行排污权交易制度有效性评价的次级指标

（一）市场投机程度的次级指标构成

如表 4-1 所示，市场投机程度将直接影响到消费者剩余的大小，市场投机程度越高消费者剩余就越小。市场投机的存在使具有经济价值的环境容量没有得到充分利用，资源在社会中未能实现优化配置。排污权交易市场存在投机的原因在于：

①资产专用性。资产专用性是指某项资产能够被重新配置于其他替代用途或是被他人使用而不损失其生产价值的程度。一项资产的专用性与其生产价值的损失程度成正比，损失程度为零时，它就成为通用资产。排污许可证可以是通用资产也可以是一种专用资产，这主要取决于市场的大小：当排污权交易市场很大时，交易厂商及许可证数量都很多，许可证的流动障碍会很小。“排放许可”在转让给其他厂商后，其作用也不会有改变，因此不会损失价值。从这一点来讲，这种资产具有通用性。但如果这个交易市场很小，许可证的流动障碍就会变得很大。在几个厂商之间如果不能达成协议的话，这项资产也将很难被其他行业的厂商利用，或者说这项权利对于他们来说不具有价值。从这一点来讲，如果市场不具规模时，资产的专用性会变强。

②不确定性。它和有限理性、机会主义密不可分。库普曼把不确定性分为两类：一类是初级的不确定性，即由于自然的随机变化和消费者偏好不可预料的变化而引起的不确定性；另一类是次级不确定性，即由于缺乏交流，决策者无法了解情况而造成的信息不对称所带来的不确定性。威廉姆森指出了第三类不确定性，即行为的不确定性，指由于信息的策略性保密、隐瞒和扭曲所造成的不确定性。

③交易频率。交易频率也就是交易次数，它并不会影响交易成本的绝对值，而只会影响各种交易方式的相对成本。由于不确定性在各种交易中普遍存在，其程度更主要地受立法、交易程序的影响。另外，当排污权交易市场很大时，厂商不用出于对未来“保险”的需要而持有多余的许可证，这时许可证交易属于高频率的交易。

根据上述分析，排污权交易市场投机程度的次级指标构成，如表 4-2 所示。

在这些指标中：“参加交易的厂商数量”由当地的经济水平及工业结构决定；“排污许可证的细化程度”和“许可证使用的时间、空间限制程度”由污染物的化学特性决定；“公众对环境质量的要求”受到公众环境保护意识提高的影响。这些指标相对于“排污权交易制度效率”基本上属于外生变量，它们很难通过排污权交易制度的设计进行控制。但是如果不同污染物具有耐质性时就不应该进行过于详细的许可证划分以增加资产的通用性。“市场交易信息公示的透明程度”“投机者的故意行为”“立法对排污权的保护程度”和“交易程序的复杂程度”这几个指标受到排污权交易制度的直接影响，因此在进行排污权交易制度设计时应对其进行必要考虑。

表 4-2 市场投机程度的次级指标

市场投机程度								
二级指标	参加交易的厂商数量（获得排污许可证的难易程度）	资产专用性	不确定性			交易频率		
三级指标		排污许可证的细化程度	许可证使用的时间、空间限制程度	公众对环境质量的要求	市场交易信息公示的透明程度	投机者的故意行为	立法对排污权的保护程度	交易程序的复杂程度
对市场投机程度的影响	反向	正向	正向	正向	反向	正向	反向	正向

（二）监督有效性的次级指标构成

监督有效性决定着污染物排放总量控制的实现，对排污权交易制度的有效性具有重大影响。通常认为，影响排污权交易监督有效性的因素有：①立法对违规排放惩罚的严厉程度。如果对企业违规排污行为处罚有专门较为严厉的立法，监督有效性则为高水平。②在线监控技术水平。如果能实现对排污企业排污行为的实时监督，排污企业的无证（排污许可证）排污行为就会减少。③交易规则。一般认为，越是具体的规则越容易对其执行情况进行监督，但如果规则过于复杂又将极大损害交易的效率。④排污信息的传播范围。对企业排污信息进行充分的公示有利于增强监督的有效性，同时这些信息的相关性与可靠性应得到保证。⑤公众环保意识。只依靠政府对排污行为进行监督的力度是不够的，同时监督成本也会非常昂贵。公众环保意识的提高将使超标排放污染物的企业承受更大的舆论压力。

根据上述分析，排污权交易市场监督有效性的次级指标构成，如表4-3所示。

表 4-3 监督有效性的次级指标

监督有效性					
二级指标	立法对违规排放惩罚的严厉程度	在线监控技术水平	交易规则的监督性	排污信息的传播范围	公众环保意识
对监督有效性的影响	正向	正向	正向	正向	正向

（三）环保品创新速度的次级指标构成

如表 4-4 所示，环保品创新速度影响着 *MC* 曲线的上下移动，污染治理设备技术水平的发展使得 *MC* 曲线向下移动，市场均衡价格降低，社会治污成本将因此整体下降。环保品创新速度的影响因素有：①环保品开发的资金投入。②排污权的市场价格水平。当许可证的市场价格高出减少排放的边际成本时，企业会选择加大治理投入，减少排放。环保产业的发展会因企业治理投入的增加而受到刺激，环保品的创新也会变得活跃。这样就导致 *MAC* 总体水平下降，技术界限左移，许可证价格进一步降低。在许可证市价降至一定水平时，政府必须通过公开的市场业务，购买流通中的许可证。由于许可证供应数量减少，市价便会升高，环保品的创新速度就会加快，厂商会再次热衷于如何减少排放量。新一轮的刺激就形成了。③环保品开发市场的专业化程度。专业化的环保品开发队伍能够保证环保品的创新速度，同时，规范的市场能够保证环保品开发的持续进行。

排污权交易市场环保品创新速度的次级指标构成，如表 4-4 所示：

表 4-4 环保品创新速度的次级指标

环保品创新速度			
二级指标	环保品开发的资金投入	排污权的市场价格水平	环保品开发市场的规范化程度
对环保品创新速度的影响	正向	正向	正向

（四）影响政策弹性指标的因素

影响政策弹性指标的主要因素有排污权利的初始分配。假定市场上只有两家排放二氧化硫的企业，两企业产品的年产量是递增的。MAC 表示减少排放的边际成本即边际治理成本，是减排投资投入量的减函数。MAC 曲线向下倾斜，即在少量减少废气时，减少废气的边际成本低；而在大量减少废气时，减少废气的边际成本高。

每家厂商在未做任何排污处理时都产生 14 单位的废气。假定第一期的总量控制目标是使二氧化硫排放量减少 14 单位，本章设计三种可供选择的许可证初始分配方案。方案 1：甲厂商 6 单位，乙厂商 8 单位。方案 2：甲厂商 10 单位，乙厂商 4 单位。方案 3：甲厂商 4 单位，乙厂商 10 单位。现在分析在这三种许可证初始分配方案下的交易成本和总量控制效果。

方案 1 为 $MAC_{甲}=MAC_{乙}$。在这种情况下，甲、乙减少排放的边际成本都为 2.70，交易在初始分配后的第一年不会发生。由于两厂商产品的产量是每年递增，它们的 MAC 曲线也会因此不断左移（社会总的治污技术水平保持不变）。如果两厂商产量是每年小幅增加，曲线的移动会不明显，ΔMAC（$MAC_{甲}-MAC_{乙}$）很小。此时，由于任何一方不具有明显的谈判优势，买卖许可证的协议会比较容易达成，交易成本也会很低。如果甲不断地进行污染控制设备的改造，使 $MAC_{甲}$ 向左移动；乙企业则每年向甲企业购买许可证，$MAC_{乙}$ 不移动。结果 ΔMAC 逐渐变大，这时甲、乙之间的依赖性会逐步增强。它们之间的交易成本也将不断减少，如果一方寻找新的交易伙伴将会产生更大的交易成本（收集信息、因对对方不信任产生的谈判费用）。两厂商在结成稳定的交易伙伴关系后，将通过磋商充分利用排污许可证限额以追求两厂商总的排污成本最小。国家后期总量控制将会受到厂商联盟的影响，从而变得难以实现。

方案 2 为 $MAC_{甲}<MAC_{乙}$。当 ΔMAC 很大时，甲就会在谈判中要求高价格。乙有两种选择：①以高价购买甲的许可证。②减少生产量，或者退出市场。如果乙厂商选择①，那么它在以后的生产中便不会通过购买甲企业的排污权来扩大产品的生产，而是会增加对污染控制设备的投资；而甲在交易中获利，它会更积极地增强处理污染物的能力。结果 $MAC_{甲}$ $MAC_{乙}$ 曲线同时左移。这就给政府的后续总量控制留下了市场操作空间。如果乙选择②，减少生产量，

或者退出市场，甲将拥有稳定数量的排污权，它可能选择不再继续增加治理污染的投入，环境的污染水平将因此不会发生变动。

方案 3 为 $MAC_{甲}>MAC_{乙}$。当 ΔMAC 很大时，甲会选择向乙购买许可证。如果甲、乙为竞争对手，效率较低的乙会选择不出售。这样甲会因为缺少排污许可而减少产量，乙将因此受到保护。资源没有落入能有效利用的甲厂商，这种配置方式违反了市场规律。对于任何有理性的政府，这种方案是不会被采用的。

根据以上分析，方案 1 有利于减少交易成本，而方案 2 有利于实现总量的后续控制。我们由此可以得到结论：许可证的初始分配能影响交易费用与总量后续控制，这两种效用存在矛盾性。这就要求初始分配方案能平衡降低交易费用，实现后续控制的需要。在同一排放标准下，甲企业减少污染的边际成本比乙企业要小。这就说明甲的治污能力要强于乙，这种差异或者与甲以前的投资有关。在非完全竞争市场环境中，为了提高治理的长远效益、实现国家的后续控制，许可证的初始分配应倾向于治理效率高的企业，但与低效率企业之间的差距不宜过大。

上述分析适用于以下情况：①参与分享排污权利的厂商少。②虽然厂商很多，但大部分排污权被少数企业分享。③在非标准化市场中，由于信息收集、谈判费用较高，许可证流动受阻，市场被分割成数个小的交易区。如果市场处于类似完全竞争的状态，则许可证的初始分配对资源配置效率是没有影响的，这点可由科斯定理证明。

除了排污权的初始分配是影响政策弹性的主要因素外，影响排污权交易政策弹性的还有政策的开放性、可修改性、承接性及其与其他污染治理政策的适当结合。

4.5 发达国家排污权交易的重要实践与经验

4.5.1 排污权交易在美国的实践

（一）美国排污权交易的发展过程

迄今为止，交易许可证手段最成熟的案例当属美国为解决酸雨问题而实施的二氧化硫排污交易政策。科学研究表明，电力行业排放的二氧化硫，是造成美国区域性酸雨问题的根源，“二氧化硫交易计划”就是为了通过削减燃煤电厂的二氧化硫排放解决酸雨问题。1990 年，美国国会通过了《清洁空气法》修正案，第 4 条提出了酸雨计划，确定了到 2010 年美国二氧化硫年排放量在此年水平上削减 1000 万吨的目标。为了实现这个目标，建立了二氧化硫排污交易体系，由参加单位确定、初始分配许可、许可证交易、审核调整许可四个部分构成。二氧化硫许可交易是整个计划的核心。许可的总量是有限的，并将逐渐削减以达到 1000 万吨的削减量。按照一定的计算公式，许可被分配给规定参加计划的电厂。许可可以自由交易，电厂也可以自由选择达到排放上限的办法，包括通过购买许可证或通过自行减排来达到要求，超量减排形成的多余许可既可以出售，也可以存储以备将来之用。通过交易，各相关企业可以将其持有的许可证进行重新分配，将削减二氧化硫的责任流动转移，使得削减成本低的企业持有较少的许可证，承担削减较多二氧化硫的责任，从而有利于实现二氧化硫总量控制下的总费用最小、成本效率最低。1994—2003 年，其许可证交易情况如表4-5所示。

表 4-5　美国 1994—2003 年许可证交易情况

年份	季度				全年（百万份）
	1	2	3	4	
1994	—	48	15	152	215
1995	181	118	137	177	613
1996	447	112	196	319	1074
1997	514	263	253	399	1429
1998	624	264	275	421	1584
1999	615	353	612	1252	2832
2000	1407	316	1186	1281	4690
2001	2492	658	722	1028	4900
2002	2898	1097	1010	750	5755
2003	2511	409	525	753	4198

资料来源：美国环境保护局。

该计划有不少创新之处，有两点尤其值得注意：①通过建立拍卖市场保证许可的可获得性，并解决了以往买卖双方私下交易导致的价格不透明从而交易成本高的问题。②该计划允许任何人购买许可，包括中间商、环境组织和普通公民。在美国，酸雨计划下的二氧化硫许可交易是第一项真正意义上市场导向的环境政策。

在实施二氧化硫排污权交易之前，美国的排污权交易制度经历了如下四个阶段的发展，各个阶段实行的排污权交易制度都为后来二氧化硫排污权交易制度的制定积累了丰富的实践经验，为其成功运行提供了技术保障。

（1）传统政策

美国空气污染政策的基本框架一直是：以确保人群和生态系统免受有害污染的影响为目标，颁布空气质量标准（其中规定了空气中污染物浓度的法律限值），并建立达到该标准的具体措施。为了达到环境标准，传统的办法有选择适宜的控制技术、根据这些技术制定排放标准、强制排放者遵守排放标准的限制等，政府要完成所有这些任务。

20 世纪 70 年代初，在一些地区，经济增长和环境保护的矛盾变得十分突出：一方面，法律要求这些地区改善空气质量；另一方面，经济增长又会使空气进一步恶化。环保局不得不禁止更多新企业（排放超标污染物的企业）进入该地区，直到当地空气质量达标为止。通过阻止经济增长来解决空气质量问题，显然在政治上是不可行的。环保局不得不考虑其他的解决办法，可交易许可证手段使实现这种看似矛盾的目标成为可能。

（2）补偿政策

1976 年 12 月，美国联邦环保局创立了补偿政策，这是美国最早投入运行的排污权交易形式之一。该政策鼓励“未达标区”已有的污染源将排放水平削减到法律要求的水平之下，超量削减经环保局认可后成为“排污削减信用”。这些“信用”可以出售给想进入该地区的新排放源。新排放源只要从该地区的其他排放源手中获得足够的排放削减信用，使新排放源进入该地区的总排放量低于以前的总排放量，就可以进入未达标区。

补偿政策不仅在改善空气质量的同时允许经济的增长，还使得经济增长成为改善空气质量的动力，因为企业要想在该地区发展就要求已有污染源必须实施削减。经济增长与改善空气质量之间的矛盾在补偿政策下得到统一。

在补偿政策之后，美国环保局继续尝试将排污权交易用于大气污染源的管理，逐步建立起以补偿、气泡、银行和容量节余为核心内容的排污权交易政策体系。早期的这些排污权交易实践，尽管有些方面不太成功，例如排污权交易并没有取得预期的效果，交易量较少，但实践也表明，排污权交易计划具有极大的可行性，并为进一步扩展排污权交易的应用范围提供了宝贵的实践经验。

（3）铅淘汰计划

20 世纪 80 年代初，美国确立了在规定期限前将汽油含铅量削减到原有水平 10%的目标，铅交易计划的目的在于为炼油厂达到该目标要求提供更大的灵活性。1982 年，环保局给各炼油厂发放了一定量的“铅权”，允许企业在淘汰期之前的过渡期内使用一定数量的铅。有些企业提前完成淘汰任务，就可以将自己富余的“铅权”出售给其他的炼油厂。在这种激励之下，炼油厂会尽快削减铅含量，因为提前削减可以省出“铅权”来出售。另外一些企业买到“铅权”后就可以用来达到淘汰限期的要求，甚至在设备出故障时，也可以用买到的“铅权”达标，而不需要像以往一样，花费大量精力为淘汰期限是否合理而争执。1985 年还建立了“铅银行”制度，直到 1987 年 12 月 31 日铅淘汰计划完成才终止。

铅交易计划在实现环境目标方面无疑是成功的，交易行为十分活跃，企业间交易的次数远远高于早期排污权中的表现。由于企业之间有交易的灵活性，提前完成了淘汰计划；而如果没有提前淘汰的激励，企业总是等到不得不淘汰的时候才会执行淘汰任务，结果只能导致更多的铅排放。

（4）减少臭氧层消耗物质

为了保护臭氧层，1988 年 9 月，24 国签署了《蒙特利尔公约》，美国选择建立可交易许可证体系的办法来履行其在公约中的承诺。根据削减目标，美国所有主要的受控物质生产商和消费商都以 1986 年的生产或消费水平为基础，确定了各企业获得许可配额的基准线。企业获得的许可配额可以在生产商和消费商之间转让，而且只要环保局同意交易并相应调整买卖双方国家的许可数量，还可以与其他签约国的企业进行跨国交易。只要能够证明企业以合约的方式消除了某种受控物质，企业就可以获得等量的生产许可。

该计划的独特之处在于：它不仅允许许可证的国际交易和污染间交易，而且同时应用了许可交易体系和税收体系。由于对该类许可的需要弹性较小，该计划为供给的限制无疑提供了一种“租”形式，一种由法规导致的稀缺租。通过向 7 家主要的国内生产商分配许可，环保局为这些厂商创造了数十亿元的利润。为了吸收掉这些稀缺租，同时增加政府收入，国会决定对其征税。1989 年，收入调整法案规定对所有的生产、使用或出售臭氧消耗物质的生产商和进口商，在其出售或使用有关物质时征税。征税除了让政府获得了稀缺租之外，还加大了刺激企业转向其他无害物质的力度。

（二）美国排污权交易的相关法规和政策

早在 19 世纪，美国就开始了环境方面的立法。20 世纪 60—70 年代，美国希望通过一项长远的立法和监管行动来减少日益增多的空气污染物。这一行动始于美国联邦《清洁空气法》和美国国家环境空气质量标准（National Ambient Air Quality Standards，NAAQS）的制定。为实现立法所设定的清洁空气和符合环境质量目标，美国政府最初采用众所周知的“控制与命令”环境治理模式。与此同时，EPA 开始尝试将刚刚兴起的排污权交易思想从理论付诸实践，运用于大气污染源的管理，逐步建立起以气泡政策、补偿政策、银行政策等为核心内容的排污权交易政策体系。1990 年，《清洁空气法》修正案第 4 章将排污权交易制度正式纳入美国联邦法律。这一修正案试图通过建立一个二氧化硫配额交易的市场体系来减少其排放，极大地促进了 EPA 当时所进行的排放交易方案，对前期的排污权交易实践做了肯定，同时也开启了环境治理的新篇章。

（1）美国的环境立法体系

美国实行联邦制和三权分立，因此，其环境立法也立足于这一政治体制。简单来说，从国家体制来说，美国的环境立法分为联邦立法和州立法两个体系。从三权分立层面来说，美国的环境立法包括国会立法、行政立法和司法命令等；从联邦层面来说，美国的环境法律主要来源于国会立法、行政立法以及联邦最高法院的相关法律决定、裁决等。国会的环境立法都被编入《美国法典》（*United States Code*，*U. S. C*），而联邦政府的环境保护执行机构和部门所制定的主要和永久性规范则编入《美国联邦法规》（*Code of Federal Regulations*，*CFR*），美国联邦最高法院的裁决、命令、案例以及其他决定等则编入《美国报告》（*United States Reports*，*U. S. R.*）。美国虽然是一个普通法国家，但成文法是其整个环境法律体系的主要组成部分，因此，与环境保护有关的现行环境法律主要汇编于《美国法典》和《美国联邦法规》当中，即由国会通过立法做出环境保护的原则性规定，然后由环境保护部门在法律的授权下，就执行联邦法律相关的技术、操作等方面制定更为详细和可操作性的法规，并对其加以实施。

从州层面来说，在联邦制下，各州都为具有独立主权的实体。根据美国《宪法修正案》第十条的规定，宪法未授予联邦的权力，则一律由各州保留。20 世纪初，美国联邦政府开始涉及环境或公共健康政策，环境保护事项成为属于联邦和州共同管辖的领域，各州的立法不得抵触联邦立法，但各州可以制定比联邦更为严格的规定，从而使联邦立法和州立法构成一个内在统一协调的法律体系。

值得注意的是，虽然美国目前形成了联邦与州之间共同应对环境问题的完整政策、法律体系，然而，在 20 世纪 50 年代之前的美国，几乎所有的空气质量立法，都由州政府和地方政府制定，而且在这些立法当中，以获得更为清洁的空气为目标的大部分地方立法都有着较为悠久的历史。相比之下，美国联邦政府直到 1955 年《空气污染控制法》通过，才有了联邦层面的空气质量法；直到 1963 年 *CAA* 的颁布，美国才结束了没有完备的空气污染防治法案的历史，比州和地方政府采取行动控制空气污染晚了近一个世纪。从这个角度看，目前美国的环境立法虽然以联邦为主导，但在具体治理环境问题方面，州和地方的立法与行动是美国成功治理环境问题的坚实基础和有力保障。

①《清洁空气法》和排污权交易制度。*CAA* 是美国制定的世界上迄今为止最为成功的环境立法之一。1963 年，美国国会制定并颁布的 *CAA* 被汇编入 42 *U. S. C.*，章节的序号有所变化，而且，*CAA* 的标题(Title) 对应的是 *U. S. C* 的分章(Subchapter)，由《公法 159》(1955 年) 和后来的修正案组成。1970 年和 1990 年的修正最为重大，也最为著名。1970 年的修正案被认为是 *CAA* 里程碑式的发展，即建立了固定污染源的美国国家环境空气质量标准，规定了移动污染源的排污限额，并通过州执行计划(State Implementation Plan, SIP) 加以执行，同时建立了比现有污染源更加严格的新污染源执行标准(*New Source Performance Standards*, *NSPS*)。*CAA* 作为一部联邦法律，由 EPA 具体负责执行。

在美国两大党的全力支持下，1990 年 11 月 15 日，第 101 届美国国会再次

对 *CAA* 进行了修正，并由时任总统布什签署公布。这一修正案在空气质量控制政策上做了较大的改变，其所规定的各类计划取代了依赖“最佳可行控制技术”(Best Available Control Technology，BACT) 标准的控制 —— 命令体系，是美国进行排污权交易的最早也是最权威的法律规范。

1990 年 *CAA* 修正案旨在消除四大主要的环境威胁并维护数百万美国人民的健康：酸雨、城市空气污染、有毒空气排放以及同温层臭氧损耗(*Stratosphericozone Depletion*)。*CAA* 第 4 章制定了配额市场体系(酸雨计划)，这一修正案同时也建立了一个国家运行的许可证项目，从而使法律更具可操作性，同时加强了执行力以保证这一法律得到更好的执行。*CAA* 在美国历史上第一次确立了排污权交易的法律地位，是美国排污权交易体系的法律基础和基本制度保障。

CAA 对 EPA 设定了明确的职责。EPA 作为联邦环境管理的主管部门，具有一定的行政立法权，因此，该法要求 EPA 以 *CAA* 关于排污权交易的基本内容为基础，制定并执行相关的具体法规，包括执行排污权交易机制的法规和政策，以防止公众暴露于空气污染物中，从而保障人类健康。根据该法第 111 节和第 112 节的规定，EPA 制定了《新排放源绩效标准》和《危险空气污染物国家排放标准》(*National Emissions Standards for Hazardous Air Pollutants*, *NESHAP*)。在排污权交易的执行过程中，这些标准成为保障其顺利运行的重要行政保证。此外，通过 EPA，美国联邦政府为各州提供了科学研究、专家学习、工程设计等方面的支持，并为清洁空气项目提供了资金支持。

CAA 也对各州在该法执行过程中的职责做出了明确规定。虽然 *CAA* 是美国历史上第一部完备的联邦空气质量立法，但是，依然如之前的立法一样，将空气质量控制的责任赋予了各个州政府，且要求由各州具体执行。因此，在 *CAA* 颁布之后，美国大多数州和地方政府颁布了类似的立法，以此来执行联邦法律、环境计划或衔接联邦环保计划与地方制度。为执行 *CAA*，各州必须按照各自的立法程序制订本州的执行计划，并提交 EPA。各州在制定 *SIP* 时有义务向公众公布并征求意见。每一个 SIP 必须由 EPA 进行核实和批准后方能执行；如果不能获得批准，则由 EPA 直接接管这一州的相关管理事项。SIP 所要达到的目标有两个：第一，提供达到或维持 NAAQS 的污染控制计划；第二，改善环境空气质量未达标地区的空气质量。

② 美国排污权交易的法律体系。由上述分析可知，美国排污权交易制度的组织与体系非常严密、细致，各组成部分之间相互协调、统一，效力等级鲜明。这一体系由以下几个部分组成：

第一，美国国会立法。1990 年 *CAA* 修正案长达 400 多页，体现了美国立法详细、具体、具有可操作性的特点。同时，修正案又为排污权交易提供了指导性原则，提出了明确的污染物控制和减排目标，对排污权交易的基本法律概念做出了界定，为项目实施提供了法律依据。

第二，EPA 法规，包括各项环境标准。EPA 在这一制度中起着承上启下的作用。标准是很多政策环境的基石。在美国，建立标准的程序较为复杂，由 EPA 负责标准的制定，并最终由国会将这些标准以法律形式发布，立法后再由 EPA 继续负责监督这些标准的贯彻执行。EPA 通过制定各类污染物排放标准以及制定排污权交易机制的可操作性法规，管理排污权交易，并通过对各州排污权交易执行的制约（如 SIP 的审核和批准程序），全面保障排污权交易机制得到实施。

第三，各州 SIP。各州是执行 *CAA* 的主力，污染控制问题涉及地方工业、当地地理状况等各方面的具体情况，由各州制定 SIP 作为执行排污权交易的地方法律依据，在不低于 EPA 设定的全国最低要求下，更能符合当地的实际情况，有利于 *CAA* 得到贯彻执行，减少执法阻力。

综上所述，美国的联邦法律确立了排污权交易的整体架构，在纵向上，通过“联邦—州”的立法得到确立，并形成了“联邦法律—EPA 法规—州法律”一一对应的三级排污权交易立法和执行制度。在联邦层面上，由 EPA 负责执行 *CAA*，对排污权交易制度进行统筹管理和组织，明确了部门的责任，增强了 EPA 管理的针对性。在具体的政策、法律内容上，法律法规条文的规定非常细致，具有很强的针对性和可操作性。这一政策、法律制度也最终体现在排污权交易项目执行上，如 ARP、NBTP 等，并取得了巨大的成功。

（2）美国二氧化硫排污权交易政策体系

美国二氧化硫排污许可证交易政策以 1 年为周期，通过确定参加单位、初始分配许可证、再分配许可证和审核调整许可证四部分工作来完成污染控制的管理目标。

①参加单位的确定。确定参加二氧化硫排污交易政策的单位主要有两类：

一是1990年《清洁空气法》修正案在酸雨计划中列出的法定参加者，包括被列入第一阶段控制对象的110家高污染电厂的263个重点污染源和第二阶段在此基础上增加的三部分单位：2128家装机容量超过2504 kW的发电厂；1991年后才开始投产运营的新电厂；生产规模低于2504 kW，但将要扩大到2504 kW以上的老电厂。二是加入计划批准的自愿参加者。选择加入计划可以使更多的二氧化硫排放源在自愿的基础上被纳入排污权交易体系中，从而减少实现二氧化硫年排放量削减10%目标的总费用。因为选择加入的排污单位的二氧化硫削减成本肯定低于交易体系的平均成本（表现为许可证价格），否则它们不会自愿加入，所以它们的加入必将降低整个体系内的平均削减成本。

②许可证的分配。在美国的二氧化硫排污权交易政策体系里，排污许可证的初始分配有三种形式：无偿分配、拍卖和奖励。这三种形式分配的许可证总和相对稳定，第一阶段年平均有570万个，第二阶段有895万个。

无偿分配是许可证初始分配的主要渠道，从1995年开始每年分配一次，分量为初始分配总额的97.2%。分配的依据是参加单位的基准能耗水平，即1985—1987年三年的平均能耗。如果某参加单位1985年之后才开始运行，基准能耗水平改为投产最初三年的平均水平。

因为许可证对于确保二氧化硫排污削减计划的经济效益和发电能力的进一步扩大都起着至关重要的作用，《清洁空气法》修正案在酸雨计划中特别授权EPA负责每年拍卖许可证总量的一小部分。拍卖可以保证新建的二氧化硫排污源获得必需的许可证，顺利地投产运营，而又不使二氧化硫排放总量增加。另外，拍卖可以提供许可证的市场价格，反映治理二氧化硫的社会平均成本信息，对于整个削减计划的进一步完善、管理而言有着很好的指导作用。为了实现拍卖，EPA从每年的初始分配总量中专门保留了部分许可证作为特别储备，大约是分配总量的2.8%。第一阶段每年的拍卖特别储备为15万个许可证，第二阶段每年为25万个许可证。拍卖许可证的另一个来源是私人持有者（如参加单位、投资者、中间人等）提供的许可证。许可证被赋予了市场价值之后，排污单位就有了减少排污、保存许可证的动力，从而刺激了污染防治的主动性。在美国的二氧化硫排污交易政策体系中，还设立了两个专门的许可证储备，用于奖励企业的某些减排行为。能源保护和可更新能源奖励储备是其中之一，有 30 万份许可证用于奖励企业能源效率高或使用可更新能源的措施。

③许可证的交易。许可证的交易是整个计划中最核心的环节。通过交易，可将许可证重新分配，实际上是重新分配了二氧化硫削减责任，从而使削减成本低的污染源持有较少的许可证，削减较多的二氧化硫排放量，实现二氧化硫总量控制下的总费用最小。

交易的主体按其持有许可证的目的可分为三大类：达标者、投资者和环保主义者。达标者是指二氧化硫交易体系的参加单位，它们购买许可证的主要目的是在年度审核时，持有足够多的相当于其二氧化硫排放量的许可证，以满足环保局制定的规则。投资者包括经纪人、企业等，类似于股票交易商低买高卖，从中赢利，这部分交易主体虽然为数不多，但对于完善、活跃许可证市场发挥着重要的作用。环保主义者参与许可证交易的目的主要是购入并储存许可证，使市场上许可证的总量减少，相应地，二氧化硫排放量减少，环境质量提高。这部分参与者包括环保团体、个人。政府有时也充当这一角色，进行宏观调控，在环境质量恶化时，买进大量许可证。

④许可证的审核。用许可证的手段实现二氧化硫排放总量控制的重要前提是确保许可证和二氧化硫排放量的对应关系。为了保证这一前提，环保局对交易体系参加单位每年进行一次许可证审核和调整，检查各排污单位的当年子账户中是否持有足够的许可证用于二氧化硫的排放。审核的主要方法是从企业账户中扣除当年应扣许可额，然后检查是否有剩余，若不足，实行惩罚；若有剩余，将许可证余额转移至该企业账户的次年子账户或普通账户。

美国国家环保局主要依靠三个数据信息系统进行审核：排污跟踪系统（Emissions Tracking System，ETS）、年度调整系统（Annual Reconciliation System，ARS）和许可证跟踪系统（Allowance Tracking System，ATS）。排污跟踪系统由各参加单位的连续监测装置（Continuous Emissions Monitoring，CEM）提供支持，保证二氧化硫排放数据的及时、完整和精确。年度调整系统的主要任务是计算出各账户年终要扣除的许可证数量。许可证跟踪系统是唯一的许可证签发、交易、达标审核的官方记录，该系统主要为环保局有效、自动监测各参加单位是否达标提供支持。同时，ATS 为许可证市场提供了许可证持有者、许可证交易日期信息。

完整、精确的排污信息是有效实行排污许可证交易政策的关键。只有当排污许可证交易政策与实际排污量对应起来，才能使许可证真正成为保证环境质量前提下的可自由交易的商品。这种对应关系的确立，一方面要求准确、及时地把握参加单位持有许可证的信息，另一方面要求准确、及时地把握该单位的实际排污信息。前者由 ATS 提供，后者由 ETS 提供，而 ETS 的基础是排污连续监测（CEM）。

（三）美国排污权交易的效果

上一节从理论上分析了排污权交易这种手段能够使参与交易的各方扮演自己最擅长的角色，能够在满足环境标准要求的同时降低治理成本，进而降低所有污染源的总治理成本。美国已经进行的排污权交易实践中，有大量证据表明这一理论的正确性。本节就对美国主要的“可交易许可证制度”的实践情况进行比较深入的分析，以试图找到支持排污权交易理论模型的现实依据。

美国排污权交易所取得的效果积极而显著，特别是在实施二氧化硫、排污权交易政策方面效果更为突出，可谓实现了环境效益和经济效益的同步良性发展。在环境效益方面，美国自 20 世纪 70 年代以来，其环境质量得到了明显改善（这是包括排污权交易政策在内的所有环境政策共同作用的结果）。有资料显示，1979—1998 年，空气中的一氧化碳浓度下降了 58%，二氧化硫浓度下降了 53%，二氧化氮浓度下降了 25%。从 1990 年到 2000 年，一氧化碳的排放量下降了 15%，二氧化硫的排放量下降了 25%，二氧化氮的排放量下降了 26%。1980—2003 年，二氧化硫和二氧化氮的排放趋势，如图 4-1 和图 4-2 所示。

根据美国环保局的相关数据可知，在 1990 年之前的 20 年间，绝大多数标准污染物的排放量呈下降趋势，其中五种污染物即一氧化碳、二氧化硫、铅、二氧化氮、可吸入颗粒物的排放量下降趋势尤为明显。当时所规制的空气质量最容易实现的目标都已实现。在 20 世纪 90 年代期间，二氧化硫、二氧化氮、挥发性有机化合物（VOC）排放量降低了 25%，可吸入颗粒物排放量降低了 2%。可见，美国的空气质量确实得到了改善。

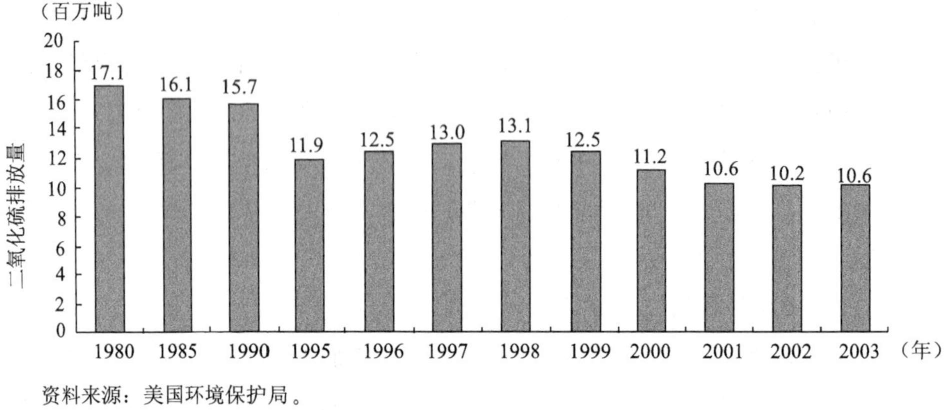

资料来源：美国环境保护局。

图 4-1　1980—2003 年美国二氧化硫排放趋势

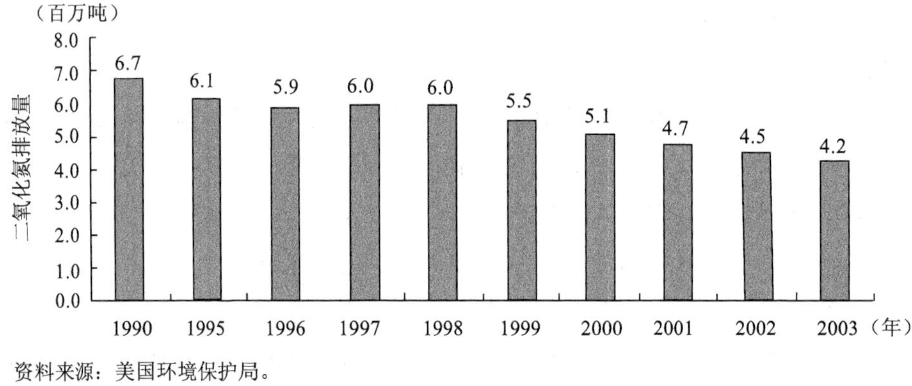

资料来源：美国环境保护局。

图 4-2　1990—2003 年美国二氧化氮排放趋势

2004 年 9 月 22 日，美国环保局发表了年度报告。从该报告中可以看出，1980—2003 年，美国二氧化硫的排放量总体下降了 38.01%。同时，美国环保局认为，达到酸雨计划的目标时，二氧化硫的排放量将由 1980 年的 1730 万吨降至 2010 年的 895 万吨。

在经济效益方面，成效同样明显。在最重要的美国联邦环保法律中，《清洁空气法》和《清洁水法》一直是成本收益分析的对象。根据美国环保局的计算，1970 年《清洁空气法》和 1977 年修正案以及 1990 年修正案通过了成本收益测试。1997 年提交给国会的回顾性研究估计，1970—1990 年，执行和遵守《清洁空气法》的直接成本为 1890 亿美元，而直接收益为 29.3 万亿美元。其最佳估计认为,《清洁空气法》在1990年实现净收益22万亿美元。另外,每年因《清洁空气法》而减少死亡的人数相当于美国每年总死亡人数的10%。尽管美国环保局的这一分析结果曾经引起有关方面的异议,但“空气污染规制的收益超过了它的成本”则被认为是一个不争的事实。

同时,部分专家将美国一些较大的市场化环境政策的成本与其他命令—控制型政策的成本进行了比较。对美国空气污染控制的八项实证研究进行的回顾性分析表明,传统的命令—控制型规制的总成本与(市场化环境政策)最低成本基准的总成本之比介于1.07~22.0。有研究者基于实际排放交易的全面研究对排放交易带来的成本节约进行了估计,结果发现排放交易计划在其开始执行的头14年中节约了16亿~25亿美元。在20世纪90年代,仅二氧化硫排放许可权交易与命令—控制型规制措施的成本相比,每年大约可以节省10亿美元的成本。在环保局的指导下,美国东北部的12个州和哥伦比亚特区于1999年推行了一个地区性最高限额和交易制度,以减少与1990年修正案的臭氧调控委员会(Ozone Transport Commission, OTC)规制条例相关的合规成本。据分析,1992—2003年,其NO_x排放交易与命令—控制型规制相比,可节约成本40%~47%。因而,人们普遍认为,排放交易政策的收益大大高于其成本,并认为“这是送给设计这种革新观念的经济学家们印象深刻的礼物”。

在美国使用最频繁的市场环境手段是可交易的许可证制度。这包括美国环保局的大气污染物排污权交易计划、含铅汽油的分阶段削减、氟氯烃排放交易和旨在控制酸雨的二氧化硫排污权交易计划等。美国的大气污染物排污权交易计划是从1974年开始的,一直实施至今。最初是作为《清洁空气法》计划的一部分,只在部分地区进行,涉及多种污染物,交易形式也是多样的,包括气泡、补偿、银行储存和净得四种政策。1982年4月,美国联邦环保局颁发了《排污权交易政策报告书》,这份报告书将气泡、补偿、银行储存和净得计划合为统一的排污权交易政策,允许各州建立“排污权交易系统”。在这个交易系统中,同类工业部门和同一区域中各工业部门之间可以进行排污削减量的交易,减排信用是交易中的媒介或通货,银行方面则要参与减排信用的储存与流通。其中,交易的原理就是各污染源之间的边际治理费用存在差异。

1986 年，美国联邦环保局又将这些计划编进了《排污权交易计划》之中（*U. S. EPA*），但这个项目还没有得到广泛的应用，各州也没有要求实施这个计划。而且，对于其未来进程的不确定性的担忧，也使得企业不愿参与其中（Lirof，1986）。尽管如此，像阿姆科（Armco）公司、杜邦（DuPont）公司、优塞克斯（USX）和 3M 公司等大公司已经进行了排污信用交易，并且这类交易市场得到了持续的发展（Main，1988）。即使仅仅是在很有限的程度上参与了环保局的排污权交易计划，但自计划诞生以来，也已经节省了 50 亿～120 亿美元，而且保证了环境没有受到影响（见表 4-6）。

铅交易计划是从 20 世纪 80 年代发展起来的，其目的就是要让汽油精炼厂在如下问题上具有更大的弹性空间：在某个时候必须达到排放标准。那时，汽油中的铅含量要在现有水平的基础上削减 10%。1982 年，环保局授权给各汽油精炼厂交易铅排放额度。1985 年，环保局制订了一项铅储备银行计划，允许精炼厂储存其铅排放额度以备将来使用，各精炼厂广泛实施了这项计划。

铅交易计划在实现其环境目标方面无疑取得了成功。根据环保局估计，与其他没有提供铅储备银行计划的替代方案相比，这项计划节约了大约 20% 的成本，即每年节省了 2.5 亿美元，而且含铅汽油的分阶段削减进程更快（见表 4-6），足以说明这项制度是相当有效的。

美国建立 CFC 可交易排污许可证市场是为了帮助执行《蒙特利尔协定》（一个旨在减缓大气臭氧层耗损率的国际协定）规定的义务。《蒙特利尔协定》要求世界各国减少对 CFC 和哈龙（HALON）的使用，因为它们是导致臭氧层耗损的主要化学物质。自 1986 年到 1991 年中期，有 34 家企业进入了该市场，共发生了 80 起交易（Feldman，1991）。不过，由于没有对成本节约进行估测研究，这一市场的全面效率到底有多高还不清楚。但从表 4-6 中可以看出，削减 CFC 的进程加快了，提前实现了目标；而且，CFC 市场上相对低廉的交易成本表明这一制度的成本效果性是比较不错的。

美国酸雨计划规定的对二氧化硫排放的削减，是世界上在公共政策领域第一次大规模应用市场手段实现环境目标的实例，是迄今为止最广泛的排污权交易实践。

酸雨计划的排放控制方法很简单：全国二氧化硫排放总量控制目标决定了每年分配给发电企业的许可数量。分配的许可是一种事实上的产权。所有受到管制的企业必须持有足够的、有效的许可来满足其排放。每年年末，每个排放单位必须在环保局管理的账户上持有足够的许可，以抵销实际排放量；否则，要受到重罚。许可完全可以自由交易：排污单位可以通过市场购买额外的许可，也可以出售自己分得的在某一年的多余许可。排污单位可以选择减少其排放，以拥有多余的许可来出售，也可以选择把多余的许可储存起来供将来使用。但是排污单位不能借用将来的许可来满足现在的排放。在酸雨计划中，二氧化硫排放总量限值是对应美国 48 个相连的大陆州的发电厂的排放量的，总量限额大约为 900 万吨，分两个阶段完成：第一阶段，受到总量控制的单位有 263 个，它们分属 61 家电力事业局下的 110 家发电厂被，被要求在 1995—1999 年把二氧化硫排放量降低到每年的 570 万吨。第二阶段，从 2000 年开始，包括所有燃用化石燃料的发电厂，二氧化硫年排放总量被限定在最终的全国 900 万吨限值以内。这样一来，一个生机勃勃的二氧化硫排污权双边交易市场出现了。截至 1999 年，累计有 4000 万吨二氧化硫的交易量，其中的 1500 万吨是在环保局确认为经济界线清楚的实体间进行交易的。值得一提的是 1998 年，在许可跟踪系统中，有 1548 宗交易了 1350 份许可。70%的交易发生在不同的经济实体之间，一半多的交易是电力单位的直接需要。与命令—控制型的替代管制方案相比，这一制度每年可以节约成本大约 10 亿美元（成本节约被定义为采取排污交易制度与采用其他管制政策所导致的成本差额；出于不同的分析目的，估算出来的成本节约额度可能会表现出差异），并且提前实现了目标。

表 4-6　主要联邦可交易许可证制度绩效的总结

项目	交易的内容	实施时间	环境影响	节约的成本
排污交易计划下的标准空气污染物	《清洁空气法》框架	1974—2009 年	未受到影响	共节约了 50 亿~120 亿美元
铅的分阶段消减	汽油中含铅量配额在精炼厂之间交易	1982—1987 年	含铅汽油的快速淘汰	每年节省了 2.5 亿美元
为保护臭氧层的 CFC 交易	基于耗损的某些 CFC 物质的生产权	1987—2009 年	提前实现了目标	影响还不清楚

续表

项目	交易的内容	实施时间	环境影响	节约的成本
酸雨削减	主要是电力生产部门二氧化碳的排放削减信用	1995—2009 年	提前达到了目标	每年节省了 10 亿美元

实证分析表明，排污权交易具有显著的环境效果和经济效果，这与理论模型分析的结果是一致的。

4.5.2 欧盟国家排污权交易的实践

（一）欧盟国家进行排污权交易的实践

对《京都议定书》做出承诺的欧盟国家，一直致力推出“欧盟温室气体排放权交易市场”（European Union Greenhouse Gas Emission Trading Scheme，EU ETS）。1997 年达成的《京都议定书》中，欧盟 15 国承诺从 2008 年到 2012 年，将温室气体的排放量在 1990 年的基础上减少 8%，相当于向空中减排约 3.36 亿吨（当量）二氧化碳。在欧盟向空中排放的各种温室气体中，二氧化碳的排放量约占 80%。为了实现《京都议定书》中的承诺，也为了降低二氧化碳减排成本，欧盟委员会决定采用经济手段，用市场机制促使欧盟的企业参与减排的进程。2002 年 12 月，欧盟在巴西召开的欧盟环境理事会上通过了欧盟全域二氧化碳及其他温室气体排放权交易的基本原则，逐步形成了建立“温室气体排放权交易市场”的共识。据估计，排污权交易市场的建立和运行，可以使欧盟的减排成本降低 35%。

根据欧盟委员会的计划①，欧盟全体从 2005 年 1 月 1 日起开始实施二氧化碳排放权交易制度，并逐渐确定其交易体制，过渡期为两年。装机容量在 20 兆瓦以上的发电站、钢铁业、水泥业、玻璃和陶瓷业及造纸业等，将被强制参与该计划，实行二氧化碳的排放量减排。在减排过程中，各企业会被规定一个二氧化碳等温室气体排放的上限，若超过此上限，则必须购买相应的“排放权”；而如果有结余的“排放权”，则可以交易出售。根据“负担均分”的原则，欧洲委员会环境总局于 2003 年 4 月颁布了从 2005 年开始各成员国可以排放温室气体的最初分配指标，各成员国可以根据本国指标再决定各企业

① 于天飞. 碳排放权交易的市场研究［D］. 南京：南京林业大学，2007.

的排放量。各成员国政府应至少将 95%的配额分配给各企业，剩余 5%的配额可采用竞拍方式交易。各成员国负责确定相应规则，可采取的强制措施包括：企业的排污量每超过 1 吨二氧化碳当量，将罚款 100 欧元，或在预先确定期间支付两倍的平均市场价格（在 2005—2007 年的过渡期里罚款额为每吨 50 欧元）。

与此同时，欧盟委员会决定实施《京都议定书》确定的三个基于市场的合作机制，即国际排放贸易（International Emissions Trading，IET）、清洁发展机制（Clean Development Mechanism，CDM）和联合履约（Joint Implementation，JI）行动，各成员国企业可以在国外从事减少温室气体排放的业务，并且可以将减少量加入本企业的业绩中，或者在市场上交易获益。

随着《京都议定书》的前景向好，欧盟的排污权交易市场加速发展。一个新的大范围的排污权交易市场呼之欲出。

在欧盟统一的排污权交易市场形成之前，欧盟一些国家已经实施了排污权交易制度。例如，英国从 2002 年开始，在国内各企业间逐步实行了自由买卖的二氧化碳排放量交易制度。英国政府为实行这一制度的企业建立了账户，并设立了奖励基金；对于申报削减二氧化碳排放量指标的企业予以相应奖励，并根据企业削减二氧化碳排放量的难易程度确定奖金；对于未能按要求完成指标的企业予以罚款。如果该企业不愿被罚，则需从拥有富余削减量的企业中购买二氧化碳排放削减量，以抵销自己未能完成的削减量。其削减量可以像有价证券一样买卖，进入二氧化碳排放交易市场。在英国，累计被售出的二氧化碳排放权有亿吨以上。

（二）欧盟排污权交易的相关政策

（1）实施欧盟气候变化计划

欧盟气候变化计划于 2000 年 6 月启动，旨在具体落实《京都议定书》的减排目标。政策的重点是涉及能源供应、能源消费、交通、工业、科研、农业等方面的部门利用《京都议定书》的三个机制灵活运行。

①能源减排措施：能源是最大温室气体排放源，占总排放量的 50%。减排的主要途径是开发清洁新能源，提高化石燃料效率，使用低碳燃料和减缓电力需求。主要措施为各成员国电力市场引入减排要求；为分散发电，提供上网条件并提高再生能源发电入网比重；增加电热联产；减少煤炭开采的甲

烷排放；收集二氧化碳注入地下储存；利用高效、清洁能源技术提高能源效率；……

②民用和服务业减排措施：公共部门大批购买高效终端产品；加强能源审计对清洁供暖认证；改进民用和服务业基础设施；……

③交通部门减排措施：采用经济手段减排；采用财政手段减排汽车温室气体排放和油耗；采用新技术和清洁燃料；……

④工业部门减排措施：提高电机的能效标准；提高工艺过程的效率标准；提高锅炉能效；……

（2）建立欧盟内部温室气体排放贸易体系

2001 年 10 月，欧盟委员会在应对气候变化的“一揽子”措施中草拟了一个欧盟内部温室气体排放体系法令，旨在建立欧盟温室气体减排贸易市场。贸易市场体系法令于 2005 年开始生效，第一阶段（2005—2007 年）减排目标是努力完成《京都议定书》所承诺目标的 45%；第二阶段（2008—2010 年）完成《京都议定书》全部目标。法令适用于发电、钢铁、炼油、水泥制造、造纸等产业。

（3）实施综合污染防治法案

此法案从 1999 年开始生效，其中心思想是在欧盟内部提出一个许可的综合性平台，控制各成员国温室气体及废气、废水、废渣的排放。

（4）推进电力和天然气的市场自由化

电力：欧盟电力市场规则法令要求在欧盟内部逐步开放电力市场，允许消费者从多渠道（含国外电力部门）买电。这一政策使整个欧盟内部的供电价格在一定程度上趋于一致。

天然气：大多数成员国根据欧盟的政策，对天然气市场进行了改革。1998 年，欧盟推出第一次天然气改革政令，旨在建立一个开放的、竞争的、统一的欧洲天然气市场。2003 年，欧盟出台了第二次天然气市场化改革政策，明确提出了天然气市场化改革的时间表和基本改革思路。2009 年，出台了第三次改革政令，旨在加大管网和监管两方面的建设力度。2013 年和 2014 年，又分别制定了天然气改革的相关政策。目前，多数欧盟成员国还处于天然气市场改革的进程中。

（5）实施第六个环境行动计划

欧盟第六个环境行动计划将气候变化作为首要优先领域。实施的关键措施为：执行现有的环境法规，将气候变化纳入相关政策，政府、产业界、消费者携手寻找解决气候变化的办法，努力让人们更容易获得气候变化有关信息等。

（6）实施征收碳税政策

欧盟已有一些成员国引入多种类型的环境税，但欧盟建议各成员国征收碳税，旨在鼓励少使用矿物燃料，尤其是少用含碳量高的燃料，从而减少二氧化碳的排放。

（7）实施可再生能源政策

①实施可再生能源法令。2001 年 9 月，欧盟通过了促进可再生能源法令，法令推动各成员国使用可再生能源，提出到 2010 年力争采用可再生能源比例提高 1 倍，即占欧盟能源的份额从 6%上升到 15%。②实施启动方案。启动方案是 2010 年可再生能源欧盟共同战略和行动计划的一部分，旨在推动采用可再生能源，减排温室气体。③实施可再生能源计划。该计划的总体目标是增加可再生能源的使用和市场份额，推动启动方案的实施。④实施可再生能源鼓励政策。欧盟通过减税或提供补贴等政策、措施，鼓励利用风力、水力、生物能等可再生能源。

（8）引进《京都议定书》减排灵活运行机制

欧盟鼓励成员国采用《京都议定书》减排灵活运行机制，作为各成员国减排行动的补充。

（9）交通部门实施的战略及政策、措施

欧盟各成员国交通部门是二氧化碳主要排放源，其中汽车排放量占交通总排放量的一半。欧盟制订了 15 年交通部门温室气体减排计划。主要措施有：与日本、韩国等国家的汽车制造厂家签订协定，承诺一起携手提高汽车燃料效率。欧盟还通过燃料税，减少汽车使用，减排温室气体。

（10）建立温室气体限排制度

欧盟温室气体限排制度的建立，标志着欧盟向完成《京都议定书》的承诺迈出了重要一步。该制度规定，从 2005 年起对能源、钢铁、水泥、造纸、制砖等产业实行二氧化碳排放限额，对超额企业罚款。

（11）实施加强与发展中国家合作的政策

加强国际合作是欧盟气候变化战略的重要组成部分。《欧洲联盟条约》规定，欧盟发展政策的核心目标之一是促进发展中国家尤其是最不发达国家经济和社会可持续发展。欧盟十分重视在应对气候变化问题方面与发展中国家的合作，给它们提供援助和支持，也要求发展中国家积极参与全球气候变化的国际合作。

4.5.3 日本国家排污权交易的实践

与欧盟几乎同时，日本环境省表示，2005 年建立一个温室气体排放交易市场，以达到《京都议定书》为其确定的减排目标，有数十家企业参与其中。参加的企业为自愿加入，并自己确定排放目标（这些目标接受第三方检查）。企业自行设定到 2006 年度时减少二氧化碳排放量的指标，计算为达到目标而购买所需设备的费用（减少量越大，费用越高）。如果这些费用被政府有关部门认可，将能获得其 1/3 比例的奖励。所有参与企业须在两年内完成目标，完成的办法既可以是自己采取措施减排达标，也可以是向其他参与该行动的企业购买排放配额，还可以利用造林项目或其他在国外的削减温室气体的努力来替代其排放目标的减少量。有关部门会对指标落实情况进行检查，超额完成指标的企业可以将超额部分卖给未达标企业，超额指标越多，获益越多；未达标的企业可以自己决定是返还补助金，还是在二氧化碳交易市场上购买未达标部分的指标，未达标额越大，支出越大。通过市场机制的作用，促进温室气体减排目标的实现。

在此之前，日本企业已经有一些排污权交易活动。如由三菱马蒂里尔、东京电力、东京燃气等 9 家大公司联合成立的一家名为 COI 的民间团体，专门负责从国外企业购买温室气体排放权，并于 2000 年 12 月开始了第一笔交易，卖方是加拿大的一家石油公司。2001 年 3 月 1 日，日本富圆公司和丘部电力公司向澳大利亚最大的发电厂麦夸里公司购买了 2000 吨二氧化碳的排放权，每吨价格为 2~3 美元。

2002 年 6 月，日本议会批准了《京都议定书》后，政府的“防止地球温暖化总部指导委员会”于 7 月公布了使用京都灵活机制的管理安排，从而促进了清洁发展机制和联合履约项目的开展。日本第一个清洁发展机制项目产生于 2002 年 12 月，是一个在巴西的 V&M Tubes do Brazil 钢铁公司进行的燃料转换项目。日本每年可以从该项目中获得 113 万吨的二氧化碳减排量。日本第一个联合履约项目产生于 2002 年 7 月，是在哈萨克斯坦进行的火电改造项目。日本在 2008—2012 年每年从该项目中获得 6 万吨的二氧化碳减排量。不久后，日本在世界各地进行的清洁发展机制和联合履约项目及其可行性研究和调查的项目超过 200 个。

4.5.4 其他有关国家进行排污权交易的探索

除了以上国家和地区在不断推动排污权交易外，世界其他国家也不同程度地进行了排污权交易实践。例如，加拿大进行了酸雨限额交易，澳大利亚实施了“绿色证书交易”，新西兰、印度、澳大利亚发展了水污染许可证市场，墨西哥实施了氟氯化碳生产权和消费权制度，新加坡实施了消耗臭氧层物质消费许可证交易，智利、捷克、波兰等国实施了排污权交易等。特别值得一提的是哥斯达黎加，该国 1995 年启动了可证实的和可转让的温室气体排放补偿计划后，1998 年在美国芝加哥股市首次抛出了减少温室气体证券，并获成功。据估计，哥斯达黎加通过该市场每年从出售吸收二氧化碳的热带雨林能力中获得 2.5 亿多美元的益处。排污权交易机制逐渐成为世界之潮流。

4.5.5 发达国家排污权交易的经验总结

美国自正式实施排污权交易政策以来，有不少经验与启示：

①健全法制环境。法律基础对于排污权交易政策格外重要。排污权本身是一种强制性的私人契约，法律是这种私人契约得以强制执行的基本保证。美国十分重视环境保护法规建设，至今已经制定了涉及空气、水、有毒物、自然保护等的法律法规 120 种以上，形成了一个严格的、多方位的环境保护法规体系。美国的法制健全，从而促进了排污权交易等环境保护工作的顺利展开。据有关分析，如果自觉守法行为从 90%提高到 95%，则大气质量管理机构的工作效率可以提高一半。因此，有一个好的法制环境和守法群体，对实施排污权交易等环境政策具有十分重要的意义。

②规范市场运行机制。如果想利用交易制度克服环境问题的外部不经济，就需要有一个较为完善的市场经济机制。实施排污权交易，首先，要有一个

正确、良好的市场意识氛围。其次，要有一个公正、公开的市场交易规则。同时，市场上交易的信息应该是建立在真实、信用的基础上，在一个缺乏诚信的市场上进行交易活动，无疑会带来难以预料的后果。美国的市场运行机制较为成熟，市场经济的意识已深入人心，讲究诚信成为人们的普遍观念，以上诸方面使其交易市场多年来能平稳而健康地运行。

③检测技术先进和信息系统完善。美国环保局设立了三个数据信息系统对排污权交易进行管理：一是排污跟踪系统；二是年度调整系统；三是许可证跟踪系统。精确与完整的排污信息和及时、准确的许可证交易信息，是排污权交易市场能够正常运行的关键因素。

④政府强制推动和有关部门科学管理。这是排污权交易市场能够建立和长期存在的基本前提。保护环境目标的确立、污染物控制总量的确定、排污权交易机制的形成、交易市场秩序的维护、相关法律的制定和执行等，都离不开政府的强有力作用。美国环保局根据国会和政府的要求，为排污权交易的展开，制定了相应的环境标准和市场规则，进行了有力的市场监督和综合管理，从而使排污权交易活动得以规范而持久地进行。

在美国的排污权交易实践中，有值得总结的经验，也有不足与教训。

在美国的排污权交易市场中有一个突出的特征是“产品”的价格偏低且波动特别大。以二氧化硫许可证交易为例，在1990年执行的酸雨计划中，计算每吨二氧化硫的减排成本在500~1000美元，所期望的排污权交易价格每单位为300美元以上或者更高（价格太低不足以激励相关污染源采取减排措施）。但是，在实际的交易市场中其价格却不尽如人意：一是价格偏低，从1995年排放权交易实施以来，至2003年年底，二氧化硫排放权交易价格一直在250美元/吨以下；二是价格分歧大，波动大，价格最低时仅60余美元/吨，最高时220余美元/吨，并呈锯齿式波动，而从2004年1月开始，交易价格又猛涨到620美元/吨。

价格由供求关系决定，价格机制需通过供需双方发生作用。排污权交易市场也不例外，在美国的二氧化硫许可证交易市场中，影响价格机制正常发挥作用的因素至少有如下几种：

①参与交易者受到限制。美国的总量分配系统中只覆盖有限数量的污染源（如在美国的酸雨计划中，只有大的燃煤企业参加交易），将市场参与者局

限在总量控制包括的范围里。这一方面会使市场的参与者数量不够充分，影响市场竞争效率；另一方面，市场参与者与未参与者在某些方面会产生负面影响，从而降低市场参与者的积极性。

②参与交易者购买许可证不是因为直接对污染有什么需求，而是由于受到管制的结果。总量控制系统中的参与者不完全是自愿的参与行动，很大程度上是因为政府的选择。因而，这一市场难以像“古典市场”那样令人满意地运作，其价格机制也难以发挥人们所预期的作用。

③政策设计时对未来的实际情况估计不足。在酸雨计划中，后来实际上远远低于预估价格。如减排量最大的中西部地区的一些企业，它们在改用了含硫量较少的煤炭后，就可以满足排污的限制了，其成本远没有估计的那么高。于是，影响了二氧化硫许可证的市场需求，也影响了其市场价格。

4.6 结论与展望

4.6.1 结论

环境能否可持续保护，资源能否可持续利用，是关系到社会能否可持续发展的两大重要问题。在重视环境保护的今天，人们对污染物的排放越来越关注，渴望采取有力措施限制排放，以改善人类的生存环境。本章基于可持续发展理论对排污权交易的有效性进行了研究，主要结论如下：

①排污权交易机制对可持续发展理论具有良好的响应性。排污权交易机制对可持续发展理论具有良好的生态可持续响应性、经济可持续响应性和社会可持续响应性。将排污权交易机制放在“生态（环境）—经济（效率）—社会（人文）”的三维复合系统中进行观察分析，可以清楚地看到排污权交易机制主要有三个方面的有效性：环境有效性、经济有效性和社会公平公正有效性。环境有效性方面包括治理污染效率、环境管理效率和促进技术进步有效性；经济有效性方面包括资源利用效率、治污成本效率和避免外部经济有效性；社会公平公正有效性方面包括促进社会关系公平公正、促进环境利用公平公正和促进代际公平三个方面。

②排污权交易在二氧化硫的控制上具有突出的经济有效性和环境有效性。

采取将排污权交易与目前的环境管理方式进行对比分析的方法，从中可以看出，排污权交易政策能够获得比目前管理方式更好的环境治理效果。目前的环境管理方式是先确定二氧化硫的排污权价格（排污费），然后由市场形成二氧化硫的排污总量，其总量控制难以得到控制；而排污权交易机制是先由环境管理当局确定二氧化硫的排污总量，然后由市场确定二氧化硫的排污权价格，因而它能更好地实现二氧化硫的排污控制目标（可实现总量控制），以达到所设想的环境管理效果。

③排污权交易对地区和企业来说有很好的节约减排费用的效果。在大量关于电力行业通过选择减排手段节约二氧化硫治理费用的研究中，大多数只寻求对不存在排污交易情况下最低成本减排方案的确定，对于排污权交易所带来的效益仅限于理论上的说明，并没有计算出排污权交易所节约费用的具体数值。

4.6.2 展望

①需要研究适合我国国情的排污权交易理论。我国的排污权交易理论长期以来都是借鉴国外已经成形的经验和著作思想，但在实践方面，与国情并不一定非常匹配。比如，西方传统排污权交易理论暗含着一个没有政府监督，排污权的供给方和需求方会自发形成的假设。事实上，没有政府强制性的环境执行标准，任何企业都不可能产生对排污权的需求，听任污染是各生产企业的理性选择。即便是发达国家实行的较为适宜排污权交易形成的经济模式，尚且需要一定的理论在排污权交易过程中发挥指导作用。对于我国来说，政府监督在社会中扮演了强有力的角色，市场经济体制尚不成熟不完善，因此更需加强对排污权交易理论的研究，形成更适宜我国情况的排污权交易理论体系。

②应用于减排其他污染物的可行性。目前，排污权交易应用最多的污染物仅集中于工业粉尘和烟尘，然而，将排污权交易应用到更广阔的领域已经成为一种新趋势，对其他扩散性污染物如二氧化氮、二氧化碳实行排污权交易已越来越多地受到国际环保界的推崇。以二氧化碳为例，2005 年，《京都议定书》的生效标志着排放权经济时代的到来，还为全球创造出了一种新的产品——温室气体排放权，并且迅速商品化。当前，排放权交易在国际市场中

发展非常快。从其发展的特点看，排放权交易既存在于发达国家之间，更存在于发达国家与发展中国家之间。现在主要由一些国际碳基金和公司，通过世界银行等机构参与购买发展中国家的企业卖出的排放权，然后投放进入发达国家市场的国际趋势必然影响到中国未来大气污染控制领域。因此，有必要加紧对排污权交易在其他污染物领域的应用研究，以应对国际环境保护的新变化和新挑战。

第5章　排污权交易中国国内比较研究

5.1　绪论

5.1.1　研究背景与意义

万物之源就是这美丽而又不失个性的大自然。我们的祖先在这片有着丰富资源的大自然里辛勤劳作，创造了无数奇迹。如今，全球经济无论是在发展速度还是在经济数量增长方面都呈现出爆炸式的增长，然而我们在不断创造财富的过程中，却逐渐忽视了对我们赖以生存的环境的保护。环境恶化在阻碍经济增长的同时，也威胁着我们的生命健康。如今，环境问题已经成为世界各国关注的焦点。

“地大物博，人口众多”，可以说是对中国简明而准确的描述。中国有着丰富的土地资源，长久以来都以农业大国著称。河南省位于中原地区，是我国重要的农业大省，它以占全国1/6的土地面积，为全省1亿多人民提供了充足的粮食。除此之外，河南省的粮食加工产品也为省内人民的就业以及经济的增长做出了很大贡献，更为国家的粮食安全提供了保障。经济增长的直接物化表现就是GDP指标，随着国家改革开放政策的成功实施，我国经济增长取得了举世瞩目的成绩，1979—2008年年均增长率为9.8%，高于同期世界经济增长6.8%的水平，国际地位也迅速提升。国家工作的重点也转向了工业产业的发展，然而经济快速增长背后是环境质量的下降和自然资源的大量损耗，我国环境问题已经成为制约经济增长的一大障碍。据环保总局统计，我国每年因为环境污染所造成的经济损失大约占国家GDP的10%。其实，对比近年国家GDP增长中第一、第二、第三产业所占比重可以发现，第三产业所占GDP的比重呈上升趋势，而第二产业基本保持稳定，第一产业所占GDP比例最少。由此可见，现阶段我国已逐步由农业大国向工业国转变，但现在工作的重点已经转向污染较小的第三产业。特别是党的十八大的召开，首次提出了建设“美丽中国”，高度重视环境问题，注重生态文明的自然美、科学发展的和谐美。河南省近年来凭借充足的劳动力和丰富的资源，为促进省内经济增长而大力扶植企业的发展，也逐渐拥有了自己的一批特色产业，然而在这些先进的科技成果和快速的经济增长带来一系列负面效应的威胁下，如何合理处理污染问题以实现人与自然的可持续发展，以及如何平衡经济增长与环境之间的矛盾，已经成为当今人类必须面对和解决的问题。

排污权交易，顾名思义是指污染物排放权利的交易问题，它的物化形式是排污许可证，具体是指在一定区域范围内，在严格规定了某地区污染物总量排放的前提下，各污染者之间以货币交换的形式相互调节排污量，以达到控制污染总量、提高环境质量、增加经济效益的目的。我国排污权交易的实施可以追溯到 1988 年开始实行的排污许可证制度。有关资料表明，自 20 世纪 80 年代开始，我国已在多个城市开始排污权交易的试点工作，涉及多个污染物领域，其中主要的是水质污染和大气污染，并初步建立了排污权交易的相关政策和地方法规；1993 年《开远市大气排污权交易管理办法》的颁发，完善了我国排污权交易的法律制度。

2001 年 5 月 23 日，中美关于《推动中国二氧化硫排放总量控制及排污权交易政策实施的合作研究》的签订对我国排污权交易的发展有着重要意义。此次合作指，美国提供技术、资金以及人才支持，为我国更好地利用市场机制缓解二氧化硫污染问题。此合约的签订也表明，国际上的支持与合作为我国排污权交易顺利而有效地实施提供了很好的条件。合作协议签订后不久，我国在天津市、上海市、柳州市以及山西省、河南省、山东省、江苏省及华能集团开展了二氧化硫排污权交易项目试点研究工作，该项目简称为“4+3+1”项目。如今，我国排污权交易在这几个省、市或集团中已经取得了突破性的进展和很多有价值的经验。

2009 年，河南省把焦作、洛阳、平顶山和三门峡四个城市作为实施排污权交易的试点区。2012 年，在省环保厅新闻发布会上，全省首先选取水泥、印染、火电和造纸业四大行业进行排污权有偿使用与交易，等相关政策与经验充足时再扩展到其他行业。2009 年至今，河南省排污权交易的实施已经初显成效，该项政策得到越来越多企业的支持。2013 年 1 月，省环保厅及时制定了当年环保工作的重点任务并颁发了《2013 年全省环境保护工作要点》，指出 2013 年要对新建工业项目进行排污权有偿使用。

近年来，在政府部门的正确引导以及企业的大力配合下，河南省排污权交易试点工作实现了由零交易到如今交易额达到几千万元的突破。虽然全省排污权交易的实施状况有着很好的发展趋势，但是发展中的问题也越来越突出，如何及时而准确地发现问题的根源，合理协调各部门的职责以及新老企业的管理，并有针对性地制定相应问题的对策以及建立完善的法律监管机制，有效控制污染物的排放等问题显得尤其重要。

本章通过阅读大量文献资料，借鉴国外排污权交易的成功经验，再通过国内省市排污权交易的实施状况，对比分析河南省排污权交易实施过程中所存在的问题，并探究相应的对策，其意义不仅是为了使全省今后排污权交易的实施有更加完备的体系，使企业在发展中获得更大的利益，更重要的是能够改善当地居民的生活环境，还居民一份健康和绿色的生机，努力打造“美丽河南”。

5.1.2 研究内容

本章共分为节。

第一节，绪论。本节主要介绍选题的背景和意义，研究的问题，研究的方法以及本章的创新之处。

第二节，国内外研究文献综述。本节主要介绍国内外关于排污权交易的研究现状，并在此基础上重点把握河南省排污权交易的理论依据，最后对国内外现有理论研究进行简评，并分析我国现有排污权交易研究的不足之处，也为全省排污权交易的实施奠定理论基础。

第三节，我国排污权交易实施现状比较分析。在了解现有排污权交易的理论后，重点介绍我国先进省市排污权交易实施现状，并与河南省排污权交易实施现状进行对比分析，总结出各个省市排污权交易发展的趋势与现状，从而为发现河南省排污权交易实施过程中可能面临的问题提供经验。

第四节，河南省排污权交易机制探究。针对第三节对河南省实施现状的分析，总结出全省排污权交易实施过程所存在的几大问题；并通过借鉴其他公共资源交易方法以及其他省市排污权交易的实践经验，运用相关理论与经验，从多个角度进行分析研究，针对全省排污权交易所面临的问题进行探究。

第五节，结论与展望。总结本章主要的研究成果，并提出今后的研究方向。

5.1.3 研究方法

本章主要通过学校图书馆查阅大量国内外相关文献资料，并充分利用一些权威性较高的电子数据库，对现有资料数据进行整理分析，在充分借鉴发达国家以及国内先进省市对排污权交易实施经验的基础上，根据河南省发展的实际情况，探究全省排污权交易顺利实施的相应对策。主要研究方法如下：

（1）文献研究法

相关文献资料的获得，主要是利用学校图书馆查阅有关书籍，并充分利用电子数据库如 CNKI、维普、超星、万方等，查询相关资料，从而对排污权交易的历史和现状等问题做个全面的了解，并初步形成对排污权交易的印象，以提高自己对该课题的研究能力。

（2）归纳推理法

任何事物或现象的发生都有其不可复制的背景，对事物背景进行分析才能做到就事论事，以避免研究过程中的盲目性。在对事物的研究过程中，及时对所得经验进行归纳总结使其系统化显得尤为重要，然而借鉴别人总结的经验有些时候也可以让自己少走弯路，其实成功就隐藏在这一次次的经验教训中。本章就是对不同背景条件下排污权交易实施的情况进行分析，并借鉴国内外一些成功的经验，从而找出我国现有排污权交易的不足之处。

（3）对比分析法

对比分析法在不同条件、不同背景下，可以对很多现象或事物进行比较分析，从而容易得知事物发展的共性和个性，进而透过现象看本质，探究事物或某种现象发生的一般规律和特殊规律。本章通过对国内外排污权交易研究现状的对比，分析出我国排污权交易研究的优缺点；再具体到对国内先进省市和发展中的大省进行对比，以便找出河南省排污权交易发展过程中所面临的“瓶颈”，并探究相应的对策。

（4）动静结合法

世界上唯一不变的东西就是变化。这句话形象地描述了动与静之间密切的关系。因此，无论是排污权交易、环境的状况还是国家经济的增长，其实都是一个动态演变的过程。本章从排污权交易长远发展考虑，探究其发展过程中的规律性，并在对理论分析的基础上结合国内排污权交易的实施案例进行分析。

5.1.4 研究思路

本章具体的研究思路，如图 5-1 所示：

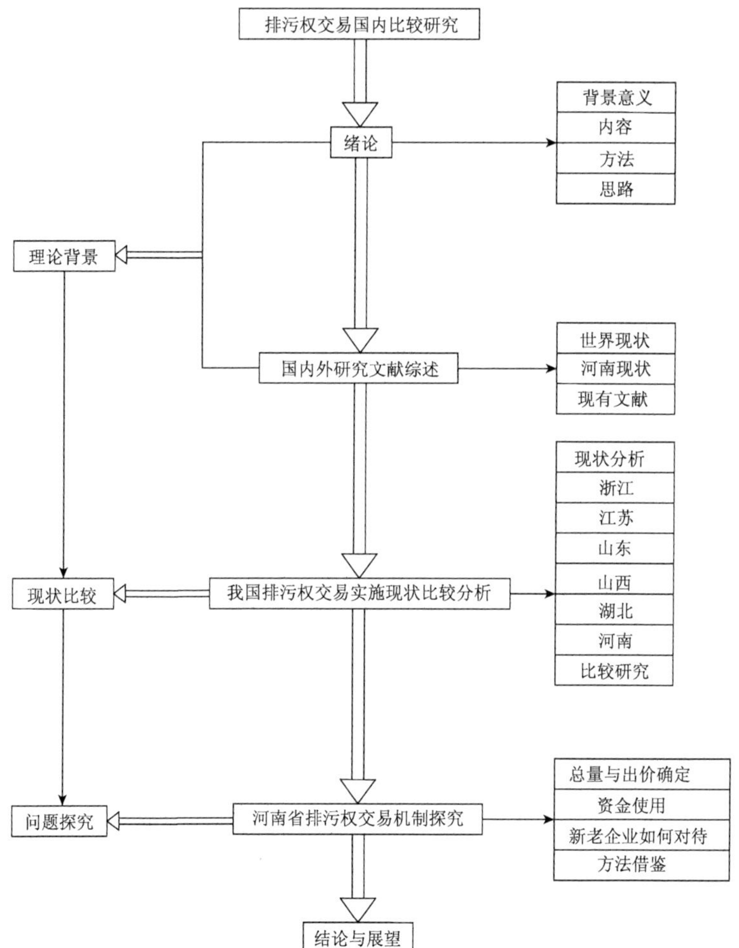

图 5-1 研究思路示意

5.2 国内文献综述

5.2.1 排污权交易研究现状

中国在排污权交易方面的研究和讨论还处于初级阶段。1991 年，在一份由中国社会科学院研究人员提出的报告中，“可出售排污权”概念第一次被引入国内。20 世纪 90 年代中期，出现了一些关于个别试点城市利用排污权交易思想进行尝试的讨论。直到 1998 年前后，随着中国环境经济学的发展，理论界热衷环境经济政策研究的氛围渐浓。在国外创新环境经济政策实践成功的背景下，在中国国家环保总局 1995 年提出污染物总量控制计划后，一些学者开始尝试探讨包括排污权交易在内的经济刺激手段在中国污染治理方面的应用，但是相关讨论尚未形成气候。

1993 年以后，关于环境经济学方面的著作中也有提及排污权交易，但大多处于概念引入阶段，未做深入研究和讨论。厉以宁、章铮的《环境经济学》(1995)，阐述了环境经济政策，也包括了对排污权交易的介绍；潘家华的《可持续发展》(1997)，引入了排污权交易的理论模型；戴星翼的《走向绿色的发展》(1998)，提出了环境产权的概念，介绍了排污权交易在美国的实践；此外，姚志勇等编著的《环境经济学》(2002)、严法善的《环境经济学概论》(2003)、张象枢主编的《人口、资源与环境经济学》(2004)、鲁传一编著的《资源与环境经济学》(2004) 等，都对排污权交易理论做了简单的介绍。

关于总量控制与排污权交易在中国应用的研究文献最早的是《总量控制与排污权交易》(马中等，1999)，作者对中国当时的总量控制和排污权交易实施中存在的问题做了实证研究，对现状和背景做了较深入的研究。该书出版后，又有两部关于二氧化硫污染控制政策和二氧化硫排污权交易方面的著作。《二氧化硫排放交易——美国的经验与中国的前景》(王金南，2000) 一书是国内首次以二氧化硫排放权交易为主题的专题论文集，该书讨论了中国二氧化硫排放控制、二氧化硫排污权交易的初步研究、美国酸雨计划和二氧化硫排污交易的经验等方面的内容。该书对中国排污权交易的研究具有参考价值。《二氧化硫排放交易——中国的可行性》（王金南等，2002）是中美两国研究人员共同研究的成果，该书先回顾了美国二氧化硫排污权交易项目实施过程中所获得的经验及其在中国应用的前景，阐述了在中国使用排污权交易方法来降低二氧化硫排放总量的可行性。不过，该书对中国建立排污权交易市场的研究还不足，也没有提出比较具体的方案和建议。1999 年出版的《环境科技进展》（中国环境科学学会）是一部文集。书中有 5 篇关于总量控制方面的文章，主要是关于总量控制的概念和总量控制规划方面的文章，部分反映了国内这方面研究的现状。宋国君的《排污权交易》（2004）讨论了如何借鉴美国的经验，还结合案例城市的研究，讨论了浓度控制存在的局限，总量控制实施的技术支持和动力不够，得出的结论是，排污权交易应当是中国酸雨控制的首选政策。

关于总量控制研究的专门文献还有《实施主要污染物总量控制的理论与实践》（中国环境科学学会，1996），该书有 113 篇关于总量控制研究的文章。文章涉及面很广，从一般的概念讨论、水污染物总量控制、大气污染物总量控制、城市大气污染物总量控制到总量控制政策实施的技术保障体系（主要是环境监测）。但是多数文章还只是概念层次上的讨论，尤其是缺乏对总量控制整体、全面的考虑。

随着排污权交易制度在我国的试点及其推进，国内学者对排污权交易的研究成果逐渐增多，内容涉及排污权交易的方方面面，如排污权的总量指标、市场交易制度的建立、配套政策的设计等，大大丰富了排污权交易理论，也为国内排污权交易时间的推进提供了理论指导和试验探索。

从以上排污权交易研究的进展，可以看出国内外研究之间的共性和不同之处。自 20 世纪 60 年代末环境经济学中出现“污染权”概念以来，随着 70 年代中期美国在实践中实施排污权交易，到 90 年代大气污染物二氧化硫开展排放权交易，再到后来的温室气体排放权交易计划在全球范围内广泛开展，环境问题研究专家和学者，特别是在美国，从理论到实践中都进行了非常积极、广泛而深入的研究。尤其是排污权交易在美国酸雨项目的应用中取得了非常好的效果，进一步助推了人们对排污权交易理论研究的积极性。但是，由于我国早期对环境问题的重视程度不够，环境优先的发展战略在实践中并未真正推行，这在一定程度上使国内理论界相比美国等发达国家在环境治理方面的研究起步较晚，国内专家学者对环境经济手段和环境政策的设计研究都相对不足。然而，随着中国经济的快速发展和社会经济等各领域的不断进步，国内逐渐把环境问题提到各级政府的议事日程上来，排污权交易实践也开始引起各地政府部门的关注，并开始积极推进试点工作，深入探究排污权交易制度在中国的应用。由于我国仍然是发展中国家，在未来很长一段时间内，大部分地区的经济增长仍然需要重工业的推动，因此，工业企业对排污权交易的需求还会持续高涨。特别是随着国家层面对环境问题的高度重视，环境治理被视作我国三大攻坚战之一，体现了党和政府坚决治理好环境的决心和信心。在此背景下，国内的排污权交易将长期处于买方市场，因此，需要更成熟的理论来支持排污权交易实践的发展，这也是本书开展排污权交易研究的现实意义。

郑州大学法学院的张璐（2000）发表的《论排污权交易法律制度》一文在分析了国外基本情况后，从收费标准、征收方式、征收范围以及排污收费的返还机制四个方面分析了我国排污收费制度的不足之处，并重点从法律制度方面研究了我国排污权交易初始配额的分配、交易主体的性质以及交易范围的界定、对排污权交易实施过程的监管等问题，并阐述了完善我国排污权交易法律制度的必要性和可行性。但是此文在初始份额分配问题上只论述了几种分配方式，并没有明确指出排污权交易在其一级市场中立法的缺陷，而万军（2010）在其对我国排污权交易的研究中弥补了这一点。他认为排污权交易可分为两个层次：一是政府部门与企业之间的交易，即排污权交易的一级市场；二是企业之间的交易，即排污权交易的二级市场。我国现有的法律几乎都集中在二级交易市场上，他指出排污权交易的健康发展主要取决于国家对排污权交易初始份额分配的公平性与合理性。

东北林业大学韩丽华（2012）在《排污权交易会计问题研究》一文中基于我国排污权交易市场的发展，从排污权交易实行过程中所涉及的财务问题进行了研究，并从我国排污权交易时间情况出发，提出了排污权交易中应增设的会计项目，阐述了临时排污权和非临时排污权的会计处理方法。

李惠蓉（2013）的《我国排污权初始分配问题探析》和储益萍（2011）的《排污权交易初始价格定价方案研究》，分别对我国排污权初始分配问题的特点以及在实践过程中初始权分配所面临的障碍做了深入的理论研究，提出了排污初始权分配的方法——免费分配和有偿分配，并论述了这两种方法的优缺点，针对我国排污初始权分配所面临的阻碍进行了分析，最后提出了相应的对策。储益萍在重点对社会排污治理成本和时限等分析的基础上，研究了排污权初始价格的形成机制和原理、制定方法等，以完善我国排污权交易制度，平衡环境污染与经济发展之间的矛盾。

以上几位学者分别从我国排污权交易的法律、财务问题以及排污初始权的分配问题等三个方面进行了研究，针对性较强。北京理工大学罗丽（2004）在《美国排污权交易制度及对我国的启示》一文中，对美国 1990 年修订的《清洁空气法》中有关排污权交易实施的最初思想、有效控制酸雨具体实施方法以及交易过程中的立法问题等做了详细的研究，指出了美国排污权交易成功实施的经验对我国的启示，分析了我国在进行排污权交易试点工作时，从实际出发所应考虑的几点措施。

刘光中、李晓红、马中以及另外几位学者从总量控制方面深入研究了排污权交易。刘光中早在其 2001 年的《污染物总量控制及排污收费标准的制定》一文中就从经济系统和环境保护体系方面提出了排污总量计算的几种方法，并从中比较得出了最优排污总量制定方法，进而对排污收费制度进行了一系列的研究，指出了其利弊。而马中早在 2002 年也开始对排污总量进行研究，并在 2010 年其《环境经济与政策：理论及应用》著作中研究了排污权交易的宏观与微观效应。在对宏观效应的分析中指出，政府发放排污权许可证最终目的是保护环境，因此许可证发放数是定值，而污染的边际治理费用决定了企业对排污权的需求，在排污总量确定的情况下，排污者之间相互协调，不仅优化了资源配置，而且为政府利用市场经济行为进行宏观调控提供了便利。通过对排污权交易的微观效应研究，他发现当所有污染源的边际治理费用都一样的时候，降低指定排污量所用的社会总费用才是最低的。除此之外，他还研究了排污权交易的特点与实施条件，最后在对国内外排污权交易实践进行研究的基础上，提出了改进我国排污权交易存在的几大问题的对策。

在我国排污权交易理论研究的道路上，不得不提到一位著名学者王金南，他对排污权交易有着深入的研究，并发表了很多有关排污权交易的著作，可以说他是我国排污权交易理论研究方面较全面的代表。他在与严刚编著的《中国的排污交易实践与案例》一书中，对我国排污权交易进行试点的几大省市的实施现状和经验进行了系统的梳理，对实施的背景条件和具体方案进行了研究，并列举了很多值得借鉴的成功案例，为我国排污权交易积累了很多实践经验。

王金南在《排污交易制度的最新实践和展望》一文中，全面阐述了排污权交易的理论基础，并对国内外排污权交易实施的理论及实践经验、政策进行了系统的研究，进而对我国排污权交易所存在的问题以及今后的发展趋势做了全面的研究，明确指出了现阶段排污权交易的法律和初始配额分配方式不够完善、污染物排放监测能力不足、交易市场积极性不高以及相关环境政策之间的区分度不明显等阻碍我国排污权交易发展的问题。他在对所存在问题进行研究的基础上提出了一些值得各省市借鉴的对策以求推进我国排污权交易的实施。

关于我国排污权交易的理论研究成果，浙江工业大学社会发展与科学技术研究中心曾在 2011 年对国内排污权交易 1997—2007 年 10 年间的 280 篇研究文献进行了统计分类整理，统计结果如图 5-2 所示。从图中数字可以看出大多数的研究侧重于对排污权交易基础理论、制度制定、国外实践经验以及相关法律法规等的研究，但关注排污权交易实施过程中政府部门职责定位的理论研究很少。也就是说，我国排污权交易的理论研究主要集中在二级市场，而相对忽视了排污权交易过程中政府的重要作用，还有就是通过对资料的搜集分析发现国内的研究文献侧重点比较强，真正结合实际全面分析排污权交易的理论还相对较少。

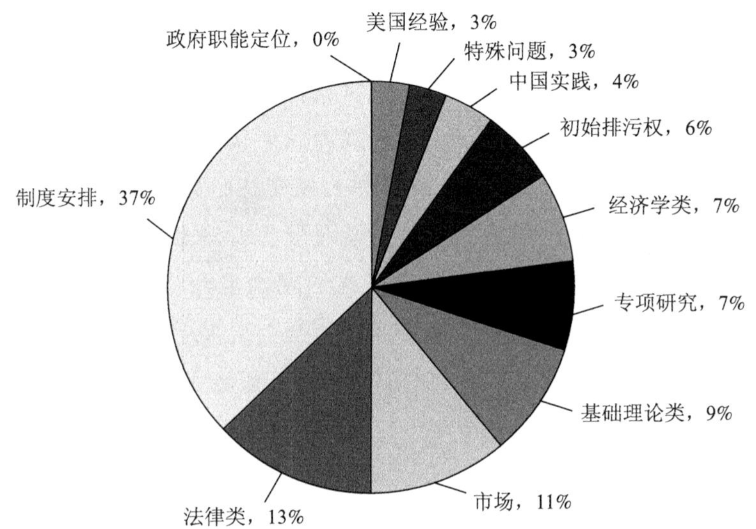

图 5-2 我国排污权交易理论研究的侧重点

5.2.2 河南省排污权交易研究现状

在排污权交易的理论研究方面，长期来看，国内外对它的定义及其优势等理论研究的整体方向与思路都是相差无几。但当把排污权交易理论研究具体到某个省市时就会看到差异，从动态发展来看，每个省市的发展状况都不是完全相似的，所以在不同的条件背景下，排污权交易的实施方案是不可复制的，针对具体地区也应该有真正适应其发展的理论研究方案。

郑州大学章显、张培等在他们发表的《基于 Internet 的排污权交易平台分析与设计》(2009) 一文中提出，充分利用现代化网络技术来开发排污权交易平台是河南省排污权交易发展进程中的必然趋势。现代化信息技术将会为河南省排污交易提供一个规范化与透明化并存的开放性交易模式。利用 Internet 的交易平台可以提高企业之间及其与政府之间的沟通效率，这一措施不仅可以大量降低企业寻找交易的人力与物力的消耗，并且由于网络的透明化更有利于政府部门和社会大众的监管。他们根据此种构想设计了一套关于排污权网络交易平台的设计方案。这一研究对全省排污权交易的顺利实施有着重要的意义。

2010年12月，省环保厅发布了《河南省排放污染物许可证管理暂行办法》，对全省排污权交易许可证的发放制定了详细的制度，在严格控制排污总量的前提下，规定了主要污染物的种类以及新建项目取得排污权许可证的条件并制定了相应的法律，还制定了对违规者的惩罚制度。此文件的发布是全省排污权交易规范化的重要标志，为其排污权交易的实施提供了保障。

邵丽华在《河南省探索主要污染物总量预算管理新模式》（2012）一文中，着重从污染物总量控制方面研究了在实现国家污染减排任务的前提下，河南省如何争取更多环境容量来促进经济社会的发展。该文介绍了什么是总量预算管理，并根据全省经济发展的实际情况，研究了总量预算指标的分配、使用、管理等一系列问题。

5.2.3 现有文献简评

通过国内外对排污权交易的理论研究，我们知道排污权交易在美国的成功实施，引起了众多国家对该经济政策的关注以及西方学术界对其进一步的理论研究和完善。西方学术界对排污权交易的理论研究为我国排污权交易研究及其实施提供了很多值得借鉴的东西。如今，西方国家的排污权交易在立法、污染物总量控制等很多方面都取得了很大的成果，特别是欧美国家，地处亚洲的日本和新加坡排污权交易研究及其实施也取得了显著的成效。综观排污权交易的发展历史，我们可以发现，西方学术界对排污权交易进行理论研究的大环境是国际上相对发达的国家，其资金充足、技术发达、工业产业发展环境也都很成熟。与之相比，我国是发展中的大国，处于经济转型时期，无论是在工业产业发展方面还是在技术创新方面都不及发达国家。尽管同是对排污权交易的研究，由于国内外研究的背景条件和发展环境的差异，若照搬西方理论研究成果和实践经验，肯定会出现排污权交易来到中国后“水土不服”、状况百出的情形。所以，要想实现排污权交易在中国健康成长，我们必须在充分消化吸收国外先进理论成果和成功实践经验的基础上，结合整个中国乃至每个省市的实际发展情况对其进行改造创新，最后有针对性地制定独具地方特色的实施方案，因为只有这样才能达到我们的理想目标——环境质量的提高和经济的增长。

从我国排污权交易的研究现状可以发现，各界学者对排污权交易的理论研究有着很大的积极性。如今，在排污权交易理论研究方面我国已经取得了一定的成果，但主要是对我国整体现状对排污权交易这一经济政策的优缺点、实施条件等大方向进行的一系列理论研究，而针对具体试点城市进行的理论研究相对较少，比如对河南省排污权交易的理论研究就很不成熟，值得省政府借鉴的研究成果很少，全省排污权交易实施方案的制定还主要是借鉴国内排污权交易的整体研究成果与实施经验。总体来看，我国排污权交易在理论研究方面虽然还有待深入，却不能否认我们探索与试点的积极意义。

综合国内外排污权交易理论研究状况来看，笔者认为目前国内外研究的主要局限如下：

①从研究背景来看，国外有关排污权交易的理论研究相对成熟的主要是少数发达国家，特别是美国，这些国家工业产业发展都处于高级阶段，无论是经济发展还是技术创新方面都有很大优势，而发展中国家在排污总量和污染物处理技术等方面都不够成熟。通过国外对排污权交易理论进行研究的文献发现，针对发展中国家排污权交易的理论研究较少。

②从国内研究来看，大多是对排污权交易理论大方向的研究，真正结合某地区实际发展情况的研究还比较少，我国很多地区排污权交易相关政策的制定还缺少有价值的理论参考，比如河南省。

③国内对排污权交易的理论研究成果缺乏系统性的归纳和整理，很多学者都是侧重对某一方面的研究。而且国内有关排污权交易理论研究成果的推广力度不够强，很多企业对此环境经济政策的优势意识度不够高，且从国内环境污染与经济增长来看，在利益的驱使下，人们更愿意去追逐自身利益。从我国排污权交易的理论研究发现，如何健全排污权交易监督机制的研究资料还较少。

5.3 我国排污权交易实施现状比较分析

5.3.1 我国排污权交易整体实施现状分析

（一）我国排污权交易实施的必要性

（1）排污权交易对环境的改善

改革开放和排污权交易从我国实施的年份来看几乎是同龄的，改革开放为中国经济、人民生活带来的优越性随处可见。作为发展中国家，近几年我国工业产业的崛起速度非常快，2008—2012 年短短 4 年，我国新建工业数量及增长速度显著，如图 5-3 所示：

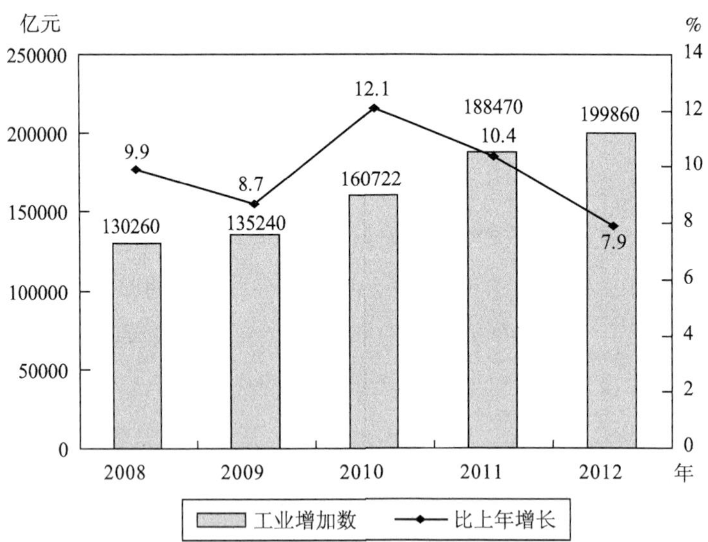

资料来源：中国统计年鉴。

图 5-3　2008—2012 年全部工业增加数与增长速度

从图 5-3 可以看出，我国新增工业的速度有所下降，其中一个原因在于工业产业的快速发展带来经济快速增长的同时，对我们赖以生存和索取的环境资源造成了越来越严重的伤害，如今人类与环境的不和谐也逐渐显露，大自然也不再无限忍耐，地震灾害、水资源匮乏、沙漠化等都是大自然反抗的表现。其中，水污染和大气污染是我国亟待解决的问题，国家环保总局相关数据表明，2000 年我国二氧化硫排放总量（1995 万吨）居世界第一位，而我国的七大水系污染也很严重，42%的水系不能作为饮用水，36%的河流水源因为污染而失去使用价值，75%的湖泊水氮磷营养化严重且藻类滋生导致水源无法利用。所以，在我国实际发展的大背景下，排污权交易这一严格而有效控制排污总量的环境经济政策的实施显得尤为重要。

（2）有利于资源优化配置和企业技术创新，弥补排污收费制度缺陷

在排污权交易实施以前，我国在控制环境污染方面主要是实行排污收费政策，排污总量超过国家规定的标准就要收费，但这种传统的排污收费制度实行以来环境质量并未取得很好的改善。排污收取的费用难以弥补污染治理费，其中不乏有些企业为了追求经济效益，在衡量排污和经济增长的边际效益后，加大了排污总量。而排污权交易恰好弥补了这一点，并且有利于调动企业对技术创新的积极性，因为在严格控制总量的前提下，如果技术水平低、污染边际处理成本高、经济效益不好，那么该企业必然会被市场淘汰。所以，排污权交易在实现资源优化配置的同时，也激励着各企业努力提高技术的创新能力。

（3）灵活、成本低、促进经济增长

排污权交易是充分利用市场机制调节作用的环境经济政策。对各个企业来说，当排污权交易价格有所变动时，可以及时对自己的生产成本和产品价格做出调整，而且国家规定了排污总量也可以预知污染治理费，在“看不见的手”的调节下，整个社会的污染治理成本将会最小，各个经济主体之间通过交易也能实现利益最大化。而且，当经济增长或污染处理技术提高时，排污权价格会在市场机制自动调节下达到所需量，灵活性强。环境问题已成为制约我国经济发展的一大因素，排污权交易可以有效地控制排放总量且有着一般贸易的性质，它在为我国经济发展提供容量空间的同时也增加了财政收入。

（4）有利于提高公众的积极性和国家宏观调控

排污权是一种无形的交易商品，它独特的商品性质决定了与以往仅限于污染企业和政府之间联系的环境政策不同。这一政策可以调动公众的积极性，

人人都可以掌握排污的主动权，可以通过相关部门买到排污权，如果不再卖出，那么污染物的排放总量就要降低，从而可以通过这种方法抗议或支持现有的环境质量标准。同理，国家也可以通过掌握排污权来控制其价格和排放量，对经济进行宏观调控，对环境质量进行微调。

总之，作为发展中国家，排污权交易政策的实施无论对我国的经济增长还是对环境污染的控制都起到了很好的作用。

（二）我国排污权交易的整体实施状况

我国排污权交易的具体实践可以追溯到20世纪80年代，如今已经取得了一定的理论研究成果和实践经验。我国排污权交易的实践，大致可以分为两个阶段：第一阶段是从1991年到1996年，在这一时期，我国对排污总量还没有明确的控制对策。1991年，国家环保总局为缓解大气污染对16个城市进行了排污许可证制度的试点，这标志着我国排污权交易的起步。1994年，国家环保总局对柳州、平顶山、贵阳、包头、太原、开远6个城市进行了大气污染的排污交易试点，但是此时期的排污权交易与其他环境经济政策如排污收费、排污补偿等相比，差异性并不大，并没有形成真正意义上有秩序的规范交易，这时期的交易大多是在政府充当“红娘”的前提下实现的，而污染者之间进行交易的积极性并不高。

第二阶段始于1996年国家环保总局正式发布《“九五”期间全国主要污染物排放总量控制计划》。排放总量控制下的排污权许可证的颁发，标志着我国排污权交易真正意义上的正式实施。这一时期，太原的大型排污权交易试点工作开始启动；不久后，《太原市大气污染物排放总量控制管理办法》发布，成为我国排污权交易史上第一部关于排放总量控制的地方性法规。接下来的几年里，我国与美国环保协会进行了多次关于环境污染的研讨会，相互分享了实施经验，并签订了共同致力控制污染的友好合作协议。这一时期，与国际上发达国家的交流，为我国环境污染的有效控制提供了很多宝贵的经验，这也代表着我国在环境保护方面已经踏入国际轨道，为进一步实施环境政策、促进经济社会协调友好发展打下了更加坚实的基础。2002年，我国环保总局发布了《关于开展“推动中国二氧化硫排放总量及排污交易政策实施的研究项目”示范工作的通知》（环办函〔2002〕188号），通知要求，要在我国7个省市开展此项试点工作，这是我国排污权交易试点工作自1998年到

2012年，实施15年以来规模最大的一次。这一阶段，排污总量控制取得了一定的成就，但我国依然处在排污权交易的探索阶段，推广范围也不够大。

2006年以来，我国排污权交易得到了政府和企业的重视。随着探索的深入，我国控制缓解环境污染的手段也逐渐从全局出发，充分考虑环境政策的利弊，综合利用法律、市场、行政等多个渠道来有效改善环境质量，促进经济增长。其中，2007年，江苏太湖爆发的蓝藻污染，导致供水危机，给人们的生活、工作等带来了很大的不便。此次水污染事件爆发引起了各级部门的关注，在充分考虑江苏省实际发展状况和国家排污权交易的有关规定后，制定了合理有效的治理方案，提出了整体治理思路、试点范围、排污权分配以及初始价格的确定等一系列排污权交易实施过程中所要面临的问题。除此之外，财政部也投入了大量资金支持太湖排污权交易平台的建立。太湖流域排污权交易的成功试点有效地维护了人们的利益，同时为排污权交易这一经济政策在我国大力推广提供了经验。除了江苏太湖水污染的成功治理，浙江省、湖北省、嘉兴市、河南省等省市在水污染、大气污染的排污权交易方面都有着自己的政策制度和实施方案，并且建立了相应的交易平台，为我国排污权交易的实施积累了很多有价值的经验。

我国排污权交易的实践在经历了多年的打磨后，已经从最初对二氧化硫的控制发展到如今对水污染、固体颗粒污染等多种污染物的控制，并在很多试点省市都取得了一定的成绩。随着推广度的扩大以及排污权交易对环境质量的改善和对经济增长的促进等优势的显露，企业的积极性也越来越高，且该政策的实施对产业结构调整、环境容量市场化和减排等都提供了更加宽广的思路。但总体来说，如今我国排污权交易这一环境经济政策无论是在理论研究方面还是在具体实践方面都仍然不太成熟，在进行排污权交易的试点地区，还存在很多法律、技术、资金、政策、实施过程中价格的制定、排污权的分配、交易市场难以规范等亟待解决的问题。

5.3.2 浙江省排污权交易实践分析

浙江省有着丰富的自然资源，以占全国1.8%的土地，养活着全国3.72%的人口，并为我国贡献着大约占全国7%的GDP。近几年，在我国节能减排和科学发展观政策的大力倡导下，浙江一直积极响应国家号召，致力环保工作，并在防止环境恶化方面取得了很好的成绩。但目前环保形势依然很严峻，迫切需要新环保政策的出台。2007 年年底，浙江省和上海市、江苏省联合在长江三角洲地区开展了排污权交易试点工作。经过几年的发展，浙江省已在杭州、嘉兴、桐乡、绍兴等多个地区进行了排污权交易试点工作，并积累了很多有价值的经验。

在浙江省排污权交易的实施方案中，主要涉及以下几个方面：

①排污权总量的确定。各级政府在该问题上的做法是：以上级部门规定的节能减排任务总目标为前提，结合各地区经济发展实际状况，有层级性地分配减排指标。排污权总量指标在企业之间的分配依据核定原则、比例原则和从小原则，其中后两种分配原则分别在杭州、绍兴排污权交易方案中有所体现。

②新老企业管理。在排污权交易市场上，对新老企业果断实行差别待遇，暂时对新老企业实施排污权有偿和无偿分配，承认老企业已经免费获得的排污权的合法性，对新建、扩建等新企业严格实行排污权有偿获得，并指出在排污权交易发展成熟后，逐渐对新老企业实行同等待遇，以平衡市场交易中的不公平。

③建立交易平台。排污权交易平台是针对排污权交易的一个平台，针对性强且能提供确切的交易信息。交易平台的建立需要政府部门提供有关初始权分配的文件，包括各地区、企业、流域所允许的污染物排放总量的信息；监测部门要为排污权交易平台提供可靠真实的数据资料作支撑，来确定排污权交易量，并有相应的法律法规做保障。

④限定范围，差别定价。由于污染物的范围难以界定，特别是大气污染和水污染，浙江省对排污权交易范围进行了限定，提出如果交易超过了所管辖范围，就应该由两个辖区共同协调与管理。而且，由于各地区发展状况不一，所产生的主要污染物产量不同，造成了交易对象的差异性，各地区的价格制定方式也不同，就杭州、诸暨以及绍兴三个地区而言，它们的定价方法分别是综合定价法、成本定价法和政府定价法。浙江省在排污权定价上考虑了企业的承受能力，这是创新点。

⑤交易资金管理。在浙江省排污权交易实施方案中，对于交易中所得资金规定必须“专款专用”，切实用于环保工作，如污染物监测设备的安装、交易平台的建立与日常维护、污染物的处理等。

浙江省排污权交易实施以来，最有代表性的城市就是嘉兴，其排污权交易的成功试点有其一套完整的体系，并建立了我国第一个排污权交易机构，即嘉兴市排污指标储备交易中心。

在浙江省整体方案的基础上，考虑到一些小企业在资金周转上的困难，嘉兴市尝试了排污权抵押贷款的策略，这是排污权交易的改进之处：它一方面承认了排污权的市场价值性，另一方面又降低了企业资金周转的风险。虽然嘉兴市排污权交易试点工作完成得比较好，但依然存在很多没有解决的困难。比如，沉重的税收负担、完善的政策法规以及排污权折旧的问题等。

5.3.3 江苏省排污权交易实践分析

江苏省位于我国东部沿海，处于环境优美、资源丰富的长江三角洲，东临黄海，横跨长江两岸，水域面积占全省总面积的 16.9%，全省所有湖泊、河流、水库大约分别为 300 个、2900 条、1100 座，其中以太湖和长江水域最为广阔，总水域面积全国领先，自古就有“水乡江苏”的美称。江苏凭借其优美的环境与丰富的资源，近年来无论是在旅游业方面还是在工业产业建设方面都呈现出良好的发展趋势。但在其发展中也不可避免地要面临一些环境污染的问题，自国家“十五”计划以来，江苏更加重视环境保护，并提出了要把环保工作作为全省建设小康社会总方针的首要任务。在全省污染防治工作中，省环保厅特别重视对太湖流域水污染的防治。

江苏省排污权交易工作的实施已经历了 10 多年的发展，其历史可以追溯到 2002 年发布的《江苏省电力行业二氧化硫排污权交易管理暂行办法》，这是省环保厅与省经贸厅联合制定的，主要是为控制大气污染。而 2007 年江苏太湖爆发的蓝藻事件，严重威胁着当地人们的饮水健康。如今，江苏对大气污染和水污染的排污权交易都取得了很好的成效，排污权交易工作也进入了正轨。江苏省排污权交易发展历程中的重要事件，如表 5-1 所示：

表 5-1　江苏省排污权交易发展过程中的主要事件

时间	主要事件
2002 年	江苏省环保厅发布《江苏省电力行业二氧化硫排污权交易管理暂行办法》
2003 年	江苏太仓港环保发电公司从下关发电厂购买 1700 吨二氧化硫排污指标

续表

时间	主要事件
2007 年	财政部和环保局决定在江苏太湖开展排污交易试点工作；9 月，江苏省人大常委会通过《江苏省太湖水污染防治条例》；12 月，江苏省与浙江省、上海市在长江三角洲地区合作开展排污权有偿分配和交易
2008 年	实施《江苏省太湖流域主要水污染物排放指标有偿使用收费管理办法》和《江苏省二氧化硫排放指标有偿使用收费管理办法》
2009 年	召开江苏省太湖流域主要水污染物排放指标有偿使用和交易试点平台建设会议；开展太湖流域排污单位排污量核定系统软件应用培训；常州市武进区政府发布《关于开展主要水污染物排污权有偿使用和交易试点工作的通知》；常州市成立江苏省第一个排污权交易中心
2012 年	成立苏州环境能源交易中心，是江苏省内首个减排交易中心

在江苏省排污权交易工作的实施中，太湖流域水污染物排污权交易实施方案是国内各省排污权交易试点工作方案中相对完备的，它涵盖了排污权交易过程中很多问题的研究对策。具体涉及方面如下：

①排污总量的控制。排污总量的控制是整个排污权交易开展的前提，江苏省对这一问题的确定所采用的方法有两个：一是根据每年污染物减排趋势来确定；二是根据环境承受能力来确定。

②排污权的分配。江苏省对这一问题的原则有：公平性原则、违规企业不予分配、预留部分发展总量、配额分配满足总量控制的目标、配额分配的物化形式为排污许可证。在太湖流域排污权交易方案中，分配方法的制定以经济最优和水质最优为目标，并以总量、浓度控制以及公平性为约束条件进行排污权核算。

③排污权的使用期限以及排污权定价。对于排污权使用期限，江苏省实行“3+2”政策，首先给企业三年初始权，并根据企业在三年间对总量控制的把握及完成度和实际减排效果进行考量：如果企业实现了总量控制下的减排，就会被赋予延长使用两年排污指标的权利，否则就会被收回指标。而对于排污权初始价格的制定，江苏省主要依据的是资源的稀缺程度、减排目标的完成度、总量控制计划和地区经济水平等。

④排污指标与收费管理。对于排污权有偿使用所得费用，江苏省把它作为费税管理，并把 10%交由省级国库管理，剩余的交与同级别的国库。总之，无论这笔收入交与哪个部门管理，最终都要用于环境保护工作，实行“专款

专用”。对于排污指标的管理，江苏省对配额发放程序、使用期限、具体使用方向、存储以及回收都做了详细的规定。

⑤交易平台的建立。江苏省排污权交易平台的建立主要涉及以下几个方面：配额的分配、交易的监管、排污指标的交易系统以及保障系统，还有交易监管机构的职责问题。

总体来看，江苏省对排污权交易实施的整体思路已经清晰，对于排污权交易过程中所涉及的主要问题进行了深入的研究，但其在政策法规的制定以及技术研发方面还有待加强，特别是在对初始权进行有偿分配方案的研发方面，还未制定出一套被大众共同认可的方案。除此之外，在对污染物的监测方面，还有待研究出更加精确的监测系统。

5.3.4 山东省排污权交易实践分析

山东省东临海，西靠陆，作为河南省的近邻，其发展状况有很多相似之处，它们都是我国经济和人口发展的大省。山东是经济发展比较早的省份之一，也是我国重要的旅游目的地。青岛和日照是我国著名的旅游景点，优美的地理环境和舒适的气候条件，更是使它们成为令人向往的居住圣地。在山东省发展历史中，有很多特色产业，比如青岛啤酒、阿胶糕、大枣等都是全国著名的特色产品。正是由于其快速发展的经济和旅游产业，山东省各市区的环境也受到了不同程度的污染。2002年，我国环保局发布的《关于开展“推动中国二氧化硫排放总量控制及排污交易政策实施的研究项目”示范工作的通知》，把山东列为二氧化硫排污权交易的试点省份，自此开启了其排污权交易的发展历程。

山东省排污权交易开展的可行性大致有两个方面：

①具备开展的条件。有国家政策的支持，潍坊、莱芜等地试点工作的成功开展为排污权交易在山东省内的全面开展积累了实践经验。

②山东省实际发展情况决定。山东和河南一样是人口大省，且近年来工业产业崛起，城市化进程速度加快，污染量排放逐渐增大，环境承载能力变小。有限的环境容量与经济社会快速发展之间的矛盾也越来越凸显。减排成本的增加，促使企业寻找新的对策来改善环境质量。排污权交易对排污总量的有效控制及其较低成本，让省政府看到了曙光。

山东省排污权交易实施的总目标是，在严格控制排污总量的前提下实现减排，为全省工业经济的发展留出更多的排污指标，以平衡经济发展与环境污染之间的矛盾。在方案实施中涉及的问题大概有以下几方面：

①排污总量的核定。山东省政府认为排污总量的核定方法有两种：目标总量法和环境容量法。由于以环境容量核定排污总量的方法实施起来困难很多，所以采用目标总量法来核定排污总量。

②一级市场配额分配和二级市场的交易。山东省对一级市场排污指标的分配，遵循两个原则：一是严格控制总量；二是保证公平性。同时，探讨了新老企业在一级市场上要采取多模式相结合的混合分配形式，暂时也是实行差别待遇。二级市场交易采用两种交易模式，分别是：基准—信用模式和总量—交易模式。

③初始价格制定。排污权初始价格的制定，是排污权交易顺利实施的前提条件。山东省对于这一问题采取的是直接市场法，与另两种方法假象市场法和替代市场法相比，此种定价方法争议最小。

④交易中心的建立和政策保障体系的完善。山东省就排污权交易建立了环境交易所，为其提供交易和竞价平台，并为环保部门对排污权指标拍卖等公开业务提供服务。在政策体系方面制定了价格指导体系以及交易中相关法律的规范、税收政策体系等。

山东省排污权交易的发展也取得了一定的成绩，但是在其方案的制定中，我们可以发现没有涉及污染物的监测问题，也没有提到相关法律法规的制定以及交易资金的使用问题等。总体来说，山东省排污权交易系统的完备性，相对于发达一些的省市还有一定的差距。

5.3.5 山西省排污权交易实践分析

太原市作为山西省的省会城市，物产丰富、地理位置特殊，它位于太原盆地北面，并且东面、西面以及北面三面环山，中部和南部为河谷平原，全市整体地势呈簸箕形。太原市正是由于特殊的地理环境，不利于大气的扩散，因此大气污染也较其他省市相对严重。在我国二氧化硫排污权交易试点城市中，太原算是开展试点工作比较早的城市。在其排污权交易实施的过程中，太原市主要有以下几大事件（见表5-2）。

表 5-2　太原市排污权交易发展过程中主要事件

时间	主要事件
1990 年	太原市被国家环保局划为大气污染许可证制度试点 16 个城市之一
1991 年	国家环保局正式在太原市开展大气污染许可证制度试点工作
1994 年	太原市被国家环保局划为大气污染许可证制度试点的 6 个城市之一
2001 年	太原市发布我国第一部关于二氧化硫排污交易的地方性法规《太原市二氧化硫排污交易管理办法》
2011 年	山西省排污权交易中心在太原市正式揭牌成立，《山西省排污权交易电子竞价规则（试行）》发布
2012 年	《山西省主要污染物排污权交易实施细则（试行）》发布。太原市政府决定排污权交易资金可以分期缴纳，但期限不得超过 5 年
2015 年	《排污权有偿取得和交易办法》发布
2017 年	《关于降低排污权交易手续费标准及有关事项的通知》发布
2018 年	《关于取消排污权交易手续费有关问题的通知》发布

在太原市排污权交易实施方案中，主要探索了以下几个方面内容：

①政策措施。规定了排污权交易的适用范围，太原市排污权交易如今已基本扩展到全市，主要是煤电、印染、化工厂等污染相对严重的企业，并探索了配额的分配形式以及总量控制的目标。

②管理方面。探究了排污量监测的方式，采取企业自动监测和本市环境监测部门抽样监测相结合方式，并对污染重点区实行重点监控，安装远程监控设备。

③完善了信息系统。安装配额跟踪系统，对配额转让及分配进行系统的管理。它的主要功能有：管理交易企业信息，分配和转让配额，提供配额任务完成的进度信息。

太原市作为我国排污权交易探索阶段的试点城市，虽然经过多年的发展取得了一定值得借鉴的经验，但是依然存在很多需要解决的问题，主要表现在以下几个方面：①排污权交易在实施中缺乏法律；②宣传力度不够强；③没有强有力的污染物在线监测系统做保障；④交易价格及交易市场机制有待健全。

5.3.6 湖北省排污权交易实践分析

湖北省为我国经济的发展做出了很大的贡献，在经济快速发展的同时也同样面临着环境污染带来的困扰。相关资料表明，在“十五”期间，全省二氧化硫排放量增长了28%。针对经济发展中的环境污染问题，在“十一五”期间充分考虑到全省经济实际情况与东部沿海的差距后，积极寻找一种高效率、低成本的环保政策，因此开始采用以控制排污总量为前提，具有很大优势的排污权交易制度来平衡经济发展与环境污染之间的矛盾。

湖北省排污权交易的实施可以分为准备阶段、实施阶段和总结阶段：

①准备阶段。在准备阶段主要应拟定并颁布排污权交易的地方性法规以及相关的工作制度，提前开展对主要污染物治理成本的调查核算，并在湖北省环保厅的带领和财政厅的资金支持下，积极鼓励科研机构和高等院校优秀人才进行技术研究，排污权项目的申报以及交易平台的建立。除此之外，还准备成立省排污权交易储备中心。在准备阶段，应加大对排污权交易制度的宣传力度，从而使更多的企业和个人深入了解排污权交易制度的优越性，并鼓励其积极参与排污权交易工作。

②实施阶段。在排污权交易的实施阶段，湖北省首先对主要污染物进行了排污权交易试点工作，并在启动仪式上做了大量宣传工作，指出了环境保护的重要意义以及排污权交易的实施优势。在正式实施阶段，湖北对企业所出让的剩余排污权的来源以及排污总量进行了严格的交易资格审核，并颁布了《湖北省排污许可证管理办法》，以全面推广排污许可证制度，对排污企业的排污权进行合理而规范的确认。

在排污权交易的日常工作中对排污企业进行严格的监督，定期核查排污企业排放污染的总量是否符合规定，对于某些排污量超标的企业经核实后依法给予一定的处罚，并按时公布年度排污权交易企业污染物排放情况，其中包括交易主要污染物的名称和数量，对超标排放企业的惩罚情况，并与上年度相关数据进行对比，从而发现问题并对湖北省排污权交易工作及时做出调整。随着经验的丰富，逐渐推进全省排污权交易试点工作。实践阶段还对重点污染物的排污权指数进行了研究，并依此建立了排污权交易市场评价机制，进一步完善了全省排污权交易体系。

③总结阶段。通过对排污权交易试点工作的开展，笔者发现，对实施过程

中经验的总结也显得尤为重要。湖北省通过对排污权交易在开展过程中所存在的问题进行及时总结，结合相应的对策，主要研究了对排污权配额的分配与管理，对此全省各级部门实施同样的规范，进行分级管理，并对一些违规企业进行惩罚或关闭。除此之外，全省还对排污权交易的范围、主体、方式和排污权的定价进行了研究，还规定了交易资金的管理办法。经过多年的研究和实践经验的积累，湖北省最终建立了独具地方特色的，具有跨地域性、可扩充性、开放性的交易平台。

5.3.7 河南省排污权交易实践分析

河南作为中原地区的一个大省，有着丰富的资源和优越的地理位置，是我国重要的粮食产区。近年来，随着我国发展局势的变化，河南省也逐渐凭借其优越的条件，成为新兴工业产业的聚集地。全省新兴工业逐年增加，2012 年新增亿元以上工业项目 265 个，同比增长了 71 个，这些新建企业为全省经济增长提供了一股强大的动力，但经济的快速增长也同样面临着全球经济发展过程中的一般规律问题，就是环境污染。焦作、郑州、商丘是我国煤矿产区，煤矿的开采造成了一定程度的大气污染，让这些城市长期处于雾霾状态；其中，孟州市的支柱产业是毛皮生产与加工，毛皮加工给当地环境带来了严重的污染，特别是水污染。2013 年，国家环保局通报了全国 55 家排污单位存在违法排污行为，其中河南省有 29 家，具体如图 5-4 所示。

表 5-3　2013 年河南省违法排污企业

企业所在城市	排污企业名称	占省内违规企业比例（%）
济源	济源市生物化工有限公司	3.4
兰考	兰考县明达光伏材料有限公司、兰考聚能新材料有限公司	6.8
漯河	千耀实业有限公司	3.4
开封	张艳辉等 12 家废旧塑料加工点	41.3
巩义	赵金喜养殖场、郑秋茹养殖场、曹延军养殖场、何小召养殖场、何延超养殖场、郅占山养殖场、牛书钦养殖场、王会玲养殖场、王书升养殖场、白由孬养殖场、何海洋养殖场、何保安养殖场、何虎德养殖场	44.8

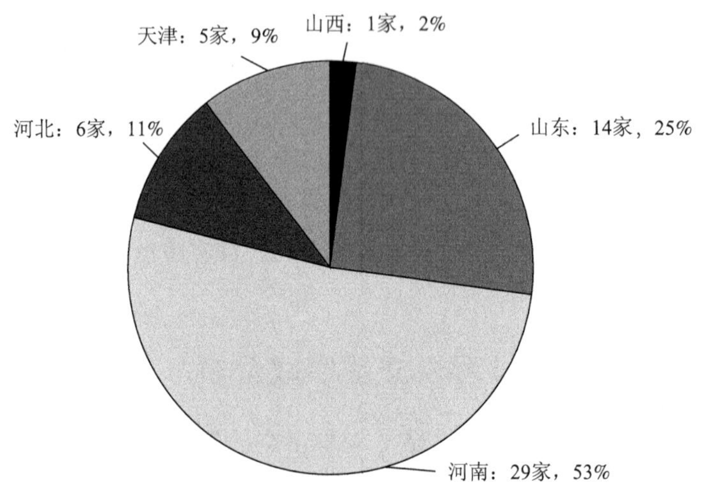

图 5-4 2013 年各省所占国家环保局通报的违法企业比例

除了河南省的 29 家外，河北省有 6 家、天津市有 5 家、山东省有 14 家、山西省有 1 家，它们所占百分比如图 5-4 所示。其中，河南省位居第一，山东省位居第二。

由此可见，河南省在环保方面还有待加强监管力度，制定更加严谨的环保政策。近年来，河南省大量崛起的新生产业群以及独具特色的产业，在发展过程中所产生的环境污染问题对经济发展的制约作用逐渐明显，环境问题不能得到合理的解决，将会引起居民的反抗，省政府也已经接到过很多居民对周边环境污染状况的投诉。在 2011 年全省开展的环境投诉接访活动中，当天接待投诉和咨询的群众就达 2500 人，这在一定程度上也表明了实施积极有效的环境保护政策的必要性。为此，省政府也一直致力制定相应的环境政策，达到改善环境的目的，而排污权交易就是其中一种正在实施的环境经济政策。

（1）试点城市规划工作基本完成

在 2002 年国家“4+3+1”项目中，河南省是排污权交易的试点地区之一，作为国内火力发电的大省和华中区域唯一以火力发电的大省，试点初期，主要是二氧化硫的排污权交易，而且推广面积比较小，主要在郑州、焦作、三门峡等几个工业聚集地，试点效果并不理想。全省排污权交易踏入正轨并取得一定交易成果是在 2009 年。截至 2013 年 4 月，从最初的几个试点城市已经发展到几乎覆盖全省，如今河南省所有城市都有进行排污权交易实践的主体，其中焦作、三门峡、平顶山、洛阳以及郑州5个试点城市排污权交易的规划工作已基本完成。2013年4月，省环保厅对全省169家企业发放了排污权许可证，其中以焦作和郑州居多，焦作有43家企业取得了排污权许可证，郑州有53家，许昌有11家，安阳有13家，新乡有6家，商丘有5家，漯河有5家。整体来看，全省排污权交易早期试点城市规划工作已经完成，其中焦作已经拥有了独立的交易平台，现在排污权交易已经普及全省各地区并逐渐完善。

（2）企业与政府支持力度提升

河南省地理位置优越，文化底蕴深厚，市场潜力大，一直以来都是国家重点扶植的对象，火力发电、煤矿开采、粮食年产量等更是处于全国领先水平。2002年国家发布的《排污权交易示范工作通知》就把河南列为排污权交易的试点省市之一。多年来，全省一直致力环境保护工作，并积极探索排污权交易的理论研究以制定合理的实施政策。2009年，《河南省水污染防治条例》提出了排污单位剩余的指标可以进行有偿转让，这也是全省排污权交易正式启动的标志。

2011年发布的《国务院关于河南省加快建设中原经济区的指导意见》（国发〔2011〕32号），指明了河南省在我国发展历史上的重要性，对河南经济、文化、农业发展等做出了一系列的指示，并纳入排污权交易试点省，支持建设自己的碳排放和排污权交易中心，强调了实施排污权交易的重要性。省政府将围绕环保问题做出合理的工作部署，优化资源配置，减少排污总量。

2013年，河南省环保厅下发了《2013年全省环境保护工作要点》，明确了当年所要完成的大气污染和水污染减排的目标，并规定了污染物排放的最高标准，其中氨氮、氮氧化物、化学需氧量和二氧化硫的排放量都比2012年降低了一定百分比，具体数据如图5-5所示：

从2013年起，河南省政府决定对新建项目实行排污权有偿使用，并且对重工业区特别是造纸、水泥、火电以及印染四个行业进行多种污染物的监测与控制。近年来，省政府、省环保厅越来越重视排污权交易的实施工作，除了在资金上给予一定的支持外，还积极研究排污权交易实施的对策，努力完善排污权交易政策。从最初的零交易到如今几千万元的交易额，也有力地说明了全省各企业对排污权交易政策实施所带来的积极效果有了一定的认识，参与的积极性也逐渐提升了。

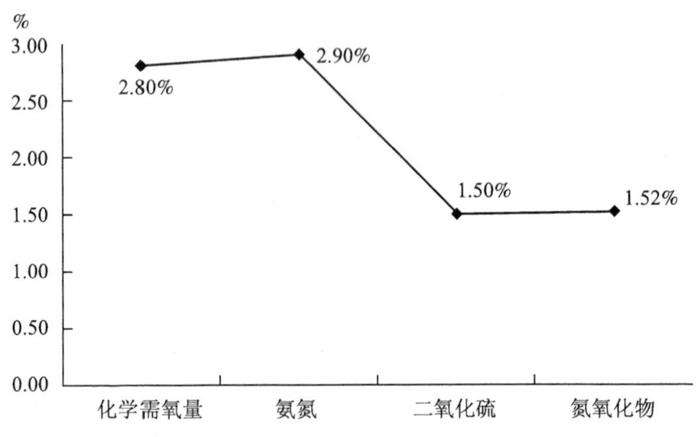

图 5-5　2013 年各污染物较 2012 年下降比例

（3）资金支持不断增加

随着排污权交易政策的优势逐渐被认可，国家排污权交易试点范围不断扩大。2011 年，河南省环保厅提供 3000 万元的资金，支持建立自己的交易平台和进行相关技术的研究，并为全省提供了相应的软件开发技术支持。

为治理水污染，保护生态环境，改善民生，2012 年，河南省为重点流域水资源污染治理提供资金 5.17 亿元，用于全省 39 个城市污水处理厂水污染项目的治理。除此之外，2011 年，河南省投入支持资金 2.5 亿元；2012 年，国家为河南省提供 3 亿元的重金属污染治理资金，该项资金被用于全省重金属污染监测平台建设和工业治理项目。在我国 2012 年第一批财政投资项目中，郑州市就有 5 个入选项目，争取到水污染处理资金 6780 万元。2013 年，中央提供的支持资金达到 3.9 亿元。从这些逐年增长的数字中可以发现，国家以及河南省政府对环境保护力度不断加强，不断增加的支持资金为全省排污权交易各项机制的研究与建立提供了有力的保障。

（4）排污权交易整体发展势头良好

2002 年，我国把河南省划为排污权交易的试点城市，开始对国内火力发电大省进行二氧化硫的总量控制，但两年来实施结果一直不理想；2004 年，河南省政府开始针对二氧化硫总量控制制定相应政策，并建立了二氧化硫交易市场管理系统，设立了排放账户，跟踪监督实行情况；2006 年，河南省有了精确的检测二氧化硫排放量的方法。随着时间的流逝，排污权交易系统逐渐完善，但 2004 年到 2008 年的四年间，由于受技术和发展条件制约等各方面的原因，全省排污权交易试点城市出现了零交易。

在经历了几年有市无场的状况后，2009 年河南省排污权交易的四个试点城市平顶山、焦作、洛阳以及三门峡，实现了排污权交易从零到有的成果；截至 2011 年，全省试点城市交易额已达近 9000 万元。2012 年，在省环保厅新闻发布会上，副厅长宋丽英指出了全省排污权交易的实施步骤：从 2013 年起对新建企业实施排污权交易，从 2014 年起所有企业都将实行排污权有偿使用以及交易。在交易的方式上，焦作市已经有了自己独立的交易平台，把排污权这一交易交由焦作市公共资源交易中心进行管理。河南省从最初的排污权零交易到如今逐渐增长的交易额，从最初仅仅四个试点城市到如今全面推广，表明其整体发展趋势良好。

5.3.8 排污权交易国内比较研究

通过对我国几个重点省市排污权交易实施现状的分析可以发现，各试点省市的排污权交易已经取得了很好的成绩，积累了很多有价值的经验。然而，由于还没有一套完整的排污权交易法律规范，各地区试点工作的内容以及方法良莠不齐，所以整体还处在初级发展阶段。2007 年，浙江省嘉兴市挂牌成立了我国第一个排污权交易中心，是我国排污权交易走向制度化的关键点。对我国各省市排污权交易的实施情况进行对比分析，可知当前我国排污权交易的发展状况，以及各省市在制定排污权交易相关对策时的异同以及不足之处①：

①试点工作基本完成。我国排污权交易自实施以来，如今很多省份都已经由试点城市开始全面推广排污权交易政策。

②技术研究支持资金增加。我国排污权交易虽然取得了很大的成绩，但是在环境承载能力的计算、污染物排放检测系统的改进、排污权指标的分配方法等很多方面还需要更进一步的研究。为了加强技术研究能力，国家投入的经费也逐年增加，具体如图 5-6 所示：

---

① 李创. 国内排污权交易的实践经验及政策启示［J］. 理论月刊，2015（7）：125-128.

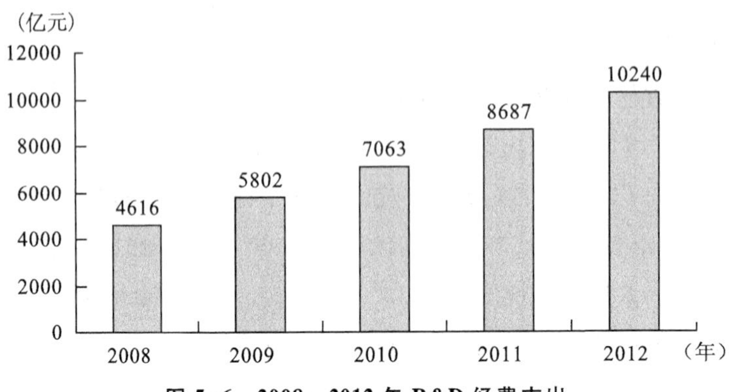

图 5-6　2008—2012 年 R&D 经费支出

资料来源：中国统计年鉴。

③工作重点是大气和水的排污权交易。我国正处于工业发展的初级阶段，国家的污染物控制重点是对大气和水污染比较严重的电力、钢铁、印染以及造纸四个行业。

④符合我国实际的交易市场机制还未健全，试点工作还未达到全国性的规范化。各省市排污权交易实施方案、方法以及交易形式也各有差别。

⑤各试点省市实施方案中涉及的主要内容类似。在对各省市的对比分析中，可以发现它们的实施方案都涉及排污权交易实施过程中的一些基本问题，如排污总量以及初始价格核定方法的研究、交易平台的建立、交易资金的使用，但具体实施方法各有不同。

⑥初始分配问题还有待合理解决。初始权的合理分配与排污权交易市场的公平性息息相关，特别是在排污权无偿分配上，如何更好地平衡新老企业之间的不公性，对整个排污权交易市场的活跃性以及整个社会的减排效果都会产生很大的影响。

⑦地区发展不平衡。由于各省市实际发展状况的差别，先进省市排污权交易实施相对成熟，无论是在技术、资金还是在人才的支持等方面都比发展中的省份有优势。对于不同地区的发展情况，国家应当给予不同的待遇，以缓解地区发展不平衡的状况。

⑧监督机制有待完善。无论是对企业污染物排放总量的监督还是对交易市场的监督，都是对排污权交易健康发展的保障。从我国排污权交易试点省

市不难发现，每个省市排污权交易的监督机制都有一定的漏洞，而且很难避免“寻租”行为的产生。有时，个别企业或当地政府为了追求利益最大化，甚至钻监督机制的空子，这些都是排污权交易体系顺利实施的阻碍。加强对企业污染物监测，实现多级部门或相关权威机构同时监测，可以防止企业谎报监测结果；而对于市场监督机制来说，制定相关的法律来约束市场交易，并尽量使交易信息公开化，可以达到共同监督的效果。

⑨法律法规的缺乏。经对比研究可以发现，虽然部分省市制定了相关排污权交易的地方性法规，但由于排污权交易体系涉及面广而复杂，我国并没有把排污权交易的总量控制、市场交易等相关内容明确列入《环境保护法》中，这也是我国排污权交易发展史上的不足。

总之，我国排污权交易仍然处于初级发展阶段，交易市场的规范化管理、污染物监测和处理技术能力的提高以及相关法律法规的制定等都是排污权交易发展过程中急需解决的问题。从对我国排污权交易的比较研究中，可以看出排污权交易的成功实施，必须加强以下几个方面的研究：强大的技术体系、排污权初始指标的公平分配、污染检测系统的精确性、健全的执法监管系统以及完备的法律的制定。目前，我国排污权交易的发展处于蓬勃发展时期，发展势头良好。

5.4 河南省排污权交易机制探究

河南省排污权交易自试点以来，虽然取得了一定的成绩，但至今仍处在探索阶段，在实施过程中还面临着很多问题。从排污权交易整体结构来看，全省排污权交易可以分为核心部分和外部环境两大类，具体如图 5-7 所示。从图示的大方向可以分析出全省排污权交易实施过程中面临的问题，本章主要探究以下几个问题：技术研究方面的污染总量和初始价格的核算、交易资金的使用以及新老企业的管理问题。

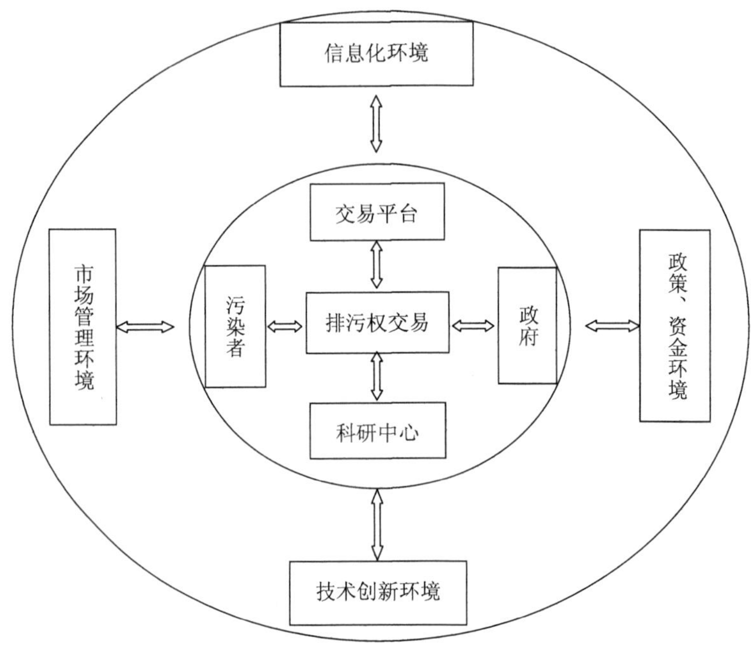

图 5-7 河南省排污权交易结构

5.4.1 排污总量与初始价如何确定

（一）排污总量的确定

排污权交易的出发点和归宿都是总量控制。污染物总量的确定一直是排污权交易顺利实施过程中面临的一大难题，由于污染物种类繁多、污染程度不一、地方经济发展不同等原因，污染物量化有一定的困难。河南省也不例外。

污染物总量控制可以分为三个方面：污染物排放的时间、污染物排放的地区范围以及污染物排放的总质量。污染物总量的确定之所以困难，不仅是因为污染物种类繁多，而且是因为污染物排放的浓度、数量难以准确监控。对于污染物排放量人工监测是相对合法的，但由于监测数据不准确，且由于人力、财力、监测频率等方面的限制，监测过程困难重重。自动监测设备属于污染者，难以防止污染者作假，从而导致数据不准确。目前，污染量的核算法大致有：实际检测法、物料衡量法和产排污系数法。

对于排污总量的计算可用定时监测法来研究，此方法比较简单。以污水排放为例，假如按每小时一次的监测频率，以 48 小时为分界点，其中化学需氧量可以利用高锰酸钾来测定，悬浮物可以先沉淀再使用活性炭等凝聚剂进行过滤后称重测量。48 小时内监测项目如表 5-4 所示：

表 5-4　48 小时内监测结果

监测项目	样品数	结果均值	排放总量（吨）
流量	N	$\bar{V}$	Q
化学需氧量	N	$\bar{C}_{cod}$	M_{cod}
悬浮物	N	$\bar{C}_{ss}$	M_{ss}

注：其中，n—企业参与监测的排污口数量；$\bar{V}$—污水均流量（m^3/s）；$\bar{C}$—污染物均值浓度（l/s）；Q—48 小时污水排放总量；M—污水中污染物含量。

通过对污水的 24 小时监测就可以计算出每天污水排放总量大约为 $Q/2$，而排放的废水中污染物总量就是 $Q/2\times\bar{C}$。

通过这种方法计算出每个企业的污染物排放量再汇总，从而计算出整个地区的污染物排放总量。但此方法的实施必须有完备、精确的监测系统做支撑，并要求企业有较高的自觉性。

（二）排污权价格的确定

排污权交易价格可分为初始分配价格和市场价格两类。从经济学原理来看，在完全竞争交易市场上，交易价格是由排污权供需双方的均衡决定的。目前，我国排污权交易市场尚不成熟，还未形成完善的市场定价机制。初始价格的合理性、公平性在很大程度上决定了排污权交易市场的积极性：初始价格制定得如果过低，污染者则会因为污染处理的成本降低而加大生产进而增加排污量；如果初始价格过高，则会增加成本并加大企业经营负担，导致产品市场价格提升，甚至可能会引起通货膨胀。自然资源价格制定的方法有很多，如机会成本、边际机会成本等定价法。但由于自然资源的差异性，这些定价方法不能复制在排污权价格的制定上，还需要研究出一种适合河南省实际情况的确定方法。在充分考虑了影响交易价格的几个因素后，笔者制定了一种相对简单的定价法。

排污权定价需要考虑的因素主要有：

①处理污染物所需要的费用，包括污染物处理基础建设投入、处理设备投入以及日常运行费用。用 A 来表示每单位污染物的平均治理费用。

②进行交易所需费用。在排污权交易过程中会产生一部分交易费用，用 B 表示，即每交易一个单位的排污权所需要缴纳的费用。

③不同地区间的差异。由于地区之间经济、技术及发展状况等方面的差异，在进行交易时需要考虑到地区间的调整系数 α。

④污染物的权重，用 γ 表示。由于不同行业之间产生的主要污染物不同，所占比例也不相同。若非主要污染物转让给主要污染物，γ 则大；反之，则小。

由以上几个因素可以大致确定排污权的价格 P 为

$$P = (A + B)\alpha \cdot \gamma$$

无论交易价格如何制定，该价格都应该高于污染物治理的成本，但也不可过高，否则将降低污染者在排污权交易市场上的积极性。

5.4.2 交易资金如何使用

（一）交易资金的使用方向

国家实行排污权交易这一经济政策是为了平衡经济发展与资源环境之间的矛盾，其目的是解决在工业生产、经济发展中所产生的环境污染问题。排污权交易资金的使用问题也是排污权交易顺利实施的关键所在，交易资金使用不合理必然会引起社会大众的不满并降低企业参与的积极性。要想对排污权交易收入进行规范化、透明化、合理化管理，首先要明确排污权交易收入的来源，排污权交易收入可以分为两部分：一是在排污权交易的一级市场，排污单位从政府部门有偿获得排污权，还有排污单位之间在二级市场对排污权出让和取得的过程中所产生的交易资金；二是在通过交易平台进行排污权交易时，交易中的受让方需要缴纳一部分交易保证金以及交易双方在交易平台进行交易的手续费用。这些交易资金产生的初衷和归宿都是促进经济增长和环境污染状况的改善。政府部门对这些所得资金的使用方向，应该进行严格的监管，使之透明化，让其有效发挥对环境保护的作用。那么，河南省排污权交易资金使用的方向体现在哪些方面呢?

通过对排污权交易资金资料的查阅，笔者认为在交易中所得资金可以分为政府所得和企业所得。企业在市场上出让多余排污权所得到的资金，属于企业收入的一部分，企业可以自由决定用于企业技术创新经费、投入产品生产或者改善企业污染物处理设备等方向。

而政府部门出让排污权所得资金则属于财政非税收收入，这部分资金应该“专款专用”，列入环境保护的专项资金，使用的核心仍然是国家环境保护方面。具体使用方向有以下几方面：

①环境保护方面：国家对污染物处理所需费用。

②技术研究方面：排污权交易体制研究以及污染物处理设备技术创新科研方面。

③经济调控方面：对排污权交易市场进行宏观调控所需费用，如对排污权的回购。

④市场管理方面：增加排污权交易市场的积极性，对排污单位的优惠政策补助。

（二）交易资金的适用范围

与交易资金的使用方向相对应的一个问题就是交易资金的使用范围。在确定了排污权交易资金使用的大方向后，交易资金使用的范围也是研究的一个重点。排污权交易资金的合理使用对于改善排污权交易有市场无交易的局面有着重要意义。无论是什么样的企业，经营的目的都是获取最大的经济效益，降低经营风险。当企业对排污权的购买感到存在风险时，如果政府能用一部分交易资金对排污权进行回收，那么企业由于投资风险降低，自然会积极参与排污权交易市场的活动。人类大部分活动的本质都是为获取更多的利益，因此资金的合理使用能体现排污权交易实施的公平性，调动更多的人参与。这也是河南省排污权交易所要解决的问题之一。

河南省排污权交易的使用方向虽然比不上国家经济宏观，但可以通过交易收入对全省环境质量进行经济调控，而只有合理确定了交易资金的使用范围，才能有条不紊地开展排污权交易的试点工作。河南省排污权交易收入的适用范围大致表现在以下几方面：

①在全省建立更加权威的排污权交易平台，使排污权交易集中化、统一化，平衡各企业获得排污权的机会。

②加大全省排污权交易的 R&D 经费支出，用于研究适用于全省发展情况的排污权交易制度，以及污染物处理设备的技术开发与创新。

③把部分交易资金用于完善河南省环境监管能力建设。

④对于排污权交易所得手续费、保证金等可用于交易平台工作人员的工资、福利、差旅费、设备购置以及纳税等日常支出。

⑤对已经产生的污染物进行处理所需的费用。

⑥对排污权交易平台以及污染物监测设备的日常维护开支。

总之，在确定其使用范围时，应该谨遵一个原则：排污权交易所得费用要进行“专款专用”，所得收入不得用于与排污权交易工作无关的支出。

5.4.3 新老企业如何对待

任何事物的发展都会有新陈代谢。对于市场来说，这个新生的事物就是新加入的企业甚至行业。政府对新老企业的态度，体现着市场的公平性，在一定程度上也决定着新建企业在市场活动中的积极性以及交易市场的健康发展状况。当前，我国对市场的管理原则为“活而不乱，管而不死”，充分运用法律规范、经济措施等来调控市场秩序，保证公平竞争，保障经营者合法权益。同样，在排污权交易实施的过程中，保障企业之间的公平竞争，对企业的合理政策待遇显得尤为重要。在河南省排污权交易中，新老企业在管理方面的问题主要有以下两点。

（一）老企业该不该实施排污权交易

老企业在河南省甚至在整个国家发展的历史长河中，都有着举足轻重的地位，它为经济状况的改善做出了重大贡献。一个企业在其成长过程中可以解决几千人乃至上万人的生活问题，也正因为老企业对国家的贡献巨大，所以国家在制定某些政策时会对其有所优惠。在排污权交易这一经济政策的实施中，政策的公平性、交易资金使用的透明化都是企业积极参与该政策的前提条件。在我国，新老企业的区分可以排污权交易实施为分界点，大部分老企业所拥有的排污权是国家免费给予的。随着排污权交易的推广，市场中新企业的不断涌入，考虑到新老企业的公平性，对于老企业到底该不该同样实施排污权交易是河南省排污权交易实施中值得研究的问题。

对于河南省排污权交易中老企业该不该实施排污权交易这个问题，笔者认为答案是肯定的。原因有以下几点：

①对于市场交易而言，公平性是市场稳定有序发展的重要保障，新老企业在环境资源使用上相对公平，对排污权交易的长久发展和资源的有效利用

都很有利。否则，可能会引起新建企业的不满，从而消极对待排污权交易这一环境经济政策。

②从市场交易本身来看，如果不对老企业实行排污权有偿交易，那么排污权交易市场上就会存在无偿获得排污权的一批企业，因而排污权市场上就不会存在真正意义上的交易。

③老企业无论是在资金方面还是在污染减排技术创新方面都比新建企业要稍微成熟，排污权指标有可能剩余，因此难以避免老企业扩建新企业时投机取巧利用这部分指标，而不去按政府规定对新建企业有偿购买排污权指标。

总之，从河南省排污权交易长远发展来看，新老企业应该同样实施排污权交易。

（二）新老企业的待遇问题

作为排污权交易的主体，相比老企业，新企业无论是在经济实力方面还是在技术研究方面都有一定差距。在排污权交易实施前，老企业无偿获得排污初始权；在排污权交易实施后，新建企业要有偿获得排污权：这样，在新老企业中就产生了不同等的待遇。在排污权交易政策的制定以及实施中，关于新老企业是实行差别待遇还是相同待遇的研究方案并不唯一。比如，浙江省、广东省对新老企业就是实行差别待遇。而对于河南省来说，到底该实行差别待遇还是同等待遇呢？

在参考了国内排污权交易成功试点省市理论政策的基础上，如嘉兴市、长沙市、湖北省等，再结合河南省具体发展情况，笔者认为在这一问题上还是对新老企业实施差别待遇会比较好。主要原因有以下两点：

首先是历史问题。老企业在排污权交易试点之前就免费拥有排污权指标的，不可能立刻收回，要进行统一有偿购买。此时政府应该承认这部分指标的合法性，且企业仍可以免费使用，但不可以进行自由交易。

其次是现实环境的约束。河南省排污权交易还处于初级探索阶段，且排污权交易政策的全面实施需要一个漫长的过程，所以排污权交易的实施必然应该从比较好实施的新建企业开始逐步展开。

事物的发展都有其自然的规律，在河南省排污权交易开展的过程中，对于新老企业的待遇问题，还应该从简单入手，先在新建、扩建等企业中实施，等发展成熟后，再扩展到老企业，对新老企业实施同等待遇。

5.4.4 其他公共资源交易方法的借鉴

何为公共资源？作为一种公共品，若不具有排他性，每个人考虑到自己的利益，就会尽可能多地去利用它，在此基础上，若它又具有竞用性，那么就可以称它为公共资源。环境容量资源与土地资源同为公共资源，二者在本质上有很多共同点。近年来，随着工业经济和城市化进程的快速发展，作为发展载体的土地资源面临着越来越大的威胁。加大土地资源市场建设和监管力度，在土地市场交易上实行招标、公开竞拍、挂牌交易方式，可以防止政府官员因权力过大出现寻租行为从而导致腐败滋生。我国城市化水平（见表5-5），已严重影响了可耕地资源的利用。

表 5-5 我国城市化水平

年份	2001	2002	2003	2005	2010	2020
城市化率（%）	37.66	39.03	40.53	42.99	50	55~60

资料来源：依据《国家统计年鉴》整理。

在表5-5中，城市化进程只是土地资源被严重征用的冰山一角，工业化进程不断加快，厂区用地也在严重威胁着农民的可耕用土地。土地大量被征用和环境容量被利用都是公共资源被过度利用的体现。

通过对国家土地资源管理方案以及各地对土地管理规定的分析，可以发现土地资源在使用管理及交易上和排污权有很多类似之处。比如，市场结构都有一级市场和二级市场之分，多余指标的回购补贴政策，公共资源无偿划拨和竞买的获得方式，都不允许资源指标闲置，都实行“专款专用”。但也有很多不同之处，比如，二者的总量确定方面有很大的差别，所交易物品一个是有形的一个是无形的，排污范围难以控制，土地资源可以租借等。

总之，土地资源对排污权交易的实施有很大的参考价值。对排污权交易的启示主要有以下几点：

首先，对于排污权可以尝试租借。对于某些企业多余的排放指标，不在市场上进行售卖，而是以租借的形式转让，并规定转让的期限。在规定的期限内，租借方应返还所借排污权，这样做既可以满足排污单位对排污权的需求，又可以使出让方在不影响自己排污权指标总量的情况下获得额外的收益，但具体实施对策还有待研究。

其次，类似农民可耕地使用的补贴政策，对排污单位在总量控制指标完成的情况下，通过技术改进，每减少一单位排污量给予一定金额的补贴或奖励，以调动排污单位改善污染物处理设备的积极性，真正达到减排的目的。

5.5 结论与展望

5.5.1 结论

当前全球经济飞速发展，从国际经济社会发展的总趋势来看，环境污染问题将成为国际社会共同关注的热点问题，而作为协调经济发展与环境污染之间矛盾的环境经济政策，排污权交易的优势也被越来越多的国家认可。

我国一直都主张可持续发展，强化生态文明建设，党的十八大更是提出了打造“美丽中国”的美好目标。而作为中原大省的河南也一直致力打造美丽中原，坚持把生态文明建设融入中原经济区建设的整个过程，严格遵守保护环境和节约资源的基本国策，推进绿色、低碳、可持续的循环发展，为人民群众打造一个舒适的生活环境。

近年来，随着河南省新建企业的增长和经济的快速发展，加强对能源和资源的节约以及对环境污染的防控，大力加强技术、设备的创新，从而降低资源和能源的消耗程度，推进国家循环经济试点省份建设，并努力创建一批国家级循环经济示范基地和企业，加强对环境资源的保护，特别是对省内四大行业（火电、水泥、造纸、印染）污染物排放的防控，最终实现节能减排目标。全省排污权交易自实施以来已经取得了显著的成效，但仍然存在很多亟待解决的问题，本章就是在这样的背景下展开了自己的研究，从排污权交易的理论研究出发，对国内外排污权交易的发展现状、存在问题等进行了整体上的把握，并利用对比分析、动静结合等方法，对河南省排污权交易现状、问题进行了详细分析，在借鉴国外发达国家以及国内发达省市排污权交易实践的基础上，结合全省实际发展情况，提出了相应的对策。本章所形成的结论主要有以下三个方面：①河南省排污权交易需要强有力的技术研究作支撑；②排污权交易收入应合理确定其使用方向与适用范围，并对其“专款专用”

进行透明化的管理；③对新老企业进行公平合理的管理，有利于提高排污权交易市场的积极性。

5.5.2 展望

我国排污权交易在发展过程中所面临的困难，也是任何事物发展中都必然要经历的涅槃过程。河南省作为中原地区工业、农业、交通等都呈现良好发展趋势的大省，在存在很多机遇的同时也面临着很大的挑战，在经济快速增长的背后面临着环境污染的难题。排污权交易这一经济政策在诸多挑战面前比较突出，在探索的路上，及时发现并解决排污权交易所面临的困难，不断总结试点过程中的经验和教训，不断探索新的方法，就能实现河南省经济增长与环境资源的可持续发展。

由于排污权交易中交易物品的特殊性与不确定性，以及在收集相关数据资料上存在困难，目前，河南省排污权交易的理论研究还很欠缺，且研究方向和方法存在一定的局限性，在以下几个方面还有待进一步研究：①排污权交易相关的地方性法律法规的制定；②排污权交易初始配额的公平性分配问题；③排污权交易实施效果的考评体系研究。这也是笔者今后努力研究的方向。

第6章 河南省排污权交易机制研究

6.1 概述

6.1.1 研究背景

近年来，随着经济的快速发展，环境遭到了巨大的破坏。突出的环境问题，不仅严重影响了人们的生活质量，危害了人们的身体健康，而且造成了严重的经济损失，据世界银行、中科院和环保总局测算，我国每年因环境问题造成的经济损失占 GDP 的 10%左右。基于这种形势的需要，如何将“持续发展”的理念渗透到环境管理的策略和政策中，如何在环境政策中更多地发挥市场经济的杠杆作用，成为各国环境管理者关注的重要问题。人们开始通过不同的途径将经济学的思想和原理运用到环境政策之中，排污权交易就是一个具体的体现。

我国“十三五”规划就明确指出了节能减排的目标任务，即到 2015 年，单位 GDP 二氧化碳排放降低 17%；单位 GDP 能耗下降 16%；非化石能源占一次能源消费比重提高 3.1 个百分点，从 8.3%提高到 11.4%；全国主要污染物排放总量减少 8%～10%。“十二五”规划提出的硬性约束性指标更加明确了国家节能减排的决心。

近年来，河南省环保厅不断组织相关专家对省环境容量进行分析研究，研究发现，全省的水环境资源已基本无容量；有一部分城市的大气环境容量不足，局部地区已超出环境容量范围。在“十一五”期间，全省总体上实现了污染物减排总量目标，但仍有四项主要污染物的排放量排在全国的前几名。

为了贯彻“十二五”精神，同时使河南省环境得到改善，促进经济的持续发展，必须积极探索协调环境保护与经济增长的政策手段即排污权交易制度。

6.1.2 研究意义

排污权交易是指在一定功能区域内，内部各个污染源在污染物排放总量不超出允许排放量的条件下，通过货币交换的方式相互调剂排污量，从而实现排污量减少、保护环境的目的。

探索排污权交易制度，对于深入推进生态省建设、环境资源保护和经济社会发展都具有重大而深远的意义，有利于环境容量资源的优化配置，有利于降低环境保护成本，通过经济利益导向引导排污企业自觉地开展治污减排，以尽可能低的成本实现污染减排的目标。

本章通过深入研究排污权交易制度的理论和实践问题，为河南省排污权有偿使用和排污权交易的推行提供借鉴，对于完善全省排污权交易制度，丰富环境管理制度体系，以及确保“十三五”节能减排目标的实现，具有重要的现实意义。

6.1.3 研究方法

（1）文献检索法

笔者先检索和查阅了本领域内的一些相关文献与著作，在借鉴和总结已有研究成果的同时，通过分析发现其中还存在的不足之处，并尽力补充和完善排污权交易研究的内容。

（2）经验总结法

通过对其他地区排污权交易的初始分配方法、交易机构建设、收入使用问题以及配套政策的实践进行总结，进而借鉴其经验并设计出一项适合河南省的排污权交易制度。

6.1.4 研究内容与思路

（1）研究内容

①对排污权交易在国内外的研究现状进行综述与简评，了解国内外排污权交易研究现状。

②对排污权交易基本理论进行阐述，以便对排污权交易政策有更为充分的了解，形成对排污权交易深入研究的理论起点。

③对河南省排污权有偿使用和交易现状做介绍，并提出全省在这方面所存在的问题。

④根据河南省实际情况对排污权交易机制进行初步设计，为全省全面推行排污权有偿使用和交易提供借鉴。

（2）研究思路

第一，通过对国内外排污权交易研究的综述，对国内外研究现状做了简单评价，从而认识到我国研究的不足之处；第二，通过详细阐述排污权交易的理论基础，以便深层次地了解排污权交易政策；第三，对河南省排污权交易现状做简介，以此来认识全省在排污权交易方面的不足之处；第四，通过对全省环境现状进行分析并提出排污权交易的优势，提出必须全面推行排污权政策；第五，在前面的基础上，根据其他试点和其他交易办法、经验和实际情况对全省排污权交易机制进行了初步设计，为全面推行排污权有偿使用和交易提供了借鉴（见图6-1）。

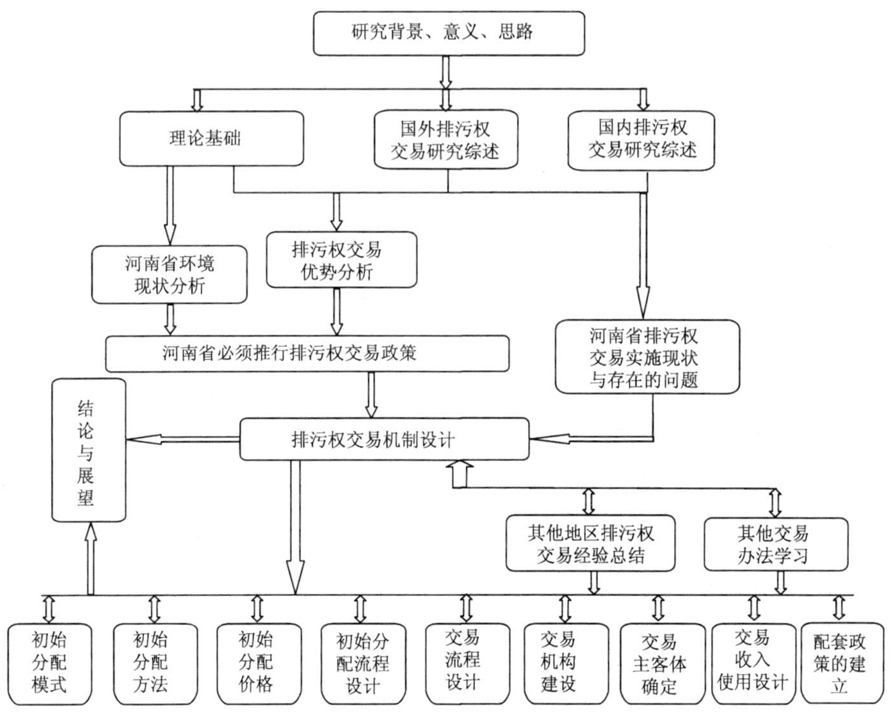

图6-1　研究思路框架示意图

6.1.5 创新点

写作内容的创新：本章突破了传统写作方法，除了根据相关理论、国内外实践经验进行机制设计，还通过总结其他交易办法、实践经验对省排污权交易制度进行系统设计，为全省全面推行排污权交易提供借鉴。

研究视角的创新：首先，对河南省排污权交易机制的研究主要是针对全省在全面推行排污权交易机制初始阶段的时间方面进行的研究；其次，在排污权初始分配上，突破了传统研究方向，主要是在实施的初步阶段，在新老企业之间区别对待以顺利实现排污权由有偿到无偿的顺利过渡。

6.2 国内外相关研究综述

6.2.1 国外排污权交易研究综述

(1) 排污权交易的基础理论研究

外部性理论既是排污权交易的理论基础之一，同时也是环境经济学和制定环境政策的支柱。著名的英国经济学家庇古以“公共产品”为切入点进行分析，指出外部性的问题有“不可分割性”的特点，即任何人都不可能排他性地消费公共产品，并在《福利经济学》中进一步研究和完善了外部性问题。1928年，庇古首次针对环境污染问题提出了庇古税的解决方案。科斯在1960年提出了通过明确产权，然后以自愿协商来解决因外部性而产生的社会成本问题，指出产权的作用是通过克服外部性，使社会成本降低。

(2) 排污权交易的制度设计研究

排污权交易制度的构成要素是影响其治污效果的重要因素。斯塔文认为，完整的排污权交易制度应主要包括八大方面：总量控制目标、分配机制、排污许可、分配和政治性问题、市场的定义、市场的运作、实施与监督、与现行法律及制度的配套整合。

（3）初始分配问题研究

Hahn（1984）指出，在不完善的竞争市场情况下，排污权交易的效率与排污权的初始分配有着紧密关系，因此，选择什么样的排放权初始分配模式对于后期的执行效果至关重要。Rose 和 Stevens（1993）指出，排污权的免费分配环境治理效率最低。在这种分配模式中，污染企业无偿得到了稀缺资源，而社会民众却不享有相应的补偿，从长远来看，这种分配模式并不能激发企业的治污积极性，因此，免费分配将导致污染企业的生产能力最低。Peter Cramton 和 Suziker（2002）通过对拍卖方式和“祖父制”（grandfathering）的对比分析，得出这两种方式的适用情况。Borenstein（1998）研究发现，政府部门可以采取先部分拍卖再全部拍卖方式，通过适当的过渡更有利于提高排污权交易制度的实践效率。

（4）排污权交易中的企业监督问题

马利克（Malik，1990）认为排污权交易市场的效率会因排污企业不遵守相关法律法规而降低，因为这些企业的行为可能会影响到其他相关企业，进而影响到整个排污权交易市场。基勒（Keeler，1991）不仅研究了排污权交易市场中企业的违法违规行为，还对这一行为对排污标准效率的影响进行了分析。他指出，边际处罚的稳定性对排污权交易的效率来说有非常重要的作用。在边际处罚快速加重或减轻的前提下，企业会倾向于选择污染环境；在边际处罚不变的前提下，排污权交易制度更能够提高市场资源配置的效率。但是，他没有对排污权交易市场的建立或调整提出很好的长远的意见。

斯特兰伦德（Stranlund，1999）对排污权体系的外部监督问题进行了研究。他指出，为减少排污企业的违规违法行为，监管者应通过资源的合理分配对不同的企业进行监管，因为有些企业往往不是由于没有先进的治污设备或技术，而是因为监管不到位而违规的。

（5）排污权交易中的激励机制问题研究

普林斯（Prince，1989）和米利曼（Milliman，1989）分析了不同方式下的污染控制制度，在促进排污企业进行技术变迁的激励上，研究发现，排污权拍卖和排污税对排污企业进行技术变革具有有效的推动作用。狄堡德（DeBondt，1992）等分析了生产成本和新技术的创新成本这两者之间的相互作用问题。

6.2.2 国内排污权交易研究综述

(1) 初始排污权分配问题研究

李寿德（2006）研究了初始排污权分配对市场的影响，主要对排污权在免费分配和拍卖分配情况下对市场产生的影响进行了分析，并以公平性、最优性和生产连续性为原则，构建了几个初始排污权免费分配的模型，以此来确定免费条件下排污权分配的最优方案。王先甲（2002）研究了计划方式与市场方式这两种不同的排污权初始分配方法，分别分析了两种不同方式下企业购置排污权的行为和由此产生的分配效率。王勤耕（2000）等研究了总量控制区域初始排污权公平分配方法。赵海霞（2006）论述了不同市场条件下初始排污权免费分配的不同方式。尚静石（2006）在河流初始排污权分配中应用了动态规划技术。

(2) 排污权交易二级市场建设研究

程扬、柯兴（2012）在排污权交易问题研究中提出了要合理地扩大排污权交易的对象和范围。章显、张培等（2013）指出排污权交易平台的开发应以排污权交易为核心，基于B/S三层体系架构，实现排污权总量控制、申购、交易、跟踪预警、信息管理、平台维护和信息发布等为一体的系统功能。

(3) 排污权配套政策研究

崔景华（2007）对排污权交易、财税政策进行了探讨研究，建议利用税收政策来鼓励企业参与排污权交易，并提出了为弥补排污权交易市场失灵和公共产品缺失现象应提供必要的财政资金援助以及建立健全排污权交易的宏观政策调控体系。邱晓明（2013）在对减排框架下的排污权交易机制及其配套政策研究中通过建立数学模型，考察了减排框架下的原有企业、新进入企业和地方政府之间的排污权交易机制及其配套政策，提出了活跃排污权交易机制及其配套政策的建议。

6.2.3 国内外研究现状简评

国外学者对于排污权交易的研究起步较早，研究的问题也比较实际，以制度主要方面为主进行研究，同时也将配套的监管与政策放在重要地位；在实践中也比较注重律法的作用，而且西方国家实践的时间较长，市场经济也比较发达，排污权交易实施的基础条件很坚固。由于我国在此方面起步较晚，研究方向还比较少，主要研究的还是比较基础的总量控制与初始分配等问题，同时初始分配的具体分配措施、二级市场建设以及配套政策研究还不够成熟、不够完善；对排污权交易技术、交易规则和配套监管机制的研究比较少，在实施时也缺乏相应的法律基础。我国在对排污权交易进行研究时，可更偏向于对在实践中出现的这些问题。

6.3 排污权交易的作用机理

6.3.1 排污权交易的概念

（一）排污权

排污权是环境权的一项重要内容，是指排污需求者根据法律规定向所属环保部门申请行政许可之后所得到的污染物排放量，依据此指标为限向自然环境排放所规定的污染物的权利。

这里，排污者依据法定程序申报所取得的排污权属于环保部门依法解除一般法律禁止行为的结果，而非实质意义上的宪法权利。它具有以下特点：

①排污权的稀缺性。无论是在哪里，无论是在何时，环境容量资源都是有限的，而且对于我们人类来说，环境资源又是我们生活、生产当中所必需的，这就决定了排污权对于排污需求者来说是非常稀缺的资源，即排污权的稀缺性。

②排污权的价值性。从经济学的角度来说，一种物品只要有一定的使用价值就有其相应的价值。排污权对于我们来说，不论是在生产中还是在生活中都是有使用价值的，即排污权是拥有价值性的，并且最终通过排污权交易实现其价值。

③排污权的财产权属性。从经济学角度来看，一种物品，只有成为商品，有了具体的价格，当所有权或使用权属于某个人或某个机构时，它才会被珍惜，才有可能被节约利用；否则，它就像公共牧场上的牧草，大家都来无节制地放牧，直至资源消耗殆尽。排放污染物指标的持有人享有排他的占有、使用和收益权，拥有其财产权，这样才能从产权的角度对环境容量进行有效

分配。

（二）排污权交易

排污权交易是当前各国关注的环境经济政策之一。排污权交易理论，是基于市场经济原理的一项具体的环境管理手段，指在一定功能区内，确定好污染物排放总量控制指标，利用市场机制，在不超过总量指标前提下，内部各污染源之间通过交易排污权促进减排，从而达到保护环境和经济可持续发展的一项制度。其基本原理就是在污染物排放总量严格控制后，让政府的有形之手和市场的无形之手紧密联合起来，达到对排污权的优化配置，减少环境污染治理成本。

排污权交易思想源于科斯定理。定理认为：若交易成本为零，无论初使权如何界定都可以通过市场交易方式和自愿协商方式实现资源的优化配置；若交易成本不为零，就可以通过合法权利的初始界定和经济组织的优化选择来提升资源优化配置的效率。它的主要思想就是促进合法的污染物排放权利产生，允许排污者在排污权市场上卖出和买进排污权，以实现环境资源的有效利用。政府在满足环境容量要求的条件下，通过不同的分配方式，如公开竞价拍卖、定价出售以及无偿分配等将这些权利分配给所需要的单位，企业节约下来的污染排放指标，将成为一种可以用于交易的“有价资源”，既可在企业与企业之间进行商业交易，也可“储存”起来以备自身扩大发展之需。

6.3.2 排污权交易一级市场和二级市场

科斯第二定理指明，如果存在交易成本，产权的初始归属就会影响市场均衡及效率。若使交易成本尽可能低，政府无疑是最佳人选，这样排污权的初始权利就归政府所有。对排污有需求的企业就必须付出相应成本去购买排污权，同时，这样也使外部不经济内部化了。如果有些企业在政府购买的排污权不够用怎么办？这时，当然也有某些由于技术改进或其他因素而拥有富余排污权的企业，这样排污权不够用的企业就可以向有多余排污权的企业购买，当然必须控制在功能区排污总量指标范围内。

排污权的首次分配即政府首先根据当地的环境容量评估出当地的最大污染排放量，我们将其指标划分为若干份指标之后，将排污权以无偿、拍卖或定价出售等方式分发给各个企业的程序就是排污权交易的一级市场，即排污权的初始分配，是市政府与排污企业之间的交易。

各个企业相互交易富余排污权的过程就是排污权交易的二级市场，即排污权的再次分配，是实现资源优化配置的关键环节。排污权不够用的排污企业可以到市场上寻找排污权富余的企业并购买其多余的排污权，这样就可以促进企业技术革新，并增加其对减排工作的积极性。

6.3.3 排污权交易机理介绍

（一）排污权交易理论依据

科斯定理主张通过界定明晰的产权，使之交易，然后使企业的外部成本内部化。它首先确定污染物的排放总量，通过政府的初始分配后，再让市场自行决定其价格，市场发现价格的过程就是优化资源配置的过程。只要超量排放污染物的企业用于购买排污权的成本大于治理费，就会激励企业治污。如果排放量降到指标以下，企业就可以出售富余的排污权，此时就形成了排污权交易市场，同时由市场决定排污权的均衡价格。这样，就提高了企业治污的积极性，从而使污染物总量控制目标得到实现。

（二）排污权交易机理分析

政府环保部门应根据当地的环境自净能力确定一定地区可允许的污染物排放总量 Q，假设某一地方共有 n 个排污单位，各自在不减排时排污总量为 Q_i。为实现总量控制，设各个单位需要削减的污染物排放量为 X_i；设各单位治污成本为 $C(X_i)$，则总量控制下，企业控制污染成本的优化模型为

目标函数：
$$\min \sum C(X_i) \quad (6-1)$$

约束条件：$Q_i > X_i > 0 \qquad \sum(Q_i - X_i) \leqslant D$

设每个单位得到政府分配的排污许可额为 Q_{0i}，则 $\sum Q_{0i} = Q$。排污权在市场上可以交易，设其单价为 P，则上述目标函数式(6－1)可表述为

$$\min \sum [C(X_i) + P(Q_i - X_i - Q_{0i})] \quad (6-2)$$

即，排污单位根据自己控制污染成本函数对污染物排放减少量的选择为 X_i（$X_i \geqslant 0$），并根据本身的污染物实际排放水平 Q_i，政府分配额 Q_{0i}和市场价格 P 来确定排污权的买卖：若 $Q_i - X_i - Q_{0i} > 0$，则购买排污权；若 $Q_i - X_i - Q_{0i} < 0$，则出售排污权。在利益的驱动下，排污单位必然会使污染物控制成本最小化，将式（6-2）对 Q_i求偏导，并令其为零，便可得到最优解的必要条件：

$$dC(X_i) + PdX_i = 0 \quad (6-3)$$

由式（6-2）、式（6-3）可知，各排污单位污染物排放的减少量 X_i 的确定，只取决于该单位的污染控制边际成本 $C(X_i)$，而不受企业现实排污量 Q_i 和政府分配排污额 Q_{0i} 的影响，企业根据其控制污染边际成本 $C(X_i)$ 和排污权市场价格 P，决定购买还是出售排污权，以使自身污染控制成本最低。

如图 6-2，纵轴代表单位污染治理成本，横轴代表污染物治理量。

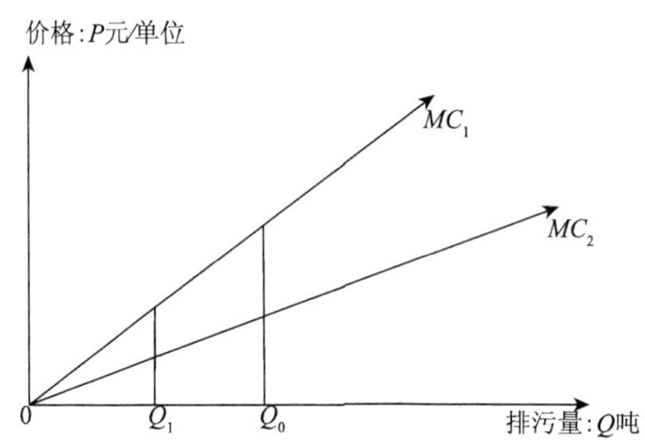

图 6-2　边际成本对企业决策影响

假设有两个污染企业 A 和 B，MC_1、MC_2 分别代表两企业治理污染物的边际成本，且 $MC_1>MC_2$，即增一单位的污染治理量 A 企业所付出的成本高于 B 企业。假设两个企业的排污总量分别都是 Q_0，B 企业排污权剩余 Q_0-Q_1，则假设 A 企业全部购买，A 企业单位治污成本为 P_A，市场排污权交易价格为 P_0，当 $P_0(Q_0-Q_1)<P_A(Q_0-Q_1)$，即污染控制边际成本大于市场交易价格时，A 企业会向 B 企业购买其富余的排污权，反之不购买。这样从而控制了排污总量，降低了污染物治理的总体费用，使环境资源得到优化配置。

6.4　河南省排污权有偿使用和交易现状分析

6.4.1　河南省排污权交易总体发展现状

（一）实践历程

2011 年下半年，《国务院关于支持河南省加快建设中原经济区的指导意见》提出将河南纳入排污权交易试点省。其实，早在 2004 年 3 月，河南省就开始积极探索如何运用排污权交易制度有效解决大气污染问题，并针对二氧化硫颁发了相应的排放许可证，遗憾的是，直到2008年，全省试点竟然没有一起排污权交易发生。为此，2009年11月省委省政府决定通过试点地区的先行试验来推进这项工作，为此，选择了焦作、洛阳、平顶山和三门峡作为首批试点城市，以期摸索出一些控制大气污染的好做法。这四个地区都是煤炭生产大户，为减轻新政策的推行阻力，试行阶段主要针对市级及以上的新建项目实施，排污许可证的有效期为五年。为此，政府强制规定排污企业一次性购买五年的排污许可证使用权。2011年10月，省环保厅等又正式确立信阳市为“排污权有偿使用和交易试点城市”，以进一步探索排污权交易的经济有偿属性。通过这些试点城市的实践推进，各地也出台了相应的管理办法、交易制度、交易价格等政策措施，为以后排污权交易奠定了基础。

（二）相关政策

对于排污权交易工作，河南省努力地探索各种方法以加快推进排污权有偿使用和交易，为其在全省全面推行打下基础，从而改善全省的环境质量，促进经济的可持续发展。

2011年，河南省通过了《河南省水污染防治条例》，允许那些通过购买获得排污总量控制指标的企业在自身指标用不完的情况下转卖多余指标，一方面，大大激发了企业降低排污的积极性。因为企业通过控制污染排放后可以获得剩余指标，这些剩余指标就是企业的资产，可以在市场上转卖交易。另一方面，通过指标的流通交易，有助于加快推进排污权交易在全省的推行。

排污权交易的真正动因是环境容量的有限性与污染物排放的无限性之间的矛盾，因此，开展资源环境容量研究非常必要和迫切。2011年，河南省环保厅牵头开展了环境容量研究工作。这一工作推动了稀缺的环境容量资源从无形的资产向有形的、定量化方向转变，也得到了省委省政府的充分肯定和大力支持。省政府办公厅发布了《河南省主要污染物环境容量研究报告》，为全省范围内的环境容量资源的分配和使用，尤其是重点项目建设对环境容量的需求和影响研究等提供了总体指导。

2011年年初，河南全面实施了《河南省主要污染物排放总量预算管理办法》。省环保厅将地方预算总指标纳入省政府经济社会发展计划和环境保护责任目标，河南已被财政部等列为全国排污权交易试点省市之一，已切实开展了排污权交易制度的积极探索。

2012 年 2 月，河南省政府正式公布了《河南省环境保护“十二五”规划》，明确了全省将大力推进排污权交易，建立并完善排污权交易体系和制度，成立省级排污权交易中心和地区性碳排放交易中心。

2012 年 11 月，郑州市下发了加强环境保护促进市区建设的相关意见，提出将建立完善排污权有偿使用和交易制度，排污权有偿使用资金将专项用于环境保护和生态建设。意见指出，到 2015 年，全面完成郑州市环境保护“十二五”规划中各项任务目标。2015 年以前，在郑州建成排污权交易中心，这样一来，企业可以拿剩余的排污权进行交易。

2012 年 8 月 15 日，从河南省环保厅新闻发布会上获悉，全省在排污权交易工作方面的初步打算，将分两步走：第一步，对全省新建项目开展排污权有偿使用和交易，对火电、水泥、造纸、印染等行业现有企业开展排污权确认。第二步，对全省所有行业开展排污权确认，所有行业开展排污权有偿使用和交易，工作推进始终由省政府决定。

由上可知，河南省排污权有偿使用和交易在试点已取得一定成绩，并且这项政策的实施正处于过渡时期，正是由试点向全省全面推广的时期，所以我们要做好各方面工作，为排污权交易全面推行创造良好的条件。

6.4.2 河南省排污权交易试点实践现状

从 2009 年 11 月到 2011 年 10 月，笔者依次选定了焦作、洛阳、平顶山、三门峡和信阳五个市为排污权有偿使用和交易试点。目前，这五个试点市都呈现出良好的发展态势，其中焦作市成绩尤为突出。

（一）焦作

2009 年，河南省环保厅确定焦作市为全省排污权交易试点城市之一。2010 年 8 月 1 日，焦作市政府出台了《焦作市主要污染物排污权交易试行办法》，标志着全市排污权交易试点工作正式启动；9 月 1 日，化学需氧量和二氧化硫各 200 吨的首批排污权启动指标进行公开挂牌转让。

在交易方式上，焦作市将排污权交易委托给市公共资源交易中心，有了独立的交易平台，机构不仅要承担排污权交易职能，而且要承担富余排污指标的收购、储存和租赁职能；在初始分配上，为减少改革阻力和风险，把推行排污权交易难度较小的新建项目作为切入点，对于现有排污单位的排污权仍然无偿使用；在交易模式上，政府主导性比较强，目前采用的方式是一级市场模式，企业富余的排污权只能出售给政府，企业也只能从政府手中购买排污权；在交易对象上，只有化学需氧量和二氧化硫，并采用固定价格出售的方式，同时规定排污权有效期为 5 年；在资金管理上，出具了相关办法，规定其资金必须通过政府非税收收入进入财政专用账户，交易资金按财政部门要求实行“收支两条线”管理，规定资金主要用于区域环境综合整治、减排企业的补助、排污权的回购、污染源在线监测系统建设以及排污权交易平台建设及运行维护。同时，对于交易程序和监管方面也做出了相关规定。

排污权交易在焦作实施以来取得了很好的成绩，市公共资源交易中心承接的排污权交易的出让方都为市环保局，排污权有效期为 5 年，基准价：化学需氧量 1685 元/（吨·年），二氧化硫 2520 元/（吨·年），如表6-1、表 6-2 所示。

表 6-1　2012 年焦作市公共资源交易中心进场交易统计

受让方	出让污染物（吨·年）		交价款（元）
	COD	二氧化硫	
河南富莱格超硬材料有限公司	1.11		14406.75
河南品正食品有限公司	1.02	3.52	52945.5
沁阳泓盛精细化工有限公司	2.3023		19396.88
修武县春祥钙业有限责任公司		10.3	129780
凯创重工科技股份有限公司	1.71		14406.75
河南惠生园食品有限公司	0.94	2.28	44207.5
焦作市豫冠玻璃制品有限公司	1.1	4.2	62187.5
河南尚宇新能源股份有限公司	1.35		11373.75
焦作市昊昱科技有限公司	0.168	1.078	14998.2
焦作禾丰饲料有限公司	0.084	0.896	11997.3
焦作瑞丰纸业有限公司		10.08	127008
武陟县绿源供水有限公司	1.47		12384.75
修武县天宇新型建材厂		4.76	59976
河南省桃花峪投资有限公司	1.46		12300.5
风神轮胎股份有限公司	0.22	8.3	106433.5

续表

受让方	出让污染物（吨·年）		交价款（元）
	COD	二氧化硫	
河南永合塑胶有限公司	0.1	0.38	18230.5
河南福满源食品有限公司	0.53	3.17	44407.25
焦作市第二人民医院	21.27		179199.75
焦作新冠建材有限公司		4.16	58086
河南博威铝业有限公司	0.308	6.72	87266.9
孟州产业集聚区投资开发公司	4.62		38923.5

表 6-2　2011 年焦作市公共资源交易中心进场交易统计

受让方	出让污染物（吨·年）		交价款（元）
	COD	二氧化硫	
焦作隆丰皮草企业有限公司		89	1121400
华芳修武纺织有限公司	2.45	2.1	47101.25
焦作电厂		2395.4	30182040
温县食品有限公司	11.73	0.98	111173.25
河南卡兰弗塑化科技有限公司	0.357	4.032	53810.93
武陟县宏德建材有限公司		7.65	96390
河南明翔肥业有限公司	0.54	10.624	138411.8
河南鑫泰高科肥业有限公司	0.574	9.002	118261.15
武陟县文发建筑材料厂		3.84	48384
河南艾柯泡塑有限公司	0.25	7.16	92322.25
武陟红达建材厂		3.9	49140
焦作市恒发建材有限公司		5.3	66780
焦作煤业（集团）中央医院	10.36		87238
博爱新开源制药股份有限公司	9.0706	30.751	463882.41
河南利人彩印包装有限公司	0.2	1.24	17309
焦作市宝鼎科技有限公司	0.2	2.08	27893
河南启瑞生物科技发展有限公司	2.87	0.094	25326.35
焦作市欧翔陶瓷有限公司	2.97		25022.25
武陟县恒信建筑材料厂		6	75600
蒙牛乳业（焦作）有限公司	7.14		60154.5

续表

受让方	出让污染物（吨·年）		交价款（元）
	COD	二氧化硫	
博爱县佳鑫纸业有限责任公司	10.9914.56	276046.75	
焦作市地丰肥业有限公司	0.216	2.28	38107.8
焦作市建基橡胶工业有限公司	0.25	1.2	17226.25
焦作煤业开元化工有限责任公司	53.97		454697.25
焦作市八骏实业有限公司	0.12	1.3	17391

在焦作，排污权交易政策推进着各企业为节省排污权交易费用而积极地节能减排，如新开源制药股份有限公司利用邻居好友轮胎公司富余蒸汽而少建一台 15 吨的燃煤锅炉，这样，新开源每年二氧化硫排放量可减少 1/3，5 年就可节省排污交易费 27.6 万元。焦作电厂新上 266 万千瓦火电项目时，在设计阶段就主动改进脱硫工艺，将脱硫效率由 90%提高到 95%，每年减少二氧化硫排放量 2444.5 吨，5 年节省交易费用 3080 万元。河南裕华高白玻璃有限公司在新上年产 7.5 万吨压延太阳能电池封装玻璃项目时，主动将窑炉燃料由重油改为天然气，每年减少二氧化硫排放量 45 吨，节省排污交易费 56.7 万元。

（二）洛阳

在被确立为排污权交易试点后，洛阳市就开始抓紧落实实施。2009 年 12 月 28 日，洛阳市政府正式出台了《洛阳市主要污染物排污权交易暂行办法》，并于当日实施。在办法出台的第 3 天进行了第一批排污权交易，这也是河南省的第一笔交易。之后，在 2010 年年底又对此办法进行了修订。

在初始分配上规定，办法实施前的合法排污单位，其主要污染物排污权的获取还是以无偿分配进行；新建项目以有偿分配取得。同时规定，排污单位采取减排措施腾出的主要污染物总量指标，经市环境保护行政主管部门核准后，属于有偿获得的，可以由市环境保护行政主管部门按交易基准价回购，也可用于今后的转产项目；属于无偿取得的，由市环境保护行政主管部门无偿收回，通过排污权交易市场进行出让，出让所得由市环境保护行政主管部门按适当比例分配给企业。因环境违法行为被各级政府或环保部门责令关停、依法取缔的排污单位的主要污染物排污权，由市环境保护行政主管部门无偿收回。

在排污权交易的指标来源方面，一是政府在制订总量控制和削减计划时，可预留一定比例；二是市环境保护行政主管部门回购或强制收回部分排污指标；三是政府投资减排项目腾出部分排污指标。

排污权交易主体分为出让方和受让方。出让方是指合法拥有可供交易的主要污染物排污权的单位或市环境保护行政主管部门。受让方是指因实施建设项目（市级及以上环境保护行政主管部门负责审批环境影响评价文件的）需要新增主要污染物年度排放许可量的排污单位。主要污染物排污权出让方包括以下两种：一是主要污染物年度实际排放量少于年度许可排放量的排污单位；二是市环境保护行政主管部门。

在排污权交易对象方面，以化学需氧量和二氧化硫等主要污染物为主要交易对象。同时，对出让、受让程序，交易方式以及监督管理方面做了相关规定。

洛阳作为河南省排污权交易试点城市之一，实施方面取得了良好效果，2009 年年底到 2012 年年底近 3 年时间里，全市收缴排污权交易费 320.3149 万元（其中，化学需氧量 207.4840 万元，二氧化硫 112.8309 万元）。共交易化学需氧量 1528.47 吨，二氧化硫 538.7257 吨。

洛阳根据《河南省人民政府关于切实加强“十二五”主要污染物总量减排工作的意见》和《洛阳市“十二五”主要污染物总量控制规划》的要求，为切实做好 2013 年全市主要污染物的减排工作，制定了《洛阳市 2013 年主要污染物总量减排工作实施方案》对减排目标做了明确规定：2013 年全市化学需氧量、氨氮排放总量要分别比 2010 年减少 7.8%、9.42%；二氧化硫、氮氧化物排放总量要分别比 2010 年减少 9.86%、0.72%。这将会大大促进排污权交易的发展。

6.4.3 河南省排污权交易存在的问题

目前，河南省排污权有偿使用和交易已经取得了一定的成果，但严格地讲，全省排污权交易尚处于有偿阶段，各方面机制还不完善，尤其是全省将要全面推行排污权交易，更需要一套合适的机制来推进实施。根据各试点的实践来看，全省排污权交易还存在以下几个问题：首先，在初始分配方面，各试点都是先采用在新建项目中推行有偿使用，对于老企业采用“祖父条款”

即无偿的分配方式；都没有考虑其实践时的障碍，应该以此为基础，对各方面进行详细规定，以减少实施阻力。其次，在交易主客体上，主客体范围都比较小，可以适当增加主体以繁荣交易市场，同时交易对象范围应扩大以实现真正的污染减排。在交易市场建设方面，全省目前试行的排污权交易还被限制在市级以上审批的新建项目与政府之间，且排污单位必须一次性购买 5 年排污权，二级市场各方面建设有待完善。相关的法律法规不健全，管理制度不完善，这都对排污权交易实际工作的开展提出了挑战。

笔者将根据国外和国内其他地区排污权交易实施情况，借鉴其经验，结合河南省情进行交易机制设计。

6.5 河南省排污权交易机制设计

6.5.1 河南省推行排污权有偿使用和交易的原因分析

（一）河南省环境现状分析

河南省环保厅副厅长、新闻发言人宋丽英向媒体通报 2018 年第一季度全省城市环境空气质量时说，全省 18 个省辖市、10 个省直管县（市）环境空气质量优良天数百分比为 64.9%，同比下降了 15.1 个百分点。2011 年 3 月，河南商报报道郑州西流湖污染严重，污水值最高超标 110 倍；2013 年 2 月 23 日，郑州市环保局在环境保护新闻发布会上说，进入 2013 年的 53 天里，郑州的空气质量只有 2 天达标，其余都是轻度污染、重度污染和严重污染。

（1）原因分析

首先，河南省产业结构不合理导致主要污染物的排放量偏大。第三产业发展严重滞后；第二产业不仅比重大，而且整体结构比较粗放，全省建材、有色、化工、钢铁、电力、煤炭等资源能源原材料行业占工业总量的比重高达 55%以上，而新兴产业万吨能耗创造生产总值能力是钢铁、有色、水泥等资源型产业的 5～20 倍，污染物排放量却不足钢铁、有色、水泥等行业的 1/10。从《2011 年 GDP 中三大产业比重统计表》中，我们了解到全省的经济发展以第二产业为主导。在 GDP 中，全省的工业比重为 51.8%，全国的工业比重为 39.9%。

表 6-3　2011 年 GDP 中三大产业比重统计

产业	第一产业	第二产业	第三产业	工业
河南（%）	13.04161	57.28364	29.67474619	51.79645624
全国（%）	10.04188	46.61058	43.34754221	39.85567845

基于河南省产业结构的上述特点，产业结构的不合理使全省有限的环境容量没有得到高效利用。

其次，河南省区域经济发展不平衡、产业布局不均衡，导致污染地域分布不均，从而造成局部区域环境容量超载。《中国统计年鉴 2012》，统计出了全省主要污染物（化学需氧量、氨氮、二氧化硫、氮氧化物）地域情况，见表 6-4。

表 6-4　主要污染物分类

行业总计	主要污染物	主要分布区
煤炭开采和洗选业	COD	平顶山、商丘、郑州
农副食品加工业	COD、氨氮、氮氧化物	漯河、周口、驻马店
食品制造业	COD、氨氮	郑州、周口、漯河
酒、饮料和精制茶制造业	COD、氨氮	三门峡、漯河、南阳
纺织业	COD、氨氮、SO_2	南阳、周口、郑州
造纸及纸制品业	COD、氨氮、SO_2、氮氧化物	漯河、郑州、焦作
石油加工、炼焦和核燃料加工业	氨氮、SO_2、氮氧化物	平顶山、安阳、郑州
化学原料和化学制品制造业	COD、氨氮、SO_2、氮氧化物	焦作、平顶山、郑州
化学纤维制造业	COD	平顶山、郑州、焦作
非金属矿物制品业	SO_2、氮氧化物	郑州、南阳、平顶山
黑色金属冶炼及压延加工业	SO_2、氮氧化物	安阳、平顶山、郑州
有色金属冶炼及压延加工业	氨氮、SO_2、氮氧化物	郑州、三门峡、焦作
电力、热力生产和供应业	SO_2、氮氧化物	郑州、南阳、三门峡

从污染物排放状况分析可知，全省豫西区域以大气污染物排放为主，豫北和郑州地区大气污染物和水污染物排放兼而有之，豫东和豫南总体以水污染物排放为主。由于产业布局的原因，全省环境容量的利用情况存在较大差异，豫南、豫东区域尚有部分环境容量余量，而豫北、豫西及郑州部分区域环境容量已经超载。

（2）水污染现状

根据河南省《2011年环境状况公告》，在83个省控河流环境质量监测断面中，水质符合Ⅰ～Ⅲ类标准的断面有35个，占42.2%；符合Ⅳ类标准的断面有14个，占16.9%；符合Ⅴ类标准的断面有10个，占12.0%；水质为劣Ⅴ类的断面有24个，占28.9%。可见，全省水污染状况比较严重，其中在所辖的四大流域中，海河污染状况最不容乐观，水质污染级别为重度污染，主要污染因子为五日生化需氧量、氨氮和化学需氧量。

11个河南省控河流环境质量监测断面中，水质符合Ⅰ～Ⅲ类标准的断面有2个，占18.2%；符合Ⅳ类标准的断面有1个，占9.1%；符合Ⅴ类标准的断面有1个，占9.1%；水质为劣Ⅴ类的断面有7个，占63.6%。如图6-3所示。

由图6-3可知，海河流域劣Ⅴ类的水质比重相当大，可见河南省水污染状况不容乐观。

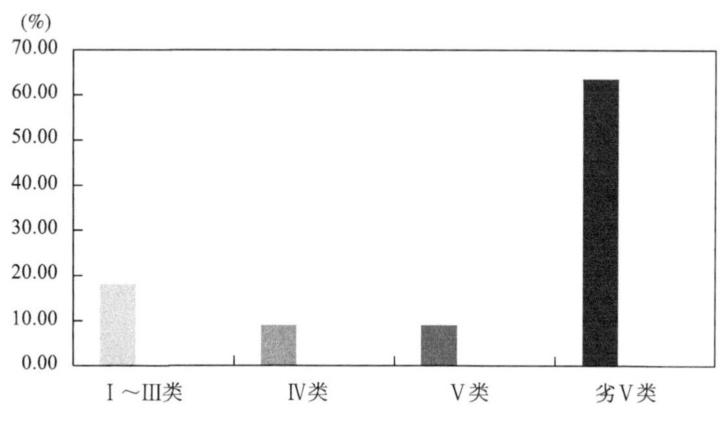

图6-3　2011年河南省控河流环境质量监测

（3）污染物排放状况

①水污染物排放状况：根据《中国统计年鉴2012》，笔者绘制出了2005—2012年废水排放总量变化图，如图6-4所示：

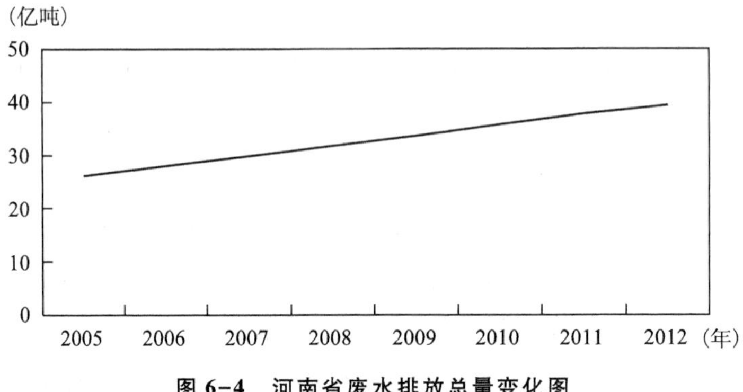

图 6-4　河南省废水排放总量变化图

由图 6-4、图 6-5 可知，河南省废水排放总量呈不断增长趋势，水污染物中化学需氧量的排放量也呈不断增长趋势，近年来，氨氮的排放量也有上升趋势，可见全省污染物排放状况不容乐观。

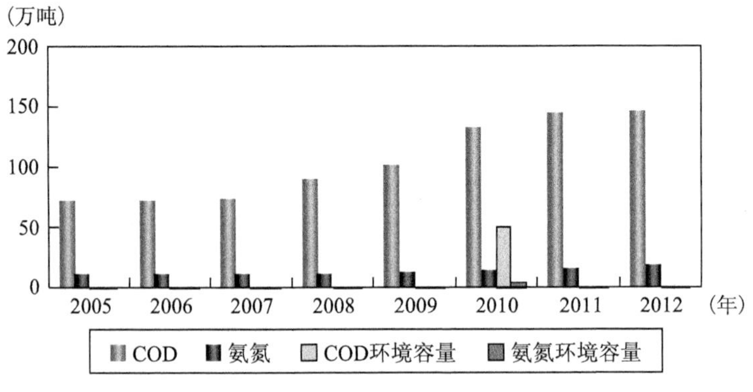

图 6-5　水污染物排放量变化图

②大气污染物排放状况：笔者根据统计年鉴绘制了河南省大气污染物排放状况图，如图 6-6 所示：

由图 6-6 可知，大气污染物中二氧化硫排放量虽然有所下降，但即将超出环境容量，可见全省大气污染状况也不容乐观。

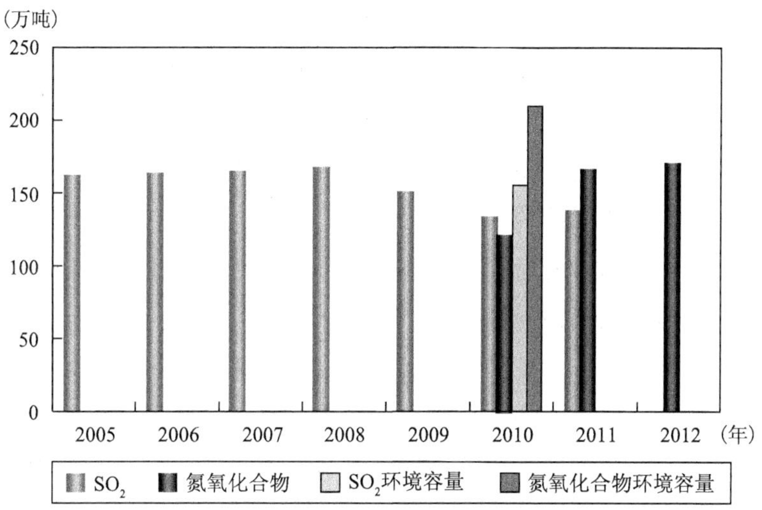

图 6-6　大气污染物排放状况图

由以上信息可知，河南省环境容量的总体情况可概括为：水环境已无容量，氨氮是首要的污染物；大气环境还有部分容量，局部地区的环境容量严重超载。

“十二五”规划期间，河南省平均每年 GDP 增长在 9%以上，城镇化率提高到 48%，能源消费添加 7000 万吨标煤，电力装机容量达到 7200 万千瓦，机动车辆增加到 1500 万辆，新增污染物排放量很大。据估计，仅城镇化率提高，新增人口约 1000 万一项，就相当于 108 个县各新建一座日处理 3 万吨的污水处理厂，才能削减由此带来的新增水污染物。所有这些都制约着全省经济的发展，污染减排形势十分严峻。

（二）排污权交易优势分析

排污权交易的理论基础是科斯定理，旨在充分利用市场机制和经济政策手段激励排污者积极改进技术、减少排污量，以有效防治环境污染，优化环境资源配置，实现经济效益与环境效益、社会效益的统一。庇古税完全依靠政府干预，而科斯定理则完全依靠市场机制。按照科斯定理，政府仅是市场秩序的维护者，不必直接介入市场。

排污权交易是基于市场的一种经济激励型的环境政策手段，已经在美国、欧盟、加拿大、新加坡、智利等国家和地区成功实施，并取得了良好的效果。

其中，影响最大也是规模最大的实践莫过于美国的酸雨计划。

从 1974 年开始，为了改进大气质量，美国联邦环保局尝试将排污权交易制度加以运用，到 1990—2006 年，该政策的实施取得了巨大的成功。譬如，在发电量增长 37%、煤炭资源消耗继续增加的情况下，二氧化硫却不升反降，成功减少至 40%。与此同时，氮氧化物的排放量也大幅度降低，降幅为 48%；其他主要污染物的排放量都有不同程度的减少。由此带来的结果是，美国中西部和东北部地区的硫酸盐沉降水平相比 1990 年时减少了 40%。

从微观上看：首先，在排污权交易制度下，初始排污权的分配也是有偿的即企业需要付出一定成本才能获得一定的排污指标。对于那些通过技术或设备革新而降低排污量之后所产生的富余排污量可以拿到二级市场上进行售卖；而对于那些治理成本较高的企业，没有进行革新以至于排污量不够用时，它们可以到市场上进行购买，这时排污权交易就发生了。假设 A 企业为超污企业，B 企业排污量还没有达到初始值。若 A 向 B 购买，在自己不用付出高的治理成本的情况下就可以继续生产并将这一部分污染治理转嫁给污染治理成本较低的 B 企业，而 B 企业只要排污权出售的收益高于它投资于污染治理设施所付的成本，就能获得一部分额外的收益。这样，就使两家企业达到了共赢，降低了双方的成本。

其次，在排污权交易政策下，由企业排污行为选择（见图 6-7）可知，企业不会选择偷排，因为偷排会让自己遭到法律制裁。这样看来，企业要么是治污，要么是购买排污权，这两种方式都会促使资源进行优化配置，都利于经济的可持续发展。

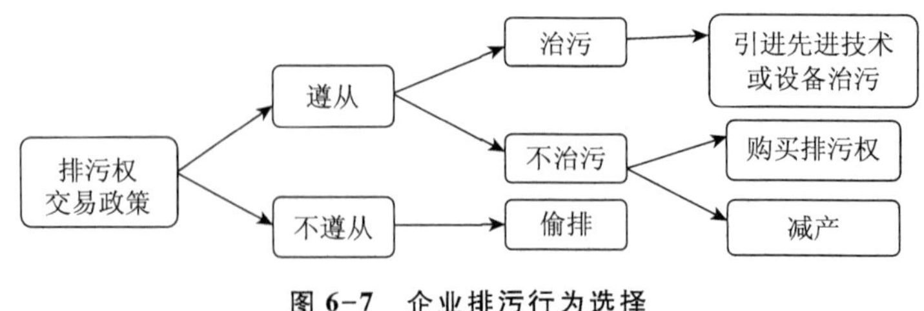

图 6-7　企业排污行为选择

最后，由于某一地区的污染物排放量是固定的，则污染物的供给曲线 S 完全无弹性，故需求曲线 D 的位置决定了污染价格，而需求曲线 D 的位置是由企业对污染物的治理成本所决定的，只有治污成本高的企业即超过 P_0的企业才愿意为购买排污权支付高的费用，而以低成本治污的企业则可以出卖其所节余的排污权。通过出售或拍卖排污权，并允许其在市场上交换，将产权交易机制扩展到排污治理上，企业就有了参与治污的巨大动力，使它们真正成为治污主体。在这种情况下，政府就成为交易市场的监督者和规则制定者，这时，治污就从一种政府强制行为转变成企业自主的市场行为，有助于激励人们减少污染。

从宏观上看：首先，能实现资源的优化配置。如图 6-8 所示。Q_A、MC_A分别代表企业 A 的排污量和治污边际成本，Q_B、MC_B分别代表企业 B 的排污量和治污边际成本，P 为排污价格，假设 A 企业和 B 企业初始排污量都为 Q_0。

如图 6-8，在排污收费制度情况下，A 企业的治污成本为超排量乘以排污价格即费用为 Q_0OQ_B的面积；同理，B 企业的治污成本为 $Q_AQ_0O_1$的面积。

在排污交易制度下，由于 B 企业治理成本较低，则可将剩余排污权出售给 A 企业，最终在 O_2处达到最优状态，即 B 企业只用了 Q_1Q_B的排污量，剩余 Q_0Q_1，而 A 企业已用完初始排污指标 Q_0Q_A，由于治理成本高，所以向 B 企业购买其排污权剩余量 Q_0Q_1。通过交易，总排污量没有发生变化，但总治理成本却减少了，由图 6-8 可知，总的成本少了 OO_1O_2这一部分。可见，排污权交易体系下环境容量资源能得到最优配置。

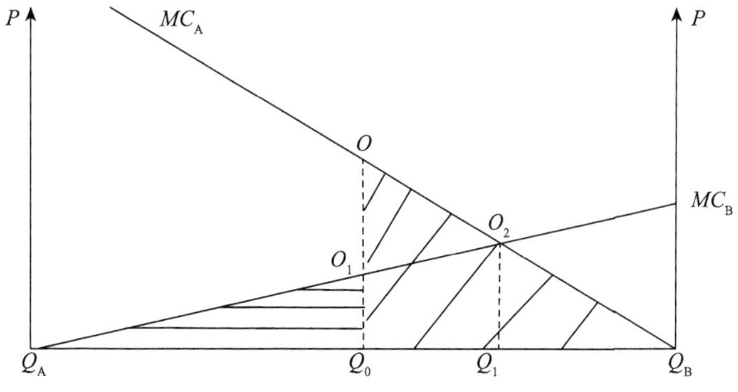

图 6-8　排污权交易资源优化配置示意图

其次，推进产业结构调整和发展模式转变。由图 6-8 可知，在排污权交易体系下，A 企业使用完初始排放量后，如果增加 Q_0Q_1的排污量并对其进行

治理的成本是 $Q_0Q_1O_2O$ 的面积，而如果购买 B 企业 Q_0Q_1 排污量只需付出的成本为 $Q_0Q_1O_2O_1$ 的面积，这就表明 A 企业购买 B 企业的排污权会减少的成本为 OO_1O_2 的面积。对于 B 企业，若出售 Q_0Q_1 排污量，则其将获得面积 $Q_0Q_1O_2O_1$ 的收益，从而从排污治理成本中扣除收益，使治污成本再次降低。通过交易，双方都降低了成本，即企业都获得了更多的收益，实现了双赢。在这种制度下，企业都具有了减排的压力和动力，都刺激着企业改变发展模式，由粗放型发展模式转向集约型发展模式；同时，也会出现优胜劣汰的现象。随着经济的发展，排污需求量会随之增加，排污价格也会上升，淘汰那些排污量大且边际治理成本高的企业，留下那些技术高且排污边际治理成本低的企业，将会促进产业结构调整，最终促进经济的可持续发展。

再次，政府职能转变促进市场公平交易。从排污收费制度到排污权交易的转变也引起了政府职能的转变，即由政府行政管制主导变为由市场自发决定政府服务的模式，这样，政府就不用再指定排污税率，能减少由于信息不准确而带来的损失。政府直接规定各企业排污指标即可，减少了政府的支出，减少了对排污权的干预，企业成了排污权经营的主体，避免了由排污收费制而出现的寻租行为，促进了排污权交易市场的公平竞争。

最后，有利于公众参与，扩大环境保护的群众基础。一个地区的环境容量资源是有限的，即排污总量是有限的，若某些个人或团体想通过自己的力量保护环境，他们也可以进入市场购买一部分排污权而不出售，这样就会减少总体排污量，同时也会促进企业加快技术革新，降低治理污染物的边际成本，促进经济的可持续发展。政府如果有多余资金或想提高本地的环境质量也可以购买。

6.5.2 排污权交易初始分配研究

排污权的初始分配至关重要，旨在对排污单位如何获得排污许可证做出明确规定。如果初始阶段有的单位获得排污许可证过多，则后期必然缺乏减排的积极性，交易形同虚设；如果初始阶段排污单位被分配了过少的排污指标，企业的节能降耗压力过大，也会影响其参与节能减排的工作积极性。由此可见，排污权的初始分配对于后期排污权交易制度能否顺利推行具有十分重要的作用。

(一) 其他地区排污权有偿使用和交易的实践探索

从2002年国家环保局召开二氧化硫排放交易七试点会议，进一步研究部署进行排污权交易试点工作具体步骤和方案后，我国的排污权交易试点工作就一直如火如荼地快速发展着。目前，在排污权初始分配方面，各试点都探索出了适合自己的道路，取得了一定的成果。

(1) 浙江省嘉兴市排污权初始分配方法

嘉兴市早在2002年6月就在秀洲区开展了区内企业排污权有偿使用和交易制度。作为全国首例排污权交易的试点城市，在初始排污权分配方面也初步探索出了一条道路，即排污权有偿使用和交易分阶段循序渐进。

第一阶段：新增项目排污权有偿使用与交易。根据浙江省环保局的要求，2007年11月1日前成立的企业，承认其已经取得的排污权；2007年11月1日后因新建、扩建项目而新增的主要污染物排放量，必须在污染物排放总量平衡控制的前提条件下去寻找排放指标，即其需要的新增污染物排放量，必须从政府或者已经拥有排污权的老企业在完成减排任务后削减出来的减排指标中获取，拥有排污权之后才能够进入市场。对老企业已经无偿取得的排污权予以承认，允许目前状况下继续免费使用，但是不能拿到市场上进行交易；同时，在新增主要污染物排污权交易工作全面推行后，在南湖区出台了灵活多样的购买方式，分一次性购买、分期分批购买、临时购买和企业自主减排，采用新老排污企业区别对待的原则，对老企业给予40%的优惠，充分调动了企业参与申购的积极性。

第二阶段：原有老企业初始排污权的核定与分配。在2009年，嘉兴对全市原有的2600多家企业的排污权进行了核定统计，市委市政府要求核定工作全市统一，且必须操作规范，具体参考指标主要有：嘉兴市的环境统计数据、各单位的历史排污申报情况和环保机构的现场检测结果。在核定工作完成后，为保证核定结果的公平公正，对核定结果在全市范围内进行公开，从而大大增强了政策推行的透明度和可信度。

第三阶段：全面推行阶段。在前期的政策摸底和精心准备以后，从2010年开始，嘉兴市就开始探索排污权交易的有偿使用，并出台了相关的有偿使用办法（试行）。为了消除企业观望的心理，办法规定，排污单位申购的时间不同，其享受的价格优惠幅度也不同，并明确公布了阶梯式优惠价格，具体如下：

①2010年7月1日至9月30日，一次性支付的给予40%优惠；②2010年10月1日至12月31日，一次性支付的给予35%优惠；③2011年1月1日至3月31日，一次性支付的给予30%优惠；④2011年4月1日至6月30日，一次性支付的给予25%优惠；⑤2011年7月1日至9月30日，一次性支付的给予20%优惠；⑥2011年10月1日至12月31日，一次性支付的给予15%优惠。

（2）浙江省绍兴市排污权交易模式

绍兴市从2007年就开始了排污权有偿使用和交易工作，是浙江省试点城市中成绩较好的城市之一。绍兴市经过近3年的实践和探索，提高了企业治理污染的积极性，使环境资源得到了优化配置，推进了产业结构的调整，经济发展方式得到了转变，初步实现了污染减排、环境保护和经济发展的共赢。

绍兴市政府采用了无偿分配和公平分配相结合的模式，即采取老污染源污水入网费自动转换为排污权有偿使用金的管理方式，新建企业则需要向政府或其他的排污企业购买排污权。这既对新污染源提出了总量控制的要求，也提高了现有企业出让排污权的积极性，在市里共有177家企业通过转换实现了排污权有偿使用，废水排放指标总量达到了5.64万吨/日。这种转换制度比较好地实现了排污权交易制度的平稳过渡，很好地处理了新老企业之间的关系，取得了很不错的效果。

（3）江苏省排污权交易模式

江苏省的规范性法律文件将2007年作为分配基准年，在此之前分配接受主体可以基于"当前占有"规则获得相应数量的排污权数量额，在此之后新设排污主体和原有排污主体新改扩排放源须通过"定价出售"（2240元/吨）有偿获得排污权份额。太湖流域实行的则是有偿分配模式，以效率为主要考虑因素。

（4）湖北省排污权交易模式

以"当前占有"对以前旧的排污源采用免费分配的方式，对于新的排污企业以"拍卖"方式进行排污权的初始分配。对2008年10月27日前已建成和取得行政主管部门环境影响评价批复文件的项目，以无偿分配方式分配给各排污主体；对于10月27日之后国家和省环境保护行政主管部门审批的工业建设项目新增主要污染物排放量必须通过排污权交易市场有偿获得。

综上所述，我国试点地区排污权初始分配规则有以下特征：一是对待新旧企业有相应的区别，采用不同分配规则；二是在环境资源有偿使用的大趋势下，有偿逐渐取代无偿，占据主导地位。

（二）排污权交易初始分配模式的选择

（1）排污权交易初始分配模式分析

对于排污权的初始分配模式，较常见的有免费分配、定价出售以及拍卖，还有一种就是混合分配方式。①

①免费分配。免费分配是指在确定好本地环境资源容量后，将手中的排污权根据一定的规则和标准免费分配给各个企业的一项措施。

在这种模式下，管理机构按照一定的标准来分配许可证配额，对政府来说简单易行，企业也无须为此付出成本的代价。由于免费分配方案不但不会增加现存企业的成本，反而为企业增加了一笔资产，对企业来说，在有需要的时候也可以拿到市场进行出售，因此可操作性很强。这在理论上是最容易为排污企业所接受的方式，在实践中也最容易推行。

但免费分配也有一些缺点：老企业以无偿分配方式取得初始排污权后，新进入的企业除了从市场中购买排污权外别无他法，这就导致新老企业在获取排污权的问题上处于不平等的地位，同时由于排污权掌握在政府手中可能会出现“权力寻租行为”，免费分配这种计划导致了效率的丧失；从分配效应上看，拥有排污权的企业占有了环境资源的稀缺性价值，而社会公众却没有得到任何相应的补偿。从长期看，免费分配方式虽然实施简便、受欢迎，但不能为排污权的二次交易提供定价基础，免费分配也在总体上降低了企业的生产能力，并且会在一定程度上妨碍竞争。

②拍卖。拍卖是指由政府的主要管理部门组织，对一定量的排污权，通过竞价方式进行转让的活动。主要拍卖方式有国式拍卖（最高价格公开出价）、最高价格密封出价拍卖、次高价格密封出价拍卖（维克瑞拍卖）、荷兰式拍卖（降价式拍卖）等种类。除此之外，也有双方叫价拍卖方式。

在拍卖这种模式下，政府可能从中获得排污权的最高价格。这种分配模

① 王丽萍. 河南省碳排放权交易的制度设计［J］. 现代管理科学，2016（6）：103-105.

式具有更高的分配效率，环境部门作为代理人减少了企业的代理成本；还可以产生一个明确的市场出清的价格，从而为排污权市场参与者提供一个可资参考的价格信号。这种模式还能促进环境容量资源的优化配置，使边际治污成本高、效益低的排污企业退出市场，而使边际治污成本低的企业留下。可见，拍卖方式比较适合排污权的初始分配，有利于排污权市场的建立和完善。

但排污权拍卖也有一定的不足之处：从政府管理者角度看，把排污权进行拍卖不会给政府造成经济负担，但从排污企业角度看，拍卖显然增加了企业获取排污权的成本，这种成本上涨主要表现为两个方面：其一，资源的稀缺性往往会导致排污权拍卖价格上涨，增加了企业的购买成本；其二，拍卖活动的相关费用也需企业承担。因此，鉴于排污权成本上升，这一政策对企业的吸引力肯定会下降。另外，也要警惕，拍卖市场可能会出现少数资金实力雄厚的企业买断排污权，造成市场垄断。

③固定价格出售。固定价格出售是指政府在确定好环境容量后，将排污权分为若干份，按照一定原则标出单价，由企业有偿购买的一项政策。在我国有些地区已经实行了这种模式。

固定价格出售是对环境污染外部性的内部化，这种方式操作比较简单，同时，政府也可获得一笔收入用于环境保护。

但固定价格出售政策也有其不利的一面。这是因为，政府要想把排污权指标的价格确定得比较合理，必须对市场信息有充分的了解和深入的研究，而这一调研过程耗时耗力，同时需要足够的智慧，否则“理性的政府”很难做到。从政府角度考虑，通过固定价格出售可以为政府财政提供一定的资金来源。但从企业角度考虑，任何一个企业都不愿意将大量的资金投放到这种长期且不确定的投资上，以至于实践中企业的抵触情绪较大，政策推行阻力超出预期。另外，也存在大财团通过集中购买实现垄断市场的风险，从而不利于排污权交易制度的健康发展。

④混合机制。排污权的初始分配应该兼顾公平与效率，由以上几种分配方式可知，各种方式都是有利有弊的：免费分配方式做到了公平，效率却比较低，而有偿分配却弥补了其不足。

所谓混合分配，是指部分排污权免费配给，其余的许可证对外定价出售或拍卖。事实上，完全拍卖需要一段时间的过渡。在排污权交易计划的最初，可以确定一个免费分配的比例 f，再将 f 进一步划分成若干个阶段 n，逐渐降低免费分配的比例数额，直到实行完全拍卖为止。在这种情况下，如何确定最初的 f 以及阶段 n，是非常值得探讨也是争议最多的问题。

与前三种分配模式相比，这种混合机制具有如下优势：首先，本体系建立的前提是排污权交易与排污收费制度并存，免费分配可以在不改变现有环境保护政策体系格局的前提下，顺利实现排污权交易制度和现存排污收费制度的对接；其次，对于排污企业而言，排污权拍卖和定价出售无疑会增加企业的交易成本，而免费分配则减少了企业的资金压力，消除了企业对排污权交易的抵触心理。这样，既能克服无偿分配制度的弊端，调动企业治理污染的积极性，又能体现环境容量资源的价值，从外部给企业以压力和动力，有利于排污权交易制度的推行。

（2）河南省初始分配模式的选择以及新老企业的区别对待

综合以上对于排污权初始分配模式的比较分析结果，结合河南省的排污权交易现状以及全省粗放式的经济发展方式，全省水污染排放权初始分配模式仍然应该选择免费分配与有偿分配的混合机制。同时，借鉴其他地区的经验，对于新老企业在排污权初始分配方面，我们也必须让老企业加入进来，这样才可以做到新旧公平对待，同时也可以促进老企业进行技术革新，做到“新老有别，新老排污企业采用不同分配规则”。

在河南省几万家企业中全面推行初始排污权的有偿使用，需要很长的时间，但是全省亟待解决的环境质量问题已经迫在眉睫，我们必须先开展交易，将现有排污单位的有偿使用问题移到后面去，等时机成熟再完善。

在全面推行排污权有偿使用和交易后，对于长期存在严重排污超标需要购买排污指标的企业，建议采取拍卖的方式进行交易：一方面，最大限度地减少污染物的排放；另一方面，也促使污染超标企业寻求污染物排放出路即寻找新工艺，降低污染物的排放。

对于非严重超标的中小企业或重要支柱性产业以及为全省做出巨大贡献的老企业，建议采取标价出售的方式转让排污权，这样既可以保护中小企业的生存和发展，也可以对市场上的排污状况进行宏观调控。先逐步减少免费分配的数量，经过一段时间的过渡可实现完全拍卖。

根据河南省环保厅的指示：第一步，在全省新建项目开展排污权有偿使用和交易，对火电、水泥、造纸、印染等行业现有企业开展排污权确认。第二步，在全省所有行业开展排污权确认，在全省所有行业开展排污权有偿使用和交易，工作推进始终由省政府决定。借鉴其他地区的实践经验，可分阶段实施：

第一步，新增项目排污权有偿使用与交易。根据河南省实际情况，2010年1月1日前成立的企业，承认其已经取得的排污权；1月1日后新增的污染物排放量，就需要按照总量调控政策寻找可替代的削减指标，即新增排污量必须通过政府或占有排污指标的企业以结余的方式来解决，只有取得排污权指标后方能进入市场，否则就不得进入。具体购买多少，取决于新增项目时的环境影响评价文件中确认的排污数量。配合“三同时”政策，实行多退少补，即企业的污染物排放超出其拥有的排污指标数量时，就得购买；反之，排污权交易中心可以对企业富裕的排污指标进行回购。

对已通过行政许可无偿取得排污指标的老企业予以承认，对实行排污权交易之前的已经无偿取得的排放指标予以确认，所有占有免费分配的排污权的企业，每年有削减免费分配的排污许可总量5%~10%的义务（具体削减比例按行业治污和地区环境状况制定），削减出来的排污权的80%由环保部门组织统一拍卖、标价出售或奖励给新建企业或新项目。不能完成削减任务的企业将受到重罚。

第二步，对四行业的老企业进行排污权确认。首先，对火电、水泥、造纸、印染这四个行业的老企业进行了排污量和排污权的核定，并将核定后的分配量予以公示，接受社会监督。

第三步，对全部行业进行排污权确认，全面推行排污权有偿使用和交易。根据前面对四行业排污权确认的经验，开展全省排污权确认工作，全面推进排污权有偿使用和交易。由于老企业和新排污单位不同，需要做好以下工作：

第一，实行价格差政策，适度减轻老企业的负担。对于新企业或新建项目的初始排污权实行有偿获取；对于老企业采取适当过渡的做法，可以在新企业价格的基础上采取一定比例的折扣，譬如优惠20%。

第二，采取指标回购政策，尽可能消除企业购买的担心。如果企业在年末或核算期满时尚有剩余排污权指标未使用，交易中心可以通过回购的方式把企业手中的指标买回来，这样企业就不必担心多买而吃亏。对于无偿获取的指标，回购时可以适当降低购买价格，譬如回购价格为新企业有偿价格的60%，这样就大大增强了企业节能减排的动力。

第三，采取灵活多样的购买方式。在前面说的这两个有针对性制度的基础上，企业可以有多种选择：如果企业资金雄厚，可以一次把指标购买，然后长期使用，通过不断减排而销售剩余指标；如果企业资金相对短缺，可以采取分批分期购买的做法；如果企业的资金链十分紧张，甚至还可以通过租用指标的方式，通过主动减排获取剩余指标，从而降低企业对排污权指标的需求量，这就变相等于节约企业资金。这种多样化的购买方式和途径，既丰富了交易政策，也有利于在企业中推行，最终还有利于实现节能减排的大目标。

第四，保证政府初始排污权存量，对其采用不同方式出售。基于排污权越来越稀少而且珍贵的现实，有许多企业即使拥有剩余的排污量，也不愿将其出让给交易中心。但是对于开展排污权交易来说，在交易平台上保证一定的存量是非常重要的。

如果企业破产，在它们拥有的排污权中，以免费方式获取的则由环保部门收回，以有偿方式获得的则作为企业的产权参与破产清算拍卖。同时，对于那些已经通过环境行政许可的企业，如果没有施工建设，并且时间已经超过5年的，收回其排污权指标，作为公共资源进行出让；对于企业未经申报或者闲置超过2年的排污权指标，经环保局确认后，无偿收回；对于企业闲置未超过2年的排污权指标，应鼓励企业将指标出租给监管部门，每年可以得到一定利息。

对于平台所持有的排污权，政府可以采取拍卖、标价出售或奖励形式，对于那些对本地做出过巨大贡献但治污技术落后的老企业进行优惠标价出售；对于资金不够的中小型企业采用标价出售；对于大型企业及重污染企业采用拍卖方式；对于那些持有的有偿排污权超过其实际排污量的两倍的大企业、重污染企业，不准其再参加排污权拍卖竞投。

这样，随着经济的发展，在“十二五”规划结束后将逐步实现所有企业公平的有偿分配。

（三）排污权交易初始分配方法的选择

如何将已确定的区域污染物排放权合理地分配到每个排污企业，是许多专家学者一直讨论却没有明确结论的问题。排污权的分配方法有很多，但都存在各自的优点和不足。常用的方法有以下几种：

（1）等比例分配法

等比例分配法（也称等贡献率分配法、现状分配法等），即在承认各污染源排污现状的基础上，将本功能域内的排污权按照与现实排污量等同的比例分配到每个污染企业。等比例分配计算方法为

$$\begin{cases} k = \sum_{i=1}^{i=n} q_{oi}/Q \\ q_i = k \times q_{oi} \end{cases} \tag{6-4}$$

式（6-4）中：k 表示分配比例；Q 表示区域污染物排放总量；q_{0i}表示第 i 个污染源的排污基本量；q_i表示第 i 个污染源排污权分配额；i 取从 1 到 n 的自然数。

在承认环境资源利用现状基础上的这种相对公平的分配方法，不需要复杂的技术支持，操作起来比较简单，管理成本也比较低，排污者也比较容易接受。但是这种分配方法没有将污染治理技术、费用、排污者的污染治理水平和达标排放情况等其他因素考虑进去，不具备经济最优化的特点。

（2）系数分配法

系数分配法（也称产出分配法等），即以区域内某一个社会经济指标为基准，审核排污单位这一指标的准许排污量，然后按这个排污系数将此区域内的排污权分配到每个污染企业。一般可以选用的指标有：国民经济总产值、工业产值、人口等。从理论上来看，这种分配方法比较公平，在对社会做出贡献的前提下，每一个排污企业都平等地享有利用环境资源的权利，同时也平等地承担减排的责任。计算方法如下：

确定好要无偿分配的排污权量后，将其分给各个企业时要考虑到企业创造的就业和对 GDP 所做的贡献，还要将效率准则考虑进来。以 Q 表示排污企业应无偿分配的排污权数量，则：

$$Q = 排污企业产量 \times 单位产量排污权 \times r \tag{6-5}$$

企业产量要以最近几年的平均产量为准，单位产量排污权要以政府环境管理部门综合评估结果为准。其中，r 为修正系数，其设置是考虑到排污企业产量与单位产量排污权的积与实际确定好的免费分配的排污总量不一致。

$$r=\text{该功能区免费分配的排污总量}\div\sum\text{排污企业产量企业}\times\text{单位产量排污权} \tag{6-6}$$

这种方式从理论上来看，能做到分配公平，对社会经济发展做出相同贡献的排污企业利用环境资源的权利是平等的，承担削减污染排放的义务也是平等的。但由于不同产业、行业间的排污情况差距很大，在一个区域按此方法分配排污权总体上不一定是合理的，而且还有可能导致无法执行。

根据科斯定理可知，最有效率的资源配置与其产权的初始配置状态无关。因此，排污权的分配应当更注重公平原则和可操作性原则。根据河南省实际情况以及在排污权交易方面经验的缺乏现状，暂时采用等比例分配方法进行分配。等比例分配方法分配基本公平、技术简单可靠、可操作性强、管理成本低，因而，水污染物排放权的分配首选这种方法。由于实际上可能存在着少数超标排污者，因此，不能完全凭排污量现状实行分配，而应当按照符合排放标准时的排污量进行分配，即改进的等比例分配法。

（四）排污权交易初始价格的确定及新老企业的区别对待

目前，河南省处于经济快速发展时期，对排污权的需求量很大。为了使将来经济社会能够更好地体现可持续发展的目标，再分配排污权指标时必须不能降低标准，相反还得不断提升标准，以免高污染、高耗能企业乘虚而入。为此，可以在交易价格方面设置下限，以便让那些没能力减排而又缺乏资金的企业退出市场，腾出更多的排污指标。同时，为了促进政策的顺利推行，也要避免价格过高，超出企业的承受能力，所以设置交易上限也显得非常有必要。通过最高限价还可以防止一些不法分子哄抬价格，扰乱市场交易秩序。具体的最低价和最高价的标准可以参考典型企业的治理水平和治理成本来综合决定。一般地，建议考虑企业污染治理设施的购买成本、折旧费用、维护费用、管理费用、人力成本和能耗成本等，同时也要结合当地的经济水平和社会发展水平进行适度调整。

借鉴其他地区排污权初始价格的制定，河南省排污权初始价格计算如下：

假设在某一行业，i 表示其行业的排污单位，n 表示行业内排污单位的数目，P 表示这一行业的排污权初始价格，AC 表示行业内平均治污成本，C_i 表示排污单位 i 的污染治理成本总额，q_i 表示 i 排污单位污染物排放量，则：

$$P = AC = \sum \frac{i=n}{i=1} C_i \Big/ \sum \frac{i=n}{i=1} q_i \tag{6-7}$$

初始价格确定后，在实施过程中，价格还应根据经济发展状况、物价状况、排污权交易的发展状况以及各排污单位的情况适当做出调整，以保证排污权交易的顺利进行。同时，随着排污权有偿使用和交易的发展，在将来时机成熟时，也应对定价方法做一调整，如用恢复成本法等更有利于保护环境的定价机制。

当然，在价格上实行共同有区别的原则，对于有偿获得的排污权指标，老企业的支付价格为新企业 60%的比例，同时，出台回购政策，以方便企业出售多余的排污权指标，持续激发企业减排的动力。此外，企业被关停后剩余的指标，也可以退还给交易中心，且保证以高于其初始获取价格的价格进行回购，从而彻底打消企业的顾虑，增强新老企业的减排积极性。

（五）设立排污权的有效期限

排污权交易必须在一定时间内进行，如果时间过长，企业就容易失去减排的积极性；如果时间太短，频繁交易也不利于企业减排工作的推进和实践需要。因此，根据需要确定一个有效期对于排污权而言也至关重要。从市场效率的角度来看，排污权有效期的长短都是各有利弊。如果期限较长，有利于企业从长计议，科学合理地规划企业的减排战略，从技术上根本改变减排方式。但缺点也非常明显，就是灵活性不够，政府或中介组织难以介入，从而降低了政府部门对交易市场的宏观调控能力。相比之下，排污权有效期较短，则增大了灵活性，在某些情况下有利于活跃市场，方便管理机构重新洗牌排污指标，但缺点是交易如果太过频繁，企业往往注重短期效应，缺乏长远规划，不利于从技术上革新、从环境战略上设计如何更好减排。综合以上分析不难得出，应该将短期与长期相结合，针对不同行业、不同企业，设置不一样的指标期限或组合使用。

在排污权有偿使用阶段即交易在新建企业或项目中实施时，对于长期稳定发展的企业设定长期有效期，如医院、制造业等，可设定为 10 年；对于短期项目可根据其具体情况，对以拍卖方式出售的排污权期限可设为 1 至 5 年。

在过渡阶段即排污权有偿使用及交易在老企业初步实施时，对于老企业排污权期限可设定为 5 年左右，不要太长或太短，因为太长会使新建企业进入市场的机会减少，太短会增加政府的管理难度以及影响老企业的发展信心。

在全面推行排污权交易制度成熟后，对所有企业一视同仁，在预留一部分排污权用以储备给将来新建企业后，除对部分如拍卖或转让等采用短期外，大部分排污权的初始分配可采用较长期排污权制度，减少政府干预，使排污权交易市场化程度不断提高。为了刺激排污者开发并建设更加经济有效的污染控制技术，同时防止过多地储存排污权指标，可以规定富余排污权指标有效期为 5 年。

当然，在具体操作中，我们要理论联系实际，根据社会环境状况及其他因素，视具体情况而采用不同的方式。

（六）排污权初始分配流程

排污权交易市场根据交易主体的不同可分为一级交易市场和二级交易市场，一级交易市场的主体为政府和企业。政府将排污权分配给各个企业的过程，流程如下：

首先，监管局确定要监管的区域，如一个省或一个市，然后确定要监管的污染物，之后评估当地环境在一定时期内（一般为 5 年）对各种污染物的承受容量，以此来确定排污权总额度。

其次，将排污权总额度根据当地企业的情况分为若干份，根据一定的标准或规则，以无偿、拍卖或定价出售的方式分给各个企业，包括排污权的使用期限（一般为 5 年）以及范围。

最后，企业根据自身情况自主决定减排还是购买，有富余的排污权企业可以进入市场进行售卖，缺少排污权的企业就进入市场进行购买从而形成排污权的二级交易市场。

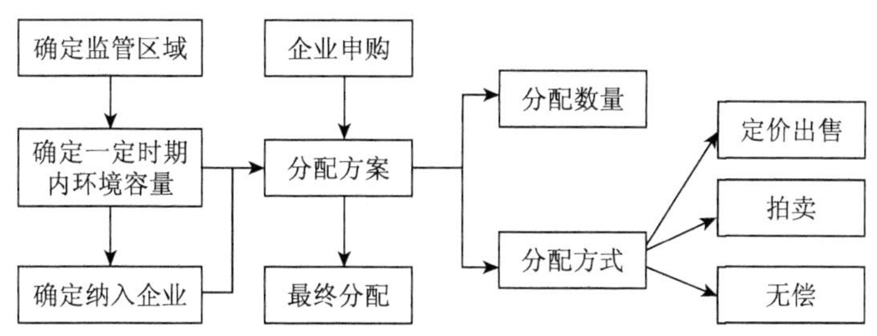

图 6-9　排污权初始分配流程

6.5.3 河南省排污权交易市场建设

（一）排污权交易对象的确定

一个地区在实施排污权交易制度之前，必须首先界定该地区的主要污染物是什么。水污染和大气污染是我国现阶段的主要污染物，它们密切地影响着居民的日常生活和身体健康。主要污染物的确定还要结合该地区的实际情况来确定，不能只是笼统地照搬照抄。根据《中国统计年鉴 2011》中各省、直辖市、自治区的废水、废气中主要污染物的排放量，编制了 2011 年河南省废气、废水中主要污染物排放量统计表，如表 6-5 所示：

表 6-5 2011 年河南省废水中主要污染物排放量

污染物种类	排放量	占污水总量的百分比（%）	全国总量排名
化学需氧量（万吨）	143.6683	0.038	4
氨氮（万吨）	15.38004	0.004	5
总氮（万吨）	41.45605	0.011	3
总磷（万吨）	4.881649	0.001	3
石油类（吨）	1266.51	3.3E-05	4
挥发酚（吨）	160.1086	4.2E-06	4
铅（千克）	7140.805	1.9E-07	6
汞（千克）	27.271	7.2E-10	15
镉（千克）	2781.346	7.3E-08	4
六价铬（千克）	1606.901	4.2E-08	12
总铬（千克）	37379.53	9.9E-07	2
砷（千克）	1810.749	4.8E-08	15

从表 6-5 和表 6-6 可以发现，河南省的各项污染物的排放量都比较大。废水中化学需氧量和氨氮的排放总量在全国分别排名第 4 位和第 5 位；废气中二氧化硫和氮氧化物的排放总量居前两位，在全国排名第 5 位和第 3 位。总体上看，河南省的环境污染形势相当严峻，特别是氮氧化物的排放总量在各项污染物排放总量中是最大的。

表 6-6 2011 年河南省废气中主要污染物排放量在全国中的比重

主要污染物	二氧化硫	氮氧化物	烟（粉）尘
河南（万吨）	137.0504	166.536329	66.82157
全国（万吨）	2217.908	2404.27449	1278.826

续表

主要污染物	二氧化硫	氮氧化物	烟（粉）尘
占全国百分比（%）	6.179264	6.92667702	5.225229
全国总量排名	5	3	3

《河南省主要污染物排放总量预算管理办法（试行）》第一章第三条规定：本办法所称的主要污染物是指化学需氧量、氨氮、二氧化硫和氮氧化物。其中，水污染主要由化学需要量（COD）、氨氮（NH_3-N）造成；大气污染主要由二氧化硫（SO_2）和氮氧化物（NO_x）造成。

根据河南省实际污染物排放量以及其他地区的实践，全省排污权交易对象现阶段主要确定为化学需氧量、氨氮、二氧化硫和氮氧化物四种污染物。

（二）排污权交易主体的确定

（1）概念简介

在排污权交易一级市场，政府将排污权以各种形式分配给各企业，主体是政府和各排污企业。之后，排污权到达排污企业手中，那么对于那些通过减排或减产而有富余排污权的企业可以将其拿到市场上进行售卖，而对于那些有需求的企业会进入市场进行购买，自此，排污权自由交易市场就形成了，我们称之为排污权二级市场。排污权交易主体分为转让方和受让方。

转让方是指合法拥有交易主要污染物排污权的单位。在排污权交易中，交易双方必须满足特定的条件才能成为交易主体。对于卖方来说，其持有的排污权必须是依法从政府或其他排污企业那里获取后，由于通过技术改造或减产或结构调整等因素而节约出来的排污权，卖方是在完成削减任务后有多余指标可供交易的市场主体。排污企业是最主要的排污权转让方。

受让方是指因实施省（市、县）环境保护行政主管部门（负责审批环境影响评价文件的新建、改建、扩建企业和项目），以及由于治污边际成本高的企业，需要新增主要污染物年度排放许可量的排污单位。

（2）河南省排污权交易主体的确定

全省工业门类覆盖了国民经济行业的38个大类，2011年全部工业增加值为1.44万亿元，汽车、电子、装备制造、食品、轻工、建材六大高成长性产业比2010年增长了25.3%，对全省规模以上工业增长的贡献率为69.6%。高技术产业增长了53.3%。全省在经济快速发展的同时，各工业部门的污染物排放量也在快速上升。根据《中国统计年鉴 2012》，笔者对全省主要污染物化学需氧量、氨氮、二氧化硫和氮氧化物这四类主要污染物的行业分布进行了整理，如图 6-10 所示：

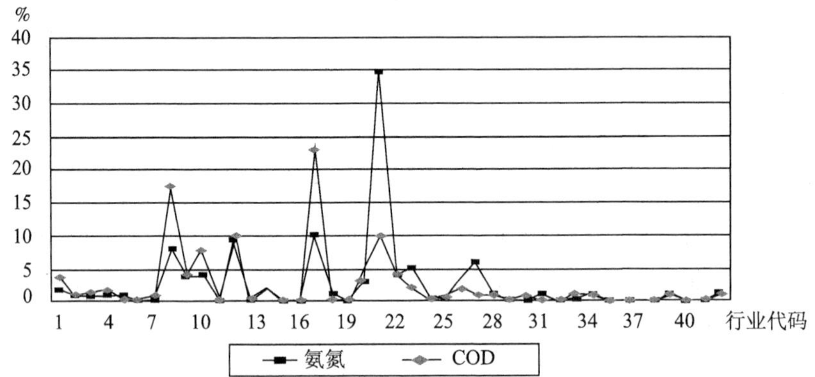

图 6-10　各行业主要水污染物排放统计

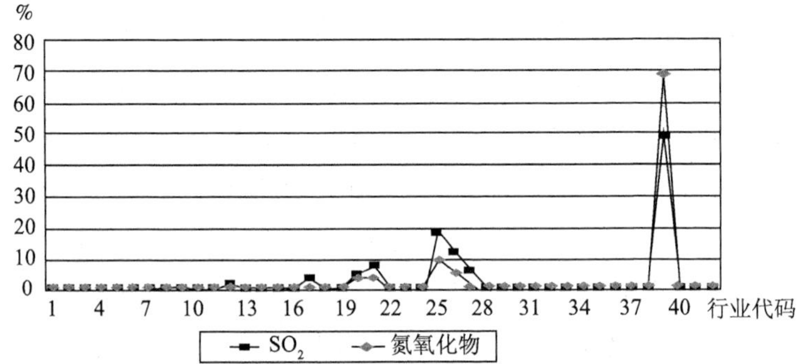

图 6-11　各行业主要大气污染物排放统计

表 6-7　行业代码表

行业代码	行业名称	行业代码	行业名称
1	煤炭开采和洗选业	22	医药制造业
2	石油和天然气开采业	23	化学纤维制造业
3	黑色金属矿采选业	24	橡胶制品业
4	有色金属矿采选业	25	非金属矿物制品业
5	非金属矿采选业	26	黑色金属冶炼及压延加工业
6	开采辅助活动	27	有色金属冶炼及压延加工业
7	其他采矿业	28	金属制品业

续表

行业代码	行业名称	行业代码	行业名称
8	农副食品加工业	29	通用设备制造业
9	食品制造业	30	专用设备制造业
10	酒、饮料和精制茶制造业	31	汽车制造业
11	烟草制品业	32	铁路、船舶、航空航天和其他运输设备制造业
12	纺织业	33	电气机械及器材制造业
13	纺织服装、服饰业	34	计算机通信和其他电子制造业
14	皮革、毛皮、羽毛及其制品和制鞋业	35	仪器仪表及文化、办公用机械制造业
15	木材加工制品业	36	其他制造业
16	家具制造业	37	废弃资源综合利用业
17	造纸及纸制品业	38	金属制品、机械和设备修理业
18	印刷和记录媒介复制业	39	电力、热力生产和供应业
19	文教、工美、体育和娱乐用品制造业	40	燃气生产和供应业
20	石油加工、炼焦和核燃料加工业	41	水的生产和供应业
21	化学原料和化学制品制造业	42	其他行业

由表6-7可知：

表6-8　主要水污染物的行业分布

行业总计	COD（%）	行业总计	氨氮（%）
造纸及纸制品业	23.036	化学原料和化学制品制造业	35.313
农副食品加工业	17.177	造纸及纸制品业	9.549
化学原料和化学制品制造业	10.185	农副食品加工业	8.015
行业总计	COD（%）	行业总计	氨氮（%）
纺织业	9.076	纺织业	7.688
酒、饮料和精制茶制造业	7.782	有色金属冶炼及压延加工业	7.128
化学纤维制造业	4.682	石油加工、炼焦和核燃料加工业	5.986
食品制造业	3.494	酒、饮料和精制茶制造业	3.819
煤炭开采和洗选业	3.470	食品制造业	3.573

表 6-9 主要大气污染物的行业分布

行业总计	二氧化硫（%）	行业总计	氮氧化物（%）
电力、热力生产和供应业	47.519	电力、热力生产和供应业	66.675
黑色金属冶炼及压延加工业	13.259	非金属矿物制品业	16.230
非金属矿物制品业	10.635	黑色金属冶炼及压延加工业	5.729
化学原料和化学制品制造业	6.722	化学原料和化学制品制造业	3.102
有色金属冶炼及压延加工业	6.044	石油加工、炼焦和核燃料加工业	2.199
石油加工、炼焦和核燃料加工业	4.261	造纸及纸制品业	1.331
造纸及纸制品业	2.862	有色金属冶炼及压延加工业	1.217
纺织业	1.436	农副食品加工业	0.589

由表 6-8、表 6-9 可知，河南省化学需氧量污染物主要交易主体为造纸及纸制品类企业，农副食品加工类企业，化学原料和化学制品制造类企业，纺织类企业，酒、饮料和精制茶制造类企业，化学纤维制造类企业，食品制造类企业，煤炭开采和洗选类企业。氨氮污染物主要交易主体为化学原料和化学制品制造类企业，造纸及纸制品类企业，农副食品加工类企业，纺织类企业，有色金属冶炼及压延加工类企业，石油加工、炼焦和核燃料加工类企业，酒、饮料和精制茶制造类企业，食品制造类企业。二氧化硫污染物主要交易主体为电力、热力生产和供应类企业，黑色金属冶炼及压延加工类企业，非金属矿物制品类企业，化学原料和化学制品制造类企业，有色金属冶炼及压延加工类企业，石油加工、炼焦和核燃料加工类企业，造纸及纸制品类企业和纺织类企业。氮氧化物污染物主要交易主体为电力、热力生产和供应类企业，非金属矿物制品类企业，黑色金属冶炼及压延加工类企业，化学原料和化学制品制造类企业，石油加工、炼焦和核燃料加工类企业，造纸及纸制品类企业，有色金属冶炼及压延加工类企业和农副食品加工类企业。

在初级阶段，由于上述针对河南省所设计的排污权，对于老企业来说主要是无偿的，不允许其将多余排污权拿到二级市场进行交易，所以在初级阶段，主要转让方是那些有偿获取排污权的省、市、县三级重点新建或扩建的新企业或项目。

在成熟阶段，由于全省全面实行排污权有偿使用和交易，主体将是所有排污企业，考虑到如今全省经济的快速发展，乡镇企业异军突起，可将排污交易主体扩大到乡镇企业以及畜禽养殖户、水产养殖户及其他排污量较大却没有纳入交易主体的企业。

（3）进一步拓宽交易的主体

对于排污权的购买，除了作为主角的排污单位，政府、社会组织及各类环境保护组织乃至个人等非排污者同样有权，公众广泛参与到排污权交易中，通过收购排污权许可证等方式限制排污，保护自己的生活和生存环境。在市场经济条件下，排污权交易双方的法律地位是平等的，主体的经济活动也处于平等地位。在美国，排污权交易市场上除了排污权交易的供需外，还有一些金融机构和投资者，其中，金融机构介入是为企业办理排污权交易的借、贷、储存等业务；投资者包括经纪人、非排污中介机构等，他们将排污权当作金融资产进行投资，通过投机交易谋取利益。大量投机者的加入活跃了排污权交易所，进一步完善了交易市场。在全省实施排污权交易，成熟阶段可借鉴美国的这种方式，扩大交易主体，活跃交易市场。

（三）排污权交易机构建设

（1）排污权交易机构简介

排污企业从政府获得排污权之后，把富余的排污权拿到二级市场进行交易，从而获得利益促进减排。由此看来，二级市场的交易是降低污染、控制成本的关键环节，因为只有企业通过交易才能使减排工作由边际治污成本高的企业转移到边际治污成本低的企业。可见，二级市场的发展对排污权交易工作所要达到的目的有至关重要的作用。只有当排污权交易像股票一样在交易所里进行自由买卖时，排污权交易市场才能真正发挥市场调控环境资源的巨大优势。

完善的中介服务是排污权交易制度的必要补充和有益润滑剂，这些中介服务机构如排污权认证机构、减排评估机构、交易中心以及仲裁服务机构等，不同机构完成不同的功能，机构之间相辅相成，相互促进，共同推进排污权交易制度的实施。

排污权交易机构能为交易双方收集、处理各方排污权交易的信息，为交易提供借鉴，有利于降低交易双方的交易成本（如节约计算价格成本、节约时间成本），提高交易效率，同时也可起到规范交易行为的作用，有利于交易双方的公平、公正。

（2）其他地方的排污权交易实践经验学习

嘉兴市在2007年年底时成立了排污权储备交易中心，它是经市政府批准而成立的国有企业，是以企业性质注册的，但属于环保局下属的独立核算企业。

河北省也明确了交易方式，即以新成立的排污权储备交易中心为买卖平台，企业间交易无效。以满城县为例，其环保局成立了县排污权交易中心，交易中心是环保部门的所属部门，同时在职能上是新排污权的出售方，是多余排污权的受让方，而且具有管理和监督的职能。

与嘉兴市采用的模式不同，杭州市没有成立专门的排污权交易中心，而是将排污权交易放在已有的杭州产权交易中心进行。杭州产权交易中心实行会员代理制，双方不得私下交易。

山西省、内蒙古自治区等一些地区都已建立了排污权交易中心，江苏省太湖流域也成立了专门的交易平台，其交易平台由排污指标申购核定系统、排污量核定系统和排污指标交易系统组成。

各地探索的交易平台和相应建立的交易模式都不同，有事业性单位，也有企业性单位，同时还有借助于其他交易中介的。

事业性单位的交易平台有利于政府的管理与调控，税费成本也相对较低，但是，在这种模式下，企业从排污权的获得到买卖，无不在政府的指导和控制下，无法进行自由交易，实际上也就丧失了这项制度的意义，无法通过经济的手段刺激企业自觉降低排污量。企业性质的交易平台有利于具体操作和环保局监督管理，交易效率也高，灵活性更大，资金进出也比较方便，因为若资金进入财政部门，则需层层批复，效率降低；但企业性单位也有其致命弱点，就是税务问题，企业交易行为要缴纳交易税和所得税，会造成交易平台资金减少，影响排污权交易的可持续发展。

像杭州市这种，以现有交易所为依托开展排污权交易，优势在于有丰富的交易经验，使排污权能迅速启动，但缺乏针对性，很难做到全方位的监管，其实施的会员制度也为企业进入市场设置了障碍，不利于排污权交易的可持续发展。

（3）建立河南省排污权交易中心

为了使排污权交易更好地发展，便于提供交易信息和管理，建立单独或综合的排污权交易场所是必要的。在河南省建立完善而有效的中介机构，还需要一个探索和准备阶段。根据全省排污权交易发展现状，借鉴其他地区排污权交易机构的实践，河南省交易中心的建立应分阶段进行。

第一阶段：由于河南省现阶段在排污权交易二级市场上主要是新建企业即新项目为交易主体，可采用分散交易方式使企业自行交易，同时加快建设省市两级排污权交易中心。

第二阶段：在建好排污权交易中心后的初级阶段，为保证排污权交易的规范化推进和运行，强化政府监管，可以将排污权交易中心列为环保行政主管部门直属的独立机构即事业性单位，并由同级财政部门对交易的运行成本进行支付。鉴于河南省的实际情况，在交易方式上，也可建立排污权储备交易中心，这样可以灵活地对排污权进行出售。

排污权储备交易中心作为一个政府机构监管排污权交易的组织，在行政隶属关系上，可以归口省环保厅，由环保厅负责人员组建，受环保厅的业务委托，对交易进行监督和指导，并且从环境保护和经济社会协调可持续发展的角度出发，对排污权指标进行调节，如回购、储备和抵消部分排污指标。

第三阶段：待发展到成熟阶段，可将排污权储备交易中心的运行扩展到县级，同时建立企业性质的排污权交易中心，使其真正过渡到市场化阶段。

在第二和第三阶段，排污权储备交易中心作为企业排污权交易的平台，要提供排污权交易场所和设施，组织和监督交易活动，下设储备结算中心；同时，要承担信息发布、交易服务和技术指导等工作。

首先，在排污权储备交易中心网站上要设立专门的信息平台，这是创造良好交易环境的关键。要对企业上报的数据进行核查；对企业进行定时或不定时抽查并公布结果；对每笔成功的排污权交易相关信息进行公示，接受公众监督，使公众了解真实情况是公众参与排污权交易的前提。

其次，排污权储备交易中心应当定期向环境保护行政主管部门报告主要污染物排污权交易情况。在排污权交易过程中，发现有异常事项的，应当及时报告省、市环境保护部门。

最后，凡未经环境保护行政主管部门确认的排污权，不得进入排污权储备交易中心进行交易。列入县级以上重点污染整治区域内的、环保信用不良的、挂牌督办的等市场主体，在整治完成前不准从排污权储备交易中心购买新的排污权。

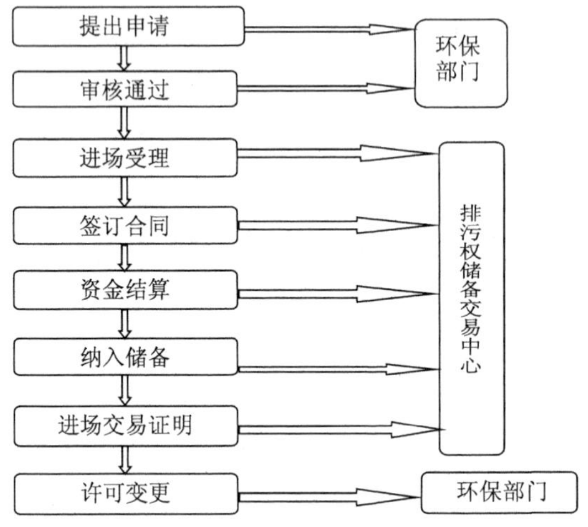

图 6-12　排污权出让流程

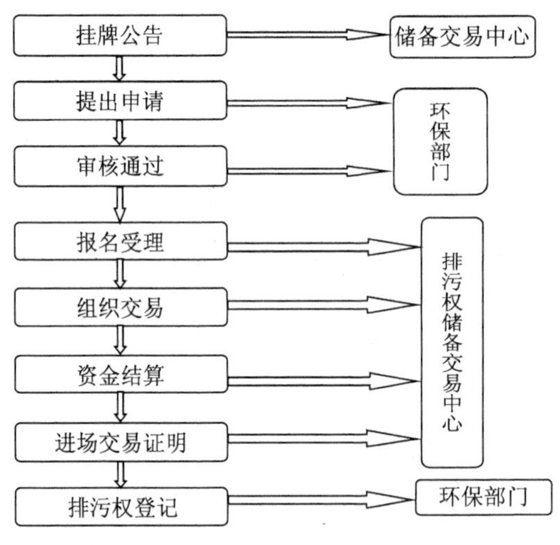

图 6-13　排污权受让流程

（四）二级市场排污权交易流程

（1）企业自行交易流程

目前，河南省还没有建立专门的省、市级交易中心，除了焦作市的排污权交易设立在其公共资源交易中心进行交易，其他各市也没有建立起专门的储备交易中心。根据全省现在的实际状况，大部分都属于企业自行交易，在这种情况下必须要有一定的规则来规范其交易，以至于交易市场能高效、合法、健康地运转。根据国外及国内其他地区的交易程序，笔者设计出适合全省的交易流程：

①申请：排污需求方向环保部门提出购买排污权的申请，包括其要购买的排污污染物种类和要购买的数量并提交环评报告书，可以通过环保部门寻找供给方，也可以自己寻找供给方。

②审核：确定好供需双方后，环保部门对交易主体进行审核，包括交易主体的资格审查、排污权限审核、所交易的排污权是否可相互转换以及对供方实际排污量的审核，然后根据环评书确定需求方可购买的排污最大量。

③协商：交易双方可自行商定排污权交易种类、数量、价格、交割时间等具体问题，达成协议并当面签订书面合同。有需要时可让环保部门参加，以便提供相关治理技术和其成本信息或其他供求信息。

④核查：对此次交易进行核查，核查其交易种类、价格、数量是否符合规定，交易过程是否合法等问题。

⑤交割：根据双方所签订的合同办理排污权的相关交割手续。

⑥变更权利主体：完成交割后交易双方到环保部门上报其交易，环保部门变更双方的排污权交易。之后，将其纳入正常的排污权交易管理工作中。

（2）交易中心组织交易的流程

随着排污权交易政策的实施与发展，2012 年公布的《河南省环境保护“十二五”规划》明确指出，河南省将积极推进排污权交易，建立完善的排污权交易体系和制度，成立省级排污权交易中心和地区性碳排放储备交易中心。储备交易中心成立后将会大大促进排污权交易的发展，通过了解其他地区排污交易中心的流程而对全省储备交易中心流程进行设计。当然，企业要进场交易，必须先通过监督管理部门的资格认定，再在排污权交易中心开有账户并有一定的金额，之后就可以进行交易了。

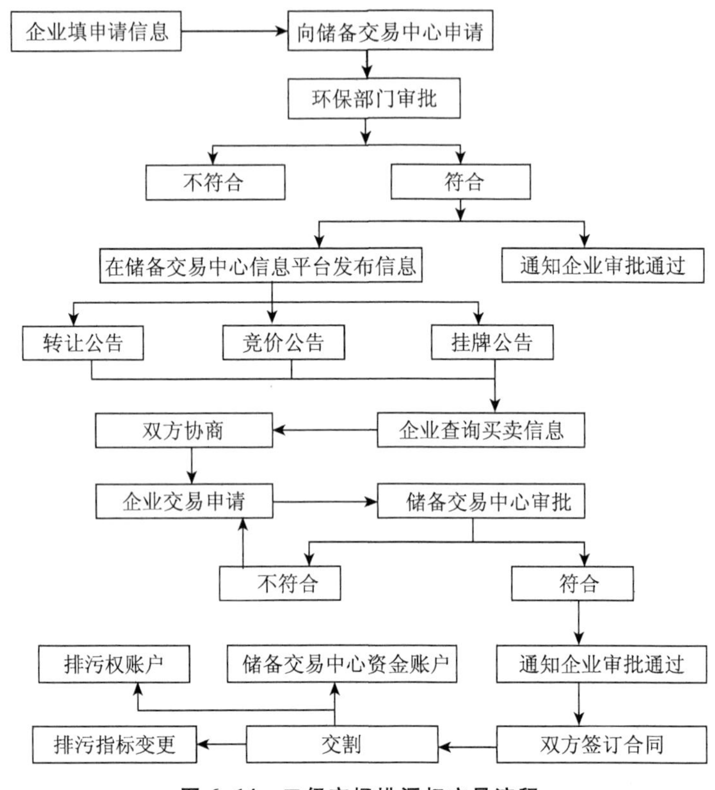

图 6-14 二级市场排污权交易流程

6.5.4 河南省排污权交易收入使用设计

（一）排污权收入界定

排污权交易的收入包括排污权有偿使用费、政府储备排污权出让收入以及在排污权二次交易时交易双方缴纳的排污权交易手续费。

排污权有偿使用费，是指现有排污单位在满足环境质量要求和污染物排放总量控制的前提条件下，取得初始排污权指标应支出的费用。

政府储备排污权出让收入，是指政府储备、预留的排污权指标，以公开挂牌、拍卖及协议等方式出让给排污单位所取得的收入。

（二）河南省排污权交易收入出现的问题

国务院《排污费征收使用管理条例》规定："排污费应当全部用于环境污染防治，任何单位和个人不得截留、挤占和挪作他用。"目前，其中的"排污费"即排污权交易过程中所获得的各项收入。然而，这项环保政策却在运行中遭到了扭曲，这项收入本应用于环境保护却演变成了环保局的"人头费"。

导致今天这种现象的出现，主要是由于对收入这一块的资金管理不到位。相关部门为了提高企业缴费积极性而采取"返还方式"；同时，在资金使用环节，只要资金到了环保局手中，至于用来具体做什么却没有明确规定，然后就出现了资金使用混乱情况，要么用来养闲人，要么用于其他不该用的地方从而导致资金浪费，不利于环境保护与经济发展的相互协调，也不利于促进企业减排工作的实施。

（三）排污权交易收入使用设计

（1）交易收入管理

对于排污权有偿使用费、政府储备排污权出让收入以及在排污权二次交易时双方缴纳的排污权交易手续费等收入，排污权有偿使用收入属于国有资源有偿使用收入类非税收入，应按非税收入进行管理，借鉴山西、湖南等省的经验，将其收入按照收、支两条线，将资金全额上缴财政，纳入财政预算。将主要污染物排污权有偿使用费通过银行缴入同级财政部门设立的"非税收入"类"政府性基金收入"的"其他政府性基金收入"汇缴结算户。在初期，排污权初始有偿分配的收入暂时由财政部门收取管理；在成熟阶段，即排污权委托交易中心分配时则由交易中心进行收取。

对这一部分资金应该做到专款专用，这项收入作为环境保护的专项资金应进行专项管理，可主要用于排污权收购、在线监控设施安装、污染减排投资项目、配套法规政策和标准的制定、排污权有偿使用、交易平台的建设维护及相关的技术研究、环境质量改善、生态保护等。

（2）交易收入具体使用方案

根据宏观经济理论的乘数效应可知，投资对国民收入的增长具有倍数效应；反之，当政府投资缩减或公共服务支出减少时，就会产生成倍的紧缩效应。可见，排污权收入在用于公共性支出时具有促进经济发展的作用，所以我们要大力做好这笔资金的使用工作。

根据排污权收入性质，将排污权有偿使用收入后的支出，列入政府收支分类“政府性基金支出”科目“其他支出”类“其他政府性基金支出”款。

①排污权收购支出。排污权收购成本指排污权储备交易机构按规定收购或回购企业富余排污指标而发生的支出。这部分收购或回购的排污权量将被作为储备交易中心的储备。

首先，如果政府根据经济社会发展的实际情况决定减少排污权指标的投放量，那么政府也可以通过交易市场将指标回购，同时减少指标的供应量，即为了减少排污量，企业不得不加大减排力度。其次，如果企业从长期发展考虑，它们也会发现排污权指标会随着人们对环境问题的日益重视而越发稀缺，因此，理性的企业家们自然会选择“不出售”策略作为其最优策略选择，如果较多企业都选择“不出售”则会影响市场的交易活跃度。为此，就需要政府部门或监管机构出面消除企业的顾虑，或者向市场投放更多的指标，以激活交易活动。最后，针对破产、注销、吊销或责令停产或并转的企业的排污指标，或者提标改造后富余的排污指标，政府部门应该安排一笔回购费用，用于环保部门收购这些排污指标作为政府循环利用的资源。

②主要污染物排污权交易平台建设。由于河南省目前还没有建成专门的省级排污权交易中心，为推进排污权有偿使用和交易的发展，应首先将重点放在排污权交易中心建设上。从技术方面、资金方面推进省、市两级交易平台的建设及排污权交易的定价研究、交易平台软件研究及其他技术研究。同时，应该建立以计算机网络为平台的排放跟踪系统、审核调整系统等，使有关人员及时掌控企业的排污状况和排污权交易情况。

③环境容量评估技术、污染源排放总量在线监测技术的研究及设施建设。建立主要污染物总量评估是排污权初始分配量的基础，所以应加强对这项最主要工作的实施与研究。对各污染源的监测能促进对排污企业的情况有所了解，既是对环境质量的保护，也是进行排污权交易的前提。加强对污染源的监控，应建立科学、准确的信息系统。

④用于污染减排工程建设、重点污染源治理以及生态环境保护等方面的支出。

首先，“十一五”时期，河南省圆满完成了污染减排任务，环境质量不断改善，但环境质量距离国家标准仍有较大差距，资源环境问题仍是制约全省经济社会可持续发展的重要“瓶颈”。《河南省“十三五”节能减排综合工作方案》明确提出：到 2020 年，全省化学需氧量、氨氮、二氧化硫、氮氧化物排放总量分别控制在 105.02 万吨、11.81 万吨、82.37 万吨、90.86 万吨以内，比 2015 年分别下降 18.4%、16.6%、28%、28%。可见，全省污染减排工作任务重大。根据该意见，我们要大力实施工程减排，提升减排能力：（a）推进城镇生活污水处理设施及配套管网建设。重点推进市、县（市）、重点乡镇及产业集聚区污水处理设施建设，完善污水管网。（b）深化工业企业工程治理减排。重点推进高耗水行业工艺技术改造、废水深度治理及中水回用，全面推进电力行业脱硝工程建设。（c）实施畜禽养殖污染治理。重点推进规模化畜禽养殖场和养殖小区污染治理设施建设，促进养殖废弃物的肥料化及农村能源沼气化。（d）开展机动车污染减排。推行机动车环保标志管理制度，全面提升车用燃油品质，全面实施国家第四阶段、第五阶段机动车污染物排放标准。

在减排工作中，我们要将工程减排、结构减排、管理减排结合起来，通过治理、回收利用、关停或技术改造实现减排，加快淘汰电力、煤炭、建材、钢铁、有色金属、化工、造纸、发酵等高耗能、高排放行业的落后技术、工艺和设备；对电力、钢铁、造纸、印染等高污染行业实行排污总量控制。

其次，由于正在实施中部地区崛起战略、中原经济区建设，河南省处于振兴的关键时期。推进生态省建设，不仅是贯彻科学发展观的内在要求，同时也是推进新型工业化、信息化、城镇化、农业现代化同步发展的要求，是促进全省经济、社会、生态全面协调可持续发展的必然要求。（a）林业用地面积为 502.02 万公顷，其中森林面积为 378.72 万公顷，森林覆盖率为 21.50%；湿地总面积为 110 万公顷（含水稻田 44 万公顷），占全省国土总面积的 6.6%。为提高全省的环境质量，应继续加强林地扩大和湿地保护工作，组织开展“严厉打击破坏林地资源违法犯罪专项行动”及“加强湿地保护打击破坏湿地资源行为专项行动”。（b）加强农村环保建设。随着乡镇企业大发展、农村禽畜养殖的发展，农村的环境状况也不容乐观，要加强畜禽养殖污染治理。

⑤排污权有偿使用和交易工作支出成本。对于排污权初始分配的收入，可抽出小部分用于业务支出。排污权交易手续费主要用于排污权交易中心的日常运营活动支出，如办公费、差旅费等，不能用于排污权交易工作以外的其他活动支出。

⑥确立激励机制。政府相关部门应建立相应的激励机制，对积极减排、积极出售排污权的企业从资金、税收、技术等方面给予扶持。比如，对于出售的排污权进行税收减免或者对排污权的储存时间设置期限。采用低息、无息甚至部分减免本金的贷款，用以鼓励和支持积极治理重点污染者。对积极出售富余排污权的排污单位，政府可以保证在其重新需要增用排污指标时，优先向其提供并给予优惠等。

排污权专项收入的支出，由省环保厅根据收入进度和工作需要向省财政厅提出排污权专项收入支出计划申请，省财政厅审核后下达预算。

排污权有偿使用收入的征收、使用情况接受财政、物价、审计等部门的监督检查。对在排污权交易资金的收缴、使用过程中弄虚作假，截留、挪用、挤占资金等违反财经纪律的行为，要按照相关规定进行处理。

6.5.5 河南省排污权交易配套政策的建立

（一）配套经济政策

排污权交易是一种基于市场的环境经济政策，它的顺利运行是建立在完善的市场机制基础之上的。因此，河南省必须建立健全相关配套经济政策，如价格调控政策、财税政策、信贷租赁、银行保险等宏观经济调控政策，以实现经济与排污权交易协调发展。

排污权交易政策最终目的是促进企业节能减排，实现清洁生产和绿色技术创新。为更好地实现这一目标，我们可采取一些经济措施来刺激企业更积极地投身减排及排污权交易工作。例如，通过技术研发补贴、绿色产品价格补贴，以及其他旨在促进节能减排的低息贷款等政策，最大限度地引导企业采用清洁技术和低碳经济发展战略，帮助企业解决资金困难和降低减排成本。

（1）税收激励手段

排污权交易的前提是排污总量确定，在这种前提下，如果各企业的初始分配指标正好是它们的实际排放量，那么排污权交易就无法进行。根据税收乘数效应，一定程度的税收减少，有利于刺激消费的增加，进而促进国民收入的提高。体现在排污权交易，即与排污权交易有关的企业各项税收政策上，我们可对此采取一些优惠措施，刺激企业主动参与排污权交易。因此，利用税收政策创造交易激励机制对排污权交易有至关重要的作用。

①企业所得税激励。企业所得税政策对于引导企业投资方向、产业结构优化有重要的作用，因此为促进排污权交易的全面实施，我们可采取一定的优惠政策来吸引企业主动参与减排和交易。

对那些积极开展减排工作，如对生产流程和技术进行改造而减少排污量的企业，可增加对其研发改进技术费用的税前扣除比例。鼓励企业对生产方式的改进和对环保技术的研发。对那些配置减少排污量设备的企业实行减少、全部扣除企业当年新增所得税的优惠。减少征收企业通过排污权交易取得收入的所得税。

②增值税激励。增值税是指以商品在流转过程中产生的增值额作为计税依据而征收的一种流转税，在我国当前税制结构中占有重要地位。因此，我们可用增值税相关政策来激励企业参与排污权交易。

应减少、全部扣除对企业新购减排设备的增值税征收。对积极采用新减排技术而减少排污量的企业的一些产品给予一定的增值税优惠政策。

③企业交易税激励。排污权是一种特殊的商品，开展排污权交易可以使社会和企业以最小的成本实现节能减排。征收交易税相当于提高了排污权价格，从理论上讲，排污权交易量将会下降，从而不利于节能减排。目前，其他地方排污权交易收税很高，据统计，可占到交易金额的 30%，这不利于排污权交易税的开展。因此，河南省在实施排污权交易时可降低或免除交易税征收，降低企业的抵触心理。

（2）金融政策

①排污权抵押贷款。排污权抵押贷款即排污权经抵押评估后，企业可以将其拥有的排污权抵押给银行并从银行取得相应的排污权贷款。该制度已经在多地进行了尝试，激发了企业投资环保的积极性。

最早实施排污权抵押贷款的是嘉兴。嘉兴银行在调研企业参与排污权交易后发现，部分中小企业由于购买了排污权而出现了资金紧张的问题，因此开始设计排污权抵押贷款。可见，这是为中小企业融资提供的一条行之有效的途径。

由于河南省已经开始推行排污权交易制度，排污权具有流动性（变现能力），所以，也可借鉴其他试点的经验，开展排污权抵押贷款。要做好这项工作，应注意以下几点：

首先，在企业与银行进行排污权交易时，政府要起到主导作用，理顺双方各自利益诉求，同时让双方做出自主选择促成交易。

其次，以排污权交易中心为依托，开展排污权抵押贷款业务。对于企业来说，排污权可以储存到排污权交易中心以实现其价值，银行可以将排污权在这里进行出售；同时，借鉴浙江省和陕西省的经验，我们也可以以交易中心为平台来操作排污权抵押贷款业务。由于河南省直到2018年还没有省级排污权交易中心，我们可以以政府为中介进行操作。

最后，在合理规避绿色信贷风险的基础上构建银行激励机制。银行的介入有助于激活交易市场，这方面可以借鉴嘉兴地区的经验，譬如排污权交易中心向银行承诺，负责排污权指标的回购，这样就把银行的信贷风险大大降低，从而激励银行参与到排污权交易中来。另外，在关于银行系统方面的考核机制中增加绿色信贷指标，条件成熟时可以将排污权交易这种绿色金融产品作为其中的一项重要参数，在合理规避绿色信贷风险的基础上增强银行的社会责任，具体做法有：加强排污单位信贷记录的信用评级，对于良好信贷记录的单位，可以适当降低信贷门槛；对于信贷记录不良的单位，应加大联合惩戒力度；建立排污权指标的流转机制，激活排污权指标在排污单位或监管部门之间的转让；将排污权真正作为一种有价资产，纳入正常的质押贷款或租赁业务，从而减轻企业的借贷损失。这样既可以营造良好的社会融资氛围，又有助于解决排污企业的资金难题，真正帮助排污企业从源头上削减污染物。

②减排项目贷款政策。为促进企业减排的积极性，支持企业减排工作，我们可以从信贷方面入手，对重点污染减排企业和污染减排项目提供优先专项贷款，在贷款期限及利率上给予优惠；对环境效益突出的项目适当调低贷款利率。

也可借鉴温州市的绿色信贷政策，根据企业的环保行为是否为绿色，助推绿色信贷。对企业环境行为进行综合评价，评价结果从优到差依次为绿色、蓝色、黄色、红色和黑色。对被评为绿色、蓝色的环境信用良好的企业，简化贷款手续，优惠利率定价，优先给予信贷支持；并且可建立治污减排专项贷款，在贷款规模、期限和利率等安排上给予倾斜和支持。

（3）收费制度

排污权在交易过程中会产生一定的手续费用，而交易手续费属服务性收费，政府应对这方面也做出相应的政策规定，防止贪污及乱收费现象的发生。

首先，初始分配指环保部门将排污权分配给企业，在此之前产生的费用可从排污权交易的收益中抽取一部分用于抵销，根据其他省市在这方面的实践，河南省可将收费标准暂定为2%~5%。

其次，在河南省排污权交易专门机构成立后，对于交易的双方也要收取一定的交易管理费用用于抵销储备交易中心的日常运行开支，根据其他地方的实践，可对排污权交易双方按5%的比例收取费用。

(4) 罚款制度

首先，对于那些不履行排污权交易，有偷排现象以及排污量超过其分配指标的企业要予以严重的制裁，对其罚款项目要做出相应规定。

其次，对于在排污权有偿使用收入的征收、使用过程中，征收管理部门和执收单位及其工作人员违反规定，擅自多征、减征、缓征、免征、停征，或者弄虚作假，截留、挪用、挤占资金、坐收坐支排污权有偿使用收入，或超出收费许可证规定的项目、标准和范围的收费，对他们进行罚款制裁，同时要制定出相关规定，如《非税收入管理条例》对其进行具体规范。

最后，在二级市场上，要制止滥用和非法转让排污权行为，对蓄意囤积居奇等扰乱市场的买卖行为进行严厉处罚，通过这些措施确保排污权在二级市场正常交易。

(5) 财政手段

河南省排污权交易尚处于初始阶段，可从财政上加大对排污权交易制度实施的支持，拨付排污权交易专项资金推进全省在这方面的发展。

首先，拨付一定款项用于排污权交易中心的建设，完善排污权二级市场；其次，拨付专项资金用于收购和回购排污权，不仅可以解决小企业资金困难问题，还能将此作为排污权交易中心的储备；最后，加强排污权交易信息系统建设，降低排污权交易费用，建立完备的污染物监测系统，完善排污权交易的法律基础等，财政部门应保证相关经费的及时、足额发放，提供有利的财力保障，加快推进排污权交易工作的开展。

(二) 配套法律基础政策

目前，排污权交易在河南省的实施处于初级阶段，缺乏相配套的法律依据，为了使排污权交易得到健康、有序的发展，政府应尽快组织开展排污权交易立法研究，必须建立起相关配套的法规及程序。制定排污权交易法律，完善其基础应考虑以下几点内容：

①明确环境容量资源属性，在法律上确立排污权作为一种产权的合法性，将其同其他生产要素一样纳入企业产权范围，同时确认排污权交易的合法地位。

②制定总量控制制度立法，即在功能区实行总量控制原则。排污权交易的理论基础是资源环境的容量有限性，这是总量控制的理论前提，也是总量控制的上限。任何地区发放的排污权指标数量都不应该超过这一容量限制，否则就会导致环境恶化。

③制定排污许可证管理条例。排污许可证是排污单位合法排污的依据，也是排污单位享有排污权的证明。因此，立法要加强对排污许可证的申请条件、审批程序、行政主管部门的监督管理以及相关主体法律责任的规定。这其中尤其需要加强对行政主管部门的约束。排污许可证的审批会对市场主体的经济利益产生影响，对行政主管部门来说具有“寻租”空间，因此要在立法中事先规定行政主管部门的职责和相应的处罚措施，避免权力的滥用。

④制定主要污染物排污权有偿使用和交易管理政策。排污权交易制度中的交易是一个广义的概念，包括环境保护行政主管部门对排污指标的初始分配和排污单位之间富余指标的二级市场交易。该交易管理办法应当对交易主体、交易客体、交易平台、交易程序和法律救济等措施做出规定。

⑤制定企业排污量和排污绩效核定技术规范。在排污权交易中，准确掌握企业排污情况是交易的先决条件。准确掌握企业排污情况，需要建立科学、合理、精确的企业排污量和排污绩效核算技术规范。技术规范需要对企业排污核算内容、核算方法、核算程序等做出全面的、具有可操作性的规定。

⑥制定排污权有偿使用收入和排污权储备资金管理政策，对这一部分资金的属性以及使用范围、方式进行规定。

通过这些政策为排污权交易提供基础法律支持，推进排污权交易的健康发展。

（三）配套技术政策

针对主要污染物为大气污染物和水污染物状况，河南省应制定相对应的技术政策，作为企业建设和政府主管部门管理的技术依据。

首先，是水污染防治技术政策。根据具体情况，主要水污染行业是造纸及纸制品业、化学原料和化学制品制造业，还有纺织业以及其他行业，政策主要包括《造纸工业废水污染防治技术政策》《化学工业园废水处理技术》《城市污水处理及污染防治技术政策》《印染行业废水污染防治技术政策》等。政策都要对其适用范围、控制目标以及改造、处理技术进行详细规定。对造纸企业来说，技术改造方面可采用能耗小、污染负荷排放量小的清洁生产工艺；提高技术起点，如采用硅量较低、纤维含量较高的草浆原料及自动打包技术和少氯、无氯漂白工艺。对于处理技术，碱法化学浆黑液以常规燃烧法碱回收技术为核心的废水治理成套技术；对于半化学浆、石灰浆、化机浆废水处理推荐采用厌氧—好氧处理技术做到达标排放，亚硫酸盐法制浆不宜扩大发展。现有企业制浆废水应采用综合利用技术做到达标排放，洗、选、漂中段废水采用二级生化处理技术，造纸机白水采用分离纤维封闭循环利用技术。

其次，河南省大气污染主要是燃煤行业，可制定《燃煤二氧化硫排放污染防治技术政策》。规定适用范围，即本技术政策适用于煤炭开采和加工、煤炭燃烧、烟气脱硫设施建设和相关技术装备的开发应用。同时，对此政策的技术路线做出说明，即技术政策的技术路线是：电厂锅炉、大型工业锅炉和窑炉使用中、高硫份燃煤的，应安装烟气脱硫设施；鼓励中小型工业锅炉和炉窑使用低硫燃料资源或其他清洁能源；城市居民要采取集中供暖和燃气供热，且热源也是水洗煤等清洁燃料；农村居民则改为以电代煤、以气代煤等清洁取暖方式。而且，还要对具体的污染防治政策做出规定。

最后，为提高河南省整体环境质量，也可对固体废弃物的管理制定固体废弃物污染防治技术政策，主要可包括《城市生活垃圾处理及污染防治技术政策》《危险废物污染防治技术政策》《废电池污染防治技术政策》等。对其适用范围，具体的收集方式、运输方式、储存方式，具体处理技术以及资源再利用技术进行详细规定。如对城市生活垃圾首先进行分类收集，然后采用压缩收集及运输方式，处理方式主要有焚烧处理、堆肥处理、卫生填埋处理；同时，也可对部分垃圾进行回收利用，如对废纸、废金属、废玻璃、废塑料等的回收利用，对垃圾焚烧余热利用和填埋气体回收利用，以及有机垃圾的高温堆肥和厌氧消化制沼气利用等。当然，在垃圾回收与综合利用过程中，应避免、控制二次污染。

6.5.6 其他交易办法借鉴

（一）土地交易办法借鉴

由于排污权与土地权利在属性上有一定的相似性，所以在交易上也有很大相似性，我们可借鉴发展较成熟的土地交易对排污权交易制度进行完善。

（1）土地交易转让方式借鉴

①抵债。抵债是买卖的一种特殊形式，只不过价金支付的条件和期限不同而已。在权利买卖时，使用权的移转和价金的支付是对等进行的，而在以土地使用权抵债时，价金支付在前，所抵之债视为已付之价金；同样，对于排污权来说，价金支付在前，排污权转移在后。土地交易抵债既可缓解拥有土地使用权的一方的资金压力，又能使土地发挥其价值，所以排污权交易可借鉴此方式，赋予排污权抵债功能，对于那些有偿取得排污权的企业，特别是中小企业在经济困难时可将其用于抵债。

②租赁。在土地使用权交易方式中。土地是可以拿来租赁的，并且取得了良好效果。土地使用权租赁，是指土地行政主管部门与土地使用者签订国有土地使用权租赁合同，将国有土地出租给土地使用者使用，并收取租金的行为。我们可借鉴此方式，在排污权交易中采用租赁方式。排污权租赁是政府在初始分配时将排污权租赁给有需要的企业以及在二级交易市场企业间对排污权进行的租赁。把排污权拿来租赁不仅可以减轻企业压力、增加财政积累 、盘活排污指标，还缓解了环境容量对企业发展的制约，能有效地防止偷排、漏排现象的发生。同时，对于拥有富余指标的企业来讲，也能在产量降低或节能减排中获得一笔额外收益。在具体操作中，可参照土地交易租赁政策进行，在拟定排污权租赁方案时要注意以下几点：

（a）对其适用范围、交易主体进行具体规定。（b）对排污权租赁方式的规定，如应当采取招标、拍卖、挂牌或者协议的方式进行。（c）国有土地使用权租赁，可以实行短期租赁或者长期租赁。租赁的具体期限由合同约定，但短期租赁期限一般不超过 5 年，长期租赁期限最长不得超过法律规定的同类用途土地出让的最高年限。排污权交易也实行短期租赁和长期租赁相结合的方式。（d）对排污权租赁合同进行详细说明。（e）排污权租赁的租金标准应当以当时出售价格为基准进行核算。（f）根据对土地使用权租赁的规定，对于排污权转租、转让、抵押其租赁的排污权事项进行规定，首先应当与第三人依法签订转租、转让、抵押合同，并自合同签订之日起 30 日内向所属地环保部门申请办理排污权租赁、转租、变更、抵押登记；但转租、转让、抵押期限不得超过履行排污权租赁合同的剩余期限。

③作价入股。作价入股介于买卖和交换之间，既类似买卖，又类似交换。对于土地使用权交易来说，类似买卖，是指将土地使用权用来作价，所作之价如同买卖之价金；类似交换，是指土地使用权被用来入股，所得之股如同其他财产或特定的财产权益。我们可借鉴土地使用权交易的方式，也可将排污权进行作价入股。当企业拥有富余排污权时可选择有排污权需求且经济效益较好的企业进行作价入股，对于企业本身来说可以在未来不断获取收益；同时，另一方也可暂时缓解资金压力。

（2）服务费收取借鉴

借鉴土地交易服务费方面明码标价以及服务费按累进制收取的规定，我们可对排污权服务费明码标价并采用累进制收取并随着成交价款的上升而上升。

（二）证券交易价格驱动制度借鉴

对于排污权交易来说，采用合理的价格驱动制度也是很重要的，证券交易市场的价格驱动有两种方式：以集合竞价为代表的指令驱动和以做市商制为代表的报价驱动。指令驱动是一种竞价市场，也称为“订单驱动市场”，在竞价市场中，证券交易价格是由市场上的买方订单和卖方订单共同驱动的。报价驱动是指投资者在竞价市场中将自己的买卖指令报给自己的经纪商，然后经纪商持买卖订单进入市场，市场交易中心以买卖双向价格为基准进行撮合。由于排污权的同质化水平和标准化水平较低，所以，排污权交易市场上采用做市商制比集合竞价具有更大的灵活性。

6.6 结论与展望

6.6.1 结论

随着经济的快速发展，环境污染状况也在不断加剧，环境资源的稀缺性和重要性已经引起了人们的广泛关注。排污权交易作为一种有效的环境经济政策已经在全国遍地开花，各地开始探索这种制度以求达到与环境预警机制发展相协调的目的。目前，河南省已在几个试点开展排污权交易工作，并准备在全省全面实施这项政策。因此，也迫切需要完善的排污权交易制度作为其全面推行的依据。

本章通过对河南省环境污染现状以及排污权交易优势的分析，得出了推行排污权交易的必然性，之后针对全省的污染现状及排污权交易现状设计了适合全省的排污权交易制度，为今后全面推行排污权交易制度设计提供了参考。

本章的研究结论主要包括以下几个方面：

在初始分配方面，通过对其他排污权交易试点在初始分配方面的实践以及排污权交易的几种分配模式即免费分配、拍卖、标价出售及有偿与无偿混合机制的研究，得出了河南省排污权有偿使用和交易的初始分配模式即有偿与无偿相结合的混合机制，以及这一分配模式对于新老企业应区别对待；得出了全省在初级阶段应采用等比例的初始分配方法，以及按边际治污成本来确定价格并且在价格方面新老企业也应区别对待的结论。

在二级市场上，根据其他省市的实践，得出了河南省应建立排污权交易储备中心的结论；同时，对全省排污权交易中心的建立应分阶段进行以确保顺利过渡。

通过对现有排污权交易收入存在问题的研究得出了河南省应对交易收入进行专项使用以确保收入的最优配置。

6.6.2 展望

随着排污权交易在河南省的不断推进，其对排污权交易理论研究的需求也将随之扩大，笔者由于水平以及所能收集到的资料有限，对全省排污权交易制度的研究设计还停留在比较肤浅的阶段，对排污权交易的相关理论理解还不够透彻，提出的交易机制还不够完善，因此建议从以下几方面进行进一步探讨，从而为全省排污权交易制度的全面实施奠定良好的理论基础。

①本章是探索性的工作，由于时间和实践条件的限制，存在一些不足之处。本章对初始价格的研究主要是基于边际成本而确定，以平均治污成本来决定初始价格，这是在河南省排污权交易制度初级阶段可采用的方法，但随着排污权交易制度在全省的实施不断成熟，相应的价格机制也应完善，应加强对排污权基础价格的影响因素进行具体分析，确定一套比较完善、公平的价格机制。

②监督机制的建立与完善。建立系统的监督管理制度，用于监督排污权交易的实施过程；否则，设立排污权交易的政策目标就会发生偏离。监督机制既包括政府对自身的各项监督，也包括对排污企业各方面的监督，所以下一步应加强对监督机制的研究，为河南省推进排污权交易提供坚强的支撑体系。

第7章 河南省发展低碳经济的思路与对策研究

7.1 绪论

7.1.1 研究背景与目的

（一）研究背景

自21世纪以来，全球气候变暖，并由此引发了很多自然灾害，这严重影响到人类的生产和生活，并威胁到人们的生命和财产安全。

2006年，英国政府发布了《斯特恩报告》(*Stern Review*)。2007年，联合国气候变化大会制定了世人关注的“巴厘岛路线图”，这表明各国政府对全球变暖达成了共识，并提出世界各国都必须团结起来解决问题，在低碳经济发展史上具有重要意义。政府间气候变化专门委员会（IPCC）第四次评估报告提供的证据显示：近百年来全球平均地面温度升高了0.74℃。全球气候变化给经济社会的可持续发展带来了严重的挑战。

气候变暖的原因有很多种，概括而言，包括自然原因和人为原因。多种研究结果证明，1972—2018年，近50年间观测到的全球平均温度的升高很可能是由于人类生产、生活活动导致的温室气体排放的增加。从全球来看，工业革命以来，二氧化碳排放的不断增加，主要是因为发达国家大力发展工业化消耗了大量能源。“高碳”工业化给地球及人类带来了财富，也带来了灾难，是以破坏地球资源及其生态环境为代价的。发达国家现在不得不采取行动来减缓气候变暖的进程；否则，后果将不堪设想。

“低碳经济”便在这样的情景下应运而生，成为当前的热门名词。目前，在全球范围内低碳经济方兴未艾，各国都在关注气候变化，摸索如何发展低碳经济。而在我国，现在“低碳社会”“低碳城市”“低碳超市”“低碳校园”“低碳交通”“低碳环保”“低碳网络”——各行各业蜂拥而上，统统都冠以

“低碳”二字，使“低碳”成为一种时尚、一种潮流。各级地方政府更是加大了对城市环境建设与保护力度，并着力推动地方产业结构的优化升级，大力发展低碳产业，使低碳经济真正成为促进社会可持续发展的推进器。

经过改革开放40年的飞速发展，河南省GDP每年都以高于全国平均数额的增速运行，发展态势良好。综观过去40年的发展，全省工业经济虽然实现了高速增长，但这主要是依靠资源、能源的过度消耗和大量廉价劳动力的使用来推动的，工业发展呈现出典型的资源型、高碳型结构特点。这种产业结构也使全省付出了较大的环境代价。在当前情形下，只有积极探索低碳经济，走低碳之路，才是全省转变经济发展方式、实现可持续发展的必由之路。

（二）研究目的

加强生态文明建设是我国现代化建设的重要内容之一，也是人们对美好生活需求的必要组成部分。发展低碳经济、走低碳发展之路已经成为我国经济发展的必由之路。

发展低碳经济是调整产业结构的重要途径。目前，我国正处于工业化和城市化的快速发展阶段。大量的基础设施建设仍然需要很多的钢铁、水泥、电力。这些“高碳”产业是新一轮经济增长的驱动产业，它们不可能通过国际市场来满足巨大的国内需求，它们的存在有其合理性和必然性。因此，发展低碳经济，就应不断提高这些“高碳”产业的资源能源利用效率，降低经济发展的碳强度，促进我国经济结构和产业结构优化升级。

发展低碳经济是优化我国能源结构的重要措施。“多煤少油少气”的资源禀赋决定了煤炭在今后很长一段时间内仍将是重要的可支配能源。但是，我国应充分利用国际能源市场的石油、天然气资源，加大低碳能源的利用比重，加快发展可再生能源，提高清洁能源在能源利用结构中的比重，从而减少能源消费的碳排放。

发展低碳经济是我国实现跨越式发展的可能途径。我国要想实现经济发展方式从“高碳”模式向低碳模式的转变，就必须大力发展低碳经济。

发展低碳经济是中国增强国际话语权的重要途径。随着我国经济的持续快速发展，我国已经逐渐走向世界舞台的中央，我们不仅需要更好地参与国际合作，而且还需要更好地发挥中国在国际合作和国际事务中的积极作用，这都需要中国大力开展低碳技术研发、创新低碳产品、倡导低碳消费模式。

只有这样，才能从国际分工的加工环节走向产业链的两端（见图 7-1）。

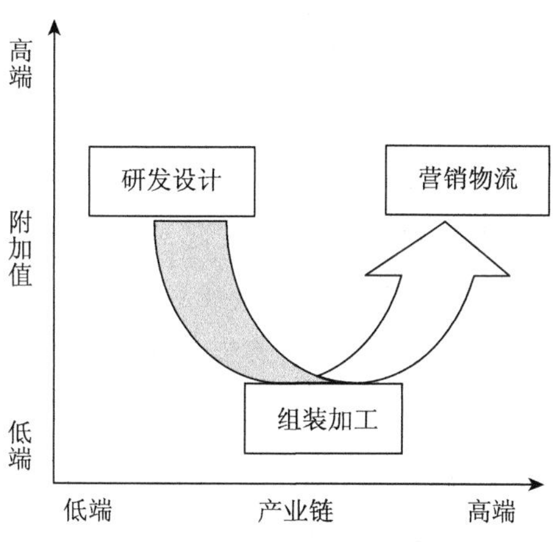

图 7-1　区域分工的“微笑曲线”示意图

河南省经济发展一直以来处于高投入、高能耗、高污染、低效益的粗放型阶段，这也决定了全省在水环境和生态系统方面长期处于被破坏、被大量消耗的状态。展望未来，河南省还将较长时间处于工业化、城镇化和现代化建设的加速期，这也意味着全省还将继续处于一个能源需求快速增长、污染物排放量居高不下的时期。如果不改变传统的经济发展模式，河南省的资源和环境承载力将不可持续，因此，走低碳经济发展之路已迫在眉睫。河南省政府工作报告将“打好节能减排攻坚战和持久战”列为 2010 年的主要任务，全省应积极抓住机遇，把低碳经济作为新的经济增长点和推进区域经济发展的核心。转变经济发展方式，以低碳经济助推经济又好又快发展。

另外，河南省作为全国人口较多的工农业大省，要想实现城乡经济的可持续发展只有大力发展低碳经济，并且已经取得了一定的成效。发展低碳经济，有利于转变经济增长方式和建设生态大省。清洁能源和绿色技术创新的应用，将是改变“三高一低”经济发展模式的有效途径，也是缓解经济发展与环境保护之间矛盾冲突的关键所在。

基于低碳经济的思路与对策研究这一论题，本章通过探讨国内外低碳经济现状及河南省低碳经济转型的优劣势分析，旨在为全省低碳经济的发展提供建设性的意见和建议，以期实现全省经济结构优化调整和城乡居民生活水平的提高，为全省可持续发展献出自己的力量。

7.1.2 国内外研究综述

（一）国外研究综述

2003 年 2 月 24 日，英国首相布莱尔发表了《我们未来的能源——创建低碳经济》白皮书。白皮书指出，英国将在 2050 年将温室气体排放量在 1990 年的水平上减排 60%，从根本上把英国变成一个低碳经济国家。这是首次出现低碳经济（Low Carbon Economy）术语的官方文件。

低碳经济见诸美国相关政府文件中，是在 2007 年 7 月由参议院提出的《低碳经济法案》。该法案的提出，标志着低碳经济将在美国全面展开，并将低碳经济作为美国未来的重要战略选择。2009 年，美国将 580 亿美元投入环境与能源领域，足见其对低碳经济发展的重视。

2006 年，《新国家能源战略》的制定是日本政府首次制订国家能源战略计划。2009 年，日本政府公布的《绿色经济与社会变革》政策草案提出，要想在全国范围内实施低碳经济的发展战略，应该积极采取措施以减少温室气体的排放等。

低碳经济的发展关系到全球的可持续发展，为此，世界各国学者亦对低碳经济的内涵及发展模式等进行了深入的论证、分析与阐述。

莱斯特·布朗（2003）掀起了一场“A、B 发展模式”之争。“A 模式”即以化石燃料为基础、以破坏环境为代价、以经济为绝对中心的传统发展模式。“B 模式”则是以人为本，以利用风能、太阳能、地热资源、小型水电、生物质能等可再生能源为基础的生态经济发展模式。

2006 年 10 月，由英国政府推出、时任世界银行首席经济学家尼古拉斯·斯特恩牵头的《斯特恩报告》，以气候科学为基础，用“成本—效益分析”方法对欧盟提出的全球 2℃升温上限加以论证（进行学术和方法论阐释），呼吁各国应迅速采取切实可行的行动，尽早向低碳经济转型。

巴里·康芒纳（2006）认为，环境危机的根源，不在于经济增长本身，而是在于造成这种增长的现代技术。这种技术往往是从单一的追求生产效率的角度，或从单一的消费使用的目的出发而发明出来的。它忽略了整体，忽略了这种技术赖以发展的基础——生态系统，从而粗暴地破坏了不断循环运动的生命之圈。因此，要克服危机，首先要克服这种技术上的缺陷；要做到这点，必须树立生态学的观点。Schmalensee（1998），Galeotti 和 Coslanza（1999）等的实证研究也发现，用人均收入来表示的经济发展水平与污染物排放量之间存在倒“U”关系，即在工业化早期和工业化后期的不同阶段，随着人均收入的增长，二氧化碳污染物的排放量呈先增长后减少的发展趋势。Panayotou（2003）也同样指出，从长期看，二氧化硫和颗粒物的排放与经济发展之间的环境库兹涅兹曲线呈倒“U”形，并从人们对环境服务的消费倾向角度解释了原因：随着国民收入的提高，产业结构发生了变化，人们的消费结构也随之发生变化。此时，人们开始关注环境的保护问题，环境服务成为正常品，环境恶化的现象逐步减缓乃至消失。

总体来说，发达国家对于低碳经济的研究，主要涉及对低碳经济的发展制定相关目标、制定相关的政策法规、采取减碳措施等。具体来说，主要是从宏观上分析为经济低碳发展需要采取的政策及其在发展低碳经济过程中的优势、机遇与威胁；研究欧洲碳交易机制体系框架的制定及其演化过程，以及对各市场成员的行为产生的影响；研究如何制定、实施最优的碳交易与碳税机制；研究低碳经济的发展给能源供应安全和能源多元化带来的影响，计算二氧化碳的排放给社会带来的成本及实行节能减排给社会经济发展带来的代价等。

（二）国内研究综述

国内对低碳经济的研究起步较晚，自 21 世纪以来，有关低碳经济的研究才逐渐增多。① 总体而言，国内学者对低碳经济的理论研究主要集中在以下几个方面：

第一，低碳经济的内涵方面。付允（2008）认为低碳经济是一种绿色经济发展模式，它是以低能耗、低污染、低排放和高效能、高效率、高效益（三低三高）为基础，以低碳发展为发展方向，以节能减排为发展方式，以碳中和技术为发展方法的绿色经济发展模式。鲍健强（2008）指出，碳排放量成为衡量人类经济发展方式的新标识，碳减排的国际履约协议孕育了低碳经济。从表面上看，低碳经济是为减少温室气体排放所做努力的结果；但实质

① 陈迪. 我国发展低碳经济的公共经济政策［D］. 兰州：兰州商学院，2012.

上，低碳经济是经济发展方式、能源消费方式、人类生活方式的一次新变革，它将全方位地改造建立在化石燃料（能源）基础之上的现代工业文明，使之转向生态经济和生态文明。金乐琴（2009）认为，低碳经济是一种新的经济发展模式，它与可持续发展理念和资源节约型、环境友好型社会的要求是一致的，与当前大力推行的节能减排和循环经济也有密切联系。

第二，发展低碳经济的必要性和意义方面。黄栋（2009）认为，中国发展低碳经济出于以下考虑：首先，当前中国正处于快速工业化和城市化进程中，伴随着工业增长所带来的能源和资源消费会大幅增加。其次，从国际政治的角度来看，随着中国的发展，国际社会也要求中国承诺更多的温室气体减排义务。最后，以新能源和可再生能源为代表的低碳产业是一个潜力无穷的朝阳产业。冯之浚（2009）认为，发展低碳经济不仅是我国转变发展方式、调整产业结构、提高资源能源使用效率、保护生态环境的需要，也是在国际金融危机的影响下增强国内产品的国际竞争力、扩大出口以及缓解在全球温室气体排放等问题上所面临的国际压力的需要。这既符合我国现代化进程的要求，又可以面对来自国际上的挑战。

第三，发展低碳经济的条件方面。王毅（2009）指出，作为最大的发展中国家，中国发展低碳经济的机遇与挑战并存。一方面，探索低碳发展之路，不仅符合世界能源“低碳化”的发展趋势，而且也与我国转变增长方式、调整产业结构、落实节能减排目标和实现可持续发展目标具有一致性。另一方面，中国如果不能尽快实现包括低碳化在内的发展方式的转型，将会面临更多的风险。金乐琴（2009）认为，我国发展低碳经济还存在不少困难，如长期处于发展中国家阶段，经济发展方式尚未根本转变、资源结构不尽合理、高附加值商品在对外贸易的商品结构中所占比重仍然较低，等等。同时，我国发展低碳经济又有一些有利条件，如节能减排的空间比较大且减排成本相对较低、科技进步加快、产业结构升级、技术合作和经营管理效率提升等多种途径。

第四，发展低碳经济的基本途径和战略对策。鲍健强（2008）认为，我国发展低碳经济，一是调整产业结构，发展具有低碳特征的产业，限制高碳产业的市场准入；二是降低对化石能源的依赖，走有机、生态、高效农业的新路子；三是发展低碳工业，优化能源结构，提高能源效率，减少二氧化碳排放；四是建设低碳城市，开发低碳居住空间，提供低碳化的城市公共交通系统；五是通过植树造林、生物固碳，扩大碳汇。郭万达、刘艺娉（2009）认为，未来 40 年是我国发展低碳经济的重要“战略机遇期”。鉴于气候变化的国际外交谈判问题比较复杂，我们应“内外有别”，对外要本着“共同但有区别的责任原则”进行国际谈判；对内则要抓住机遇，积极主动地发展低碳经济。吴昌华（2009）指出，低碳经济涉及政府、企业和公众等相关利益群体，是政策、制度安排、生产方式和消费模式的大变革和结构重构。任力（2009）认为，发展低碳经济的措施有：实施低碳发展战略，调整产业与能源结构，加强低碳技术创新与制度创新，建立碳交易市场，促使企业承担低碳社会责任等。

张雷（2003）通过分析经济发展对碳减排的影响后发现，发展多元化的经济结构和能源消费结构，有助于一国从高排放转变为低排放。赵云君等（2004）通过对样本精心选择后研究发现，样本选择与研究结果之间存在一定关联关系。他认为，环境库兹涅兹曲线仅仅是一种客观现象，而不是客观规律。赵一平（2006）根据“脱钩”和“复钩”的思想，提出了我国经济发展与能源消费相对“脱钩”和“复钩”的概念模型，并对我国经济发展与能源消费的相应关系进行了实证研究，对我国能源弱“脱钩”现象背后存在的深层次问题及主要矛盾进行了识别与分析。孟德凯（2007）建议，我国可以从发展清洁能源供给机制和消费机制、提升能效、建立国际碳汇市场各方面来加快发展低碳经济。谭丹、黄贤金、胡初枝（2008）首先测算了我国工业各行业近十几年来的碳排放量，总结了我国工业行业碳排放的特征，进而运用灰色关联度方法分析了我国工业行业碳排放量与产业发展之间的关系。研究结果表明：产业产值与碳排放之间存在密切联系。作者通过测算工业各行业单位 GDP 碳排放量的变化，分析了工业行业产业结构与碳排放的关系。潘家华（2005）认为，我国有些地区存在“喊口号”的做法，这无益于中国节能减排政策的真正落地，在实践中必须强抓节能优先的发展战略，注重节能与减排的一致性。鲍健强等（2008）认为，我国应从多层次、多角度、全方位构建促进低碳经济发展的政策体系，具体包括工业发展低碳化、农业发展低碳化、城市建设低碳化、低碳金融等方面，要切实通过产业结构调整与升级、全产业链低碳化发展、低碳能源结构、低碳交通、低碳建筑等经济社会的方方面面，构建良好的低碳经济社会氛围和发展环境。付允、马永欢、刘怡君、牛文元（2008）从宏观、中观、微观三个层次论证了经济发展模式，得出了我国发展低碳经济的对策为：节能优先，化石能源低碳化，激励低碳技术研发以及建立我国的碳排放权交易机制。朱四海（2009）认为，发展低碳经济的关键在于经济发展方式的转变，因此，建议从低碳思想、碳排放测算、减碳技术、能源供给和能源消费等方面努力。

7.1.3 研究内容和研究方法

（一）研究内容

本章共有七节，主要内容概括如下：

第一节，绪论。重点阐述发展低碳经济的国内外背景和现实意义，以及相关学者在这方面的研究成果和研究现状，在此基础上，提出本书的研究框架。

第二节，低碳经济概述。详细阐述低碳经济的发展脉络、低碳经济的基本内涵和我国发展低碳经济的必要性。

第三节，分别从国际和国内总结归纳低碳经济发展形势及典型国家和地区发展低碳经济的不同路径选择，并做出比较分析。

第四节，先介绍河南省目前低碳经济的发展现状，接着通过统计分析与比较分析，指出向低碳经济转型的障碍及潜在优势。

第五节，针对河南省发展低碳经济面临的主要问题，结合现代经济相关规划，得出碳工业经济发展的思路与策略。

第六节，河南省领先企业低碳发展案例研究。对全省著名企业风神和焦煤进行低碳发展的案例进行分析。

第七节，结论与展望。在总结前面研究成果的基础上，提出河南省未来发展低碳经济的前景。

（二）研究方法

①文献研究法。通过对国内外大量相关文献的阅读、分析与整理总结，为本书研究思路提供扎实的理论研究基础，而且也会为本书的研究方法选择提供经验借鉴。此外，通过相关书籍、报刊以及互联网查阅大量的研究资料，确保能够全面、正确地了解并分析河南省低碳经济发展中的相关问题。

②归纳法和演绎法。归纳法和演绎法一直伴随着本书的整个研究过程，二者之间也是相辅相成的关系，通过归纳总结可以将量化研究成果提升到更高的理论层次，通过演绎则可以从一般问题到具体问题，如对焦煤集团的案例研究。

③理论与实际相结合。以低碳经济的相关理论为基础，结合低碳经济发展的实际，系统研究低碳经济发展的相关问题，并提出对策建议。

7.1.4 难点与创新点

（一）难点

（1）河南省经济发展现状内涵广泛，发展低碳经济面临的困难较多，且涉及工农业、城市生活等经济社会的各个领域，要想把这些归纳总结好确实不容易。

（2）发展低碳经济虽然是一个热门话题，但讨论的深度尚需进一步加深，研究视角也需进一步拓宽，现有研究成果中宽泛研究较多，具体、有针对性的成果仍然缺乏。我国尚没有出台与低碳经济相关的法律、政策，河南省工业企业发展低碳经济也缺乏国家层面相关政策的支持。

（二）创新点

（1）主要创新点在于河南省发展低碳经济的优劣势对比分析；

（2）本章结合河南省代表性企业进行案例研究和分析。

7.2 低碳经济概述

7.2.1 低碳经济的起源与内涵

（一）低碳经济的起源

“低碳经济”最早见诸政府文件是在2003年的英国能源白皮书《我们能源的未来：创建低碳经济》。2006年，世界银行前首席经济学家尼古拉斯·斯特恩牵头做出的《斯特恩报告》指出，全球每年1%的GDP投入，可以避免将来每年5%~20%的GDP损失，呼吁全球向低碳经济转型。

2007年12月3日，联合国气候变化大会在印尼巴厘岛举行，并通过了世人关注的应对气候变化的“巴厘岛路线图”。该“路线图”为2009年前应对气候变化谈判的关键议题确立了明确议程，要求发达国家在2020年前将温室气体减排25%至40%。“路线图”为全球进一步迈向低碳经济起到了积极的作用，具有里程碑意义。联合国环境规划署确定2008年“世界环境日”（6月5日）的主题为“转变传统观念，推行低碳经济”。

2007年7月，美国参议院提出了《低碳经济法案》，表明低碳经济的发展道路有望成为美国未来的重要战略选择。2008年7月，日本北海道G8峰会上，八国围绕与《联合国气候变化框架公约》达成的到2050年把全球温室气体排放减少50%的长期目标，进行了系统的讨论。

中国是国际社会较早提出发展低碳经济的国家，并切实采取行动积极推进低碳经济发展。2006年年底，科技部、中国气象局、中国社科院、国家发展改革委、外交部、国家环保总局等六部委联合发布了我国第一部《气候变化国家评估报告》。2007年6月，中国正式发布了《中国应对气候变化国家方案》。2007年9月8日，国家主席胡锦涛在亚太经合组织（APEC）第15次领导人会议上提出了四项建议，“发展低碳经济”，研发和推广“低碳能源技术”，“增加碳汇”，“促进碳吸收技术发展”。他还提出：“开展全民气候变化宣传教育，提高公众节能减排意识，让每个公民自觉为减缓和适应气候变化做出努力。”这也对全国人民发出了号召，提出了新的要求和期待。胡锦涛主席还建议建立“亚太森林恢复与可持续管理网络”，共同促进亚太地区森林恢复和增长，减缓气候变化。

2008年1月28日，世界自然基金会（WWF）正式启动“中国低碳城市发展项目”，以期推动城市发展模式的转型，保定和上海是首批入选的2个试点城市。根据WWF和保定签订的《合作备忘录》，在“新能源产业带动城市低碳发展”的原则下，双方的合作将重点集中在：新能源产业及低碳经济发展方面先进理念和经验的引入；保定市成功经验的国内外推广；保定市新能源产业发展的能力建设。WWF将通过项目促进保定可再生能源及能效产品的出口和应用，对项目进行国内外宣传和推广，并为项目提供部分资金支持。保定市政府则将为项目提供相应的配套资金和人力物力，以确保项目顺利实施。

2008年，须应低碳经济的趋势，深圳市宗兴环保科技有限公司技术研发中心开发了新的项目《减碳技术咨询服务》，并服务企业近百家，项目包括碳减排空间测评、减碳措施分析、减碳效果评价、减碳报告总结。2009 年 3 月，中科院发布的《2009 中国可持续发展战略报告》提出了中国发展低碳经济的战略目标，即到 2020 年，单位 GDP 的二氧化碳排放降低 50%左右。

2009 年 9 月，胡锦涛主席在联合国气候变化峰会上承诺："中国将进一步把应对气候变化纳入经济社会发展规划，并继续采取强有力的措施。一是加强节能、提高能效工作，争取到 2020 年单位国内生产总值二氧化碳排放比 2005 年有显著下降。二是大力发展可再生能源和核能，争取到 2020 年非化石能源占一次能源消费比重达到 15%左右。三是大力增加森林碳汇，争取到 2020 年森林面积比 2005 年增加 4000 万公顷，森林蓄积量比 2005 年增加 13 亿立方米。四是大力发展绿色经济，积极发展低碳经济和循环经济，研发和推广气候友好技术。"

2010 年 3 月 11 日，中国国际经济合作学会杨金贵在《北京财经周刊》发表文章《2010，以低碳经济为核心的产业革命来临》，指出：一场以低碳经济为核心的产业革命已经出现。低碳经济不但是未来世界经济发展的大方向，更已成为全球经济新的支柱之一，也是我国占据世界经济竞争制高点的关键。文章引起了广泛关注。

此后，各大国际会议开始更加频繁地关注地球"健康"，探索绿色经济、低碳经济，"地球一小时"活动吸引了越来越多的世界城市参与，4 月 22 日被定为"世界地球日"，等等，一次次地唤醒人们爱护地球母亲的拳拳之心。

（二）"低碳经济"的内涵

2003 年的《英国能源白皮书》最早提出低碳经济这个概念。其要点是提高能效，采用再生能源，以及采用 CCS（碳捕获与封存技术）。低碳经济虽然表面上看是气候变化问题引出的，但是，低碳经济却是生态文明的总体解决方案。低碳经济能够同时实现三个目标：低碳经济既可解决能源安全问题，也能够解决气候变化问题和环境污染问题，还可以解决提高国家经济国际竞争力以及增加就业岗位的问题。

对于低碳经济与绿色经济、生态经济、循环经济与节能减排的关系，我国学者崔大鹏认为，绿色经济、生态经济内涵宽泛，包容很广，可以简单理解为一个无所不包的"外壳"。循环经济侧重于废能的减量化、再利用和资源化，可以理解为其中的一个重要分支或方法论，而低碳经济则不仅仅是其中一个重要分支或方法论。低碳是可持续发展的核心、本质和灵魂，它又是“可测量、可报告、可检查”的，从而在操作中有明确的“抓手”。低碳经济一针见血地抓住了“应对气候变化、解决能源安全、发展创新经济”的要害。

低碳经济是以低能源、低污染、低排放为基础，以能效技术、可再生能源技术和温室气体减排技术的开发和运用为核心，以市场机制、制度框架和政策措施为主导，以减少化石燃料消耗和温室气体排放为标志，以经济社会与生态环境相互和谐为目标的新型发展模式，是人类社会继农业文明、工业文明之后的又一次重大进步；它的实质是高能源利用效率和清洁能源结构问题，核心是能源技术创新、制度创新和人类生存发展观念的根本性转变。低碳发展方向是指在保证经济社会健康、快速和可持续发展的条件下最大限度降低碳发展，重点是低碳，目的是可持续的发展。而低碳经济的发展模式就是在实践中运用低碳经济理论组织经济活动，将传统经济发展模式改造成低碳型的新经济模式。具体来说，低碳经济发展模式是以低能耗、低污染、低排放和高效能、高效率、高效益（三低三高）为基础，以低碳发展为发展方向，以实施节能减排为发展的主要手段，以碳中和技术为发展方法的绿色经济发展模式。

低碳经济具有三方面特征：首先是经济性。包含两层含义：一是低碳经济应按照市场经济的原则和机制来发展，二是低碳经济的发展不应导致人们生活水平条件和福利水平明显下降。也就是说，既反对奢侈或能源浪费型的消费，又必须使人们生活水平不断提高。更通俗地说，发展低碳经济不能也不是让人类回到农耕社会。其次是技术性。也就是通过技术进步，在提高能源效率的同时，降低二氧化碳等温室气体的排放强度。前者要求在消耗同样能源的条件下人们享受到的能源服务（如照明、家用电器消耗等）不降低，后者要求在排放同等温室气体情况下人们的生活条件和福利水平不降低。这两个“ 不降低”需要通过能效技术和温室气体减排技术的开发和产业化来实现。最后是目标性。发展低碳经济的目标应该是将大气中温室气体的浓度保持在一个相对稳定的水平上，不至于带来全球气温上升影响人类的生存和发展（如海平面上升导致小岛屿国家的淹没等），从而实现人与自然的和谐发展。

7.2.2 发展低碳经济的必要性

（一）发展低碳经济成为全球共识

第一，“碳排放”将成为今后重要的国际战略资源。二氧化碳排放权有可能是继石油等大宗商品之后又一新的交易品种，欧美国家已经形成了碳交易货币和碳金融体系，“碳排放”技术及其产品将成为重要的国际战略资源和资产。近年来，各国纷纷以低碳经济作为经济的新增长点，有的国家甚至为保护“碳技术”设起了“碳关税”。

表7-1　20世纪60年代至2008年年初全球极端气候事件

日期	事件	危害情况
20世纪60年代	撒哈拉牧区持续6年干旱	粮食、牧草极度缺乏，牧畜被大量宰杀及饥饿致死超过150万
1988年	马达加斯加高地传染性疟疾	死亡10万多人
1988年	位于吉尔吉斯斯坦和乌兹别克斯坦交界的沙嗨玛噔峡谷的冰川突发洪水	超过100人死亡，当地生产生活受到严重影响
1998年	米奇飓风席卷洪都拉斯	贫困人口增加了8%，低收入家庭失去了20%的生产资本
1998年	孟加拉国洪灾	2/3国土淹没，1000人罹难，3000万人无家可归
2001—2003年	马拉维连年旱涝	1000人死亡，2万人死于营养不良和疾病
2004—2005年	尼日尔干旱与粮食匮乏	250万人需要紧急粮食援助，56个区面临粮食安全问题
2005年	新奥尔良卡特里娜飓风	1500人死亡，78万人流离失所，房屋20万所被破坏，交通基本瘫痪
2005年	中国发生了13次严重的沙尘暴	水土流失和沙漠化加剧
2008年年初	中国南方10省市冰冻雨雪灾难	107人死亡，8人失踪，直接经济损失达1111亿元

第二，碳基能源开始走向终结。化石能源燃烧排放出大量的二氧化碳，而二氧化碳等温室气体是导致全球气候变暖的重要原因。在全球能源供给结构中，可再生能源所占比重不到10%。因此，从应对气候变化等角度可以看出，化石能源将逐步退出在能源消费结构中的主导地位，清洁能源所占比重

将大幅度上升。

第三，碳排放量形势严峻。下面我们来了解一组数据，如表 7-2 所示。

由表 7-2 可知，在全球碳排放量前 10 名中，我国名列榜首，年碳排放量约占全球碳排放量的 1/5。而全球碳排放总量也不容小觑，如何有效实行碳减排，促进全球环境与经济的协调发展，成为亟待解决的问题。

表 7-2　全球碳排放量前 10 名

排名	国家/地区	排放量（百万吨）	占全球百分比（%）	人均排放量（吨）及其排名
1	中国	7219.20	19.12	5.5（72）
2	美国	6963.80	18.44	23.5（7）
3	欧盟	5047.70	13.37	10.3（39）
4	俄罗斯	1960.00	5.19	13.7（18）
5	印度	1852.90	4.91	1.7（120）
6	日本	1342.70	3.56	10.5（37）
7	巴西	1014.10	2.69	5.4（74）
8	德国	977.4	2.59	11.9（25）
9	加拿大	731.6	1.94	22.6（8）
10	英国	639.8	1.69	10.6（36）

资料来源：世界资源研究所（WRI）网站。

（二）我国发展低碳经济的必要性

第一，发展低碳经济是经济可持续增长和保护环境的需要。改革开放以来，我国经济实现了跨越式增长，然而是以资源的空前消耗和严重生态环境破坏为代价的。按现行汇率计算，2006 年我国 GDP 总量大约占世界 GDP 总量的 5.5%，但是能源消耗达到了 24.6 亿吨标准煤，大约占世界能源消耗的 15%；水泥消耗 12.4 亿吨，占 54%：与 2005 年相比，分别增长了 9.61% 和 18.1%。2003 年，中国的单位 GDP 能耗为美国的 4.3 倍，日本的 11.5 倍，单位 GDP 水耗是发达国家的 5.1～35.8 倍。2008 年，全国能源消费中，煤炭消费比重占 68.67%，石油占 18.68%，天然气占 3.77%，水电、核电、风电占 8.89%。鉴于我国能源结构以燃煤为主，而且能源利用效率低和能源消费弹性系数高，能源引起的环境问题不容乐观。2005 年松花江水污染事件、广东北江镉污染事件和 2007 年太湖蓝藻危机，严重威胁当地城市用水；耕地面积持续减少，逐渐逼近 18 亿亩的耕地面积警戒线。资源过度的开发和不合理的利用，致使生态环境严重恶化，威胁着我国经济的可持续发展。

第二，我国减排压力不断加大。中国处在工业化中期阶段，在国际贸易中，出口的产品主要是资源和能源密集型产品，因此对能源消耗特别大。我国能源消耗占世界消耗总量的 1/4，二氧化碳排放占世界排放总量的 1/5，这将挤占本土战略产业未来的发展空间。发达国家正在用这种新的“绿色壁垒”打压中国经济，遏制中国经济的发展。因此，在国际上，在坚持“双轨制”的同时，应积极发展低碳经济，抓住低碳革命的历史机遇。

第三，能源安全涉及对外战略、国家安全、战略经济利益以及分配格局等多层次的战略性问题，是维护经济安全和国家安全，也是实现现代化建设战略目标的必然要求。我国能源资源总量较为丰富，但人均能源拥有量较低，人均能源拥有量远低于世界平均水平。煤炭和水力资源人均拥有量相当于世界平均水平的 50%，石油、天然气人均资源量仅为世界平均水平的 1/15 左右，耕地资源不足世界人均水平的 30% ，这制约了生物质能源的开发。随着经济社会的快速发展，我国对能源的需求不断增加，2009 年中国原油产量为 1.89 亿吨，净进口原油 1.99 亿吨。据此测算，中国原油对外依存度约为 51.3% ，已经超过 50% 的国际警戒线。作为一个经济规模还在增强的新兴大国，中国对能源的需求还将不断上升。在缺乏国际定价权的背景下，中国的能源安全会受到越来越严峻的挑战，能源安全也将成为影响中国经济未来可持续发展的核心问题。

表 7-3　2050 年不同温室气体浓度水平下，全球排放总量及中国排放空间

不同浓度水平（ppm）	全球排放总量（亿吨 CO_2）	中国占 26%时的排放总量（亿吨 CO_2）	中国 2005—2050 年平均增长空间（%）
450	260	67.6	0.7
550	310	80.6	1.3
650	440	114.4	2.7
750	510	132.6	3.5

资料来源：刘燕华，葛全胜，何凡能，等．应对国际 CO_2 减排压力的途径及我国减排潜力分析[J]. 地理学报，2008，63（7）：675-682.

表 7-4　我国与能源大国能源占有情况对比

项目	中国			美国人均储量	俄罗斯人均储量	加拿大人均储量
	占世界总量百分比	人均储量	占世界人均百分比			
石化能源总量	11%	67 t	58%	468 t	893 t	207 t
石油	1.8%	1.8 t	11%	14.8 t	44.2 t	22.4 t
天然气	0.7%	1063 m^3	4.5%	17527 m^3	320733 m^3	60253 m^3
煤炭	16%	125	79%	913 t	772 t	288 t

工业化、城镇化和农业现代化都对我国能源需求提出了挑战，导致我国能源消费节节攀升，能源缺口进一步扩大（见表 7-5）。

表 7-5　2000—2008 年我国能源生产与消费情况

年份	一次能源生产量（万吨煤当量）	一次能源消费量（万吨煤当量）	缺口（万吨煤当量）
2000	128743	139445	10702
2001	136223	142972	6749
2002	142829	151789	8960
2003	164011	176074	12063
2004	187268	204219	16951
2005	205860	225781	19921
2006	220895	247562	26667
2007	234956	268413	33457
2008	247010	277515	30505

资料来源：根据 2009 年《中国能源统计年鉴》整理。

7.3　国内外低碳经济发展形势

我们的当务之急，是如何迅速并且以什么规模促进向低碳经济的转型。基于不同减排义务和经济发展水平，发达国家和发展中国家发展低碳经济的着眼点有所不同：发达国家着眼于低碳化，把低碳经济目标和控制温室气体排放的国际义务联系在一起；而发展中国家更加关注发展或者说发展速度，在强调发展目标的前提下，实现自愿减排，以期减排与发展的共赢。

7.3.1 低碳经济在国际的发展形势

大力发展低碳经济已经成为继金融危机之后，世界各国一致认可的下一轮经济增长的动力。世界主要发达国家也在加快低碳经济转型，构筑全球竞争新格局，其对应措施主要包括以下几个方面：

①大规模投入低碳领域，促经济复苏，培育新的经济增长点。2008年全球金融危机爆发后，美国、欧盟和日本推出了前所未有的大规模经济刺激计划，都把低碳领域作为投资的重点。

2009年2月，美国总统奥巴马签署了《复苏与再投资法案》，实施总额为787亿美元的经济刺激计划，内容包括开发新能源、节能增效和应对气候变暖等方面。在德国、英国等多个欧盟成员国先后出台本国经济刺激计划后，欧盟委员会为协调各国行动，最大限度地发挥各国经济刺激举措的潜力以形成规模效应，于2008年12月，推出了总额为2000亿欧元的（约合2520亿美元）的经济刺激计划。其中，为实现欧盟发展低碳经济的“三个20%目标”的投资为480亿欧元（约合605亿美元）。可见，欧盟把促进经济复苏和增加就业机会的短期措施与向低碳经济转型的中期战略结合了起来。2009年3月，欧盟宣布将在2013年之前投资1050亿欧元（约合1323亿美元）用于绿色经济建设，以创造更多就业机会，抵制全球气候变暖，并稳固欧盟在环保技术领域的世界领先地位。2009年4月，日本公布了总额为15.4万亿日元（约合1540亿美元）的经济刺激计划，包括紧急对策，核心内容是低碳革命。目标是到2020年，太阳能利用达到世界第一位；对可再生能源的利用规模达到世界最高水平；在世界上最早实现普及环保汽车；推进低碳交通革命，发展世界最先进物流；成为资源大国，领导世界低碳再循环潮流；稳定就业和金融体系；投资未来，着眼于今后的增长战略；刺激日本的活力；等等。

②制定和实施中长期战略规划，主导世界低碳技术和产业发展。低碳经济作为新的发展模式，成为后危机时期世界经济增长的重要推力。主要发达国家凭借低碳领域的技术和制度创新优势，都制定和实施了发展低碳经济的中长期战略规划，力图在新一轮的世界经济增长中获得强有力的竞争优势。

奥巴马在总统竞选之初就明确表示，将在美国实行温室气体减排、促进清洁能源及能效领域发展，并且重返国际气候谈判舞台，2009年6月通过的

《美国清洁能源安全法案》是美国在这个方向上迈出的重要一步。《法案》明确规定减少化石能源的使用：温室气体排放量到2020年要在2005年的基础上减少17%，到2050年减少83%。自2012年起，开始实行温室气体总量控制与排放权交易制度，发电、炼油、炼钢等工业部门的温室气体排放配额将逐步减少，超额排放需要购买排放权。到2020年，电力生产中至少15%为太阳能、风能、地热等清洁能源，另有5%通过节能措施减少能源消费，两项相加必须达到20%。投资1900亿美元用于发展新的清洁能源技术和提高能源使用效率，包括可再生能源、碳捕获和储存、电动和其他先进技术交通工具、基础科学研发等。《法案》构成了美国向低碳经济转型的法律框架，表明其在气候变化政策上的根本性转变。

③发达国家纷纷实行碳税政策，已经严重影响到发展中国家的出口贸易。发达国家的温室气体减排行动将通过世界经济贸易的传导机制，给尚未承担减排义务的发展中国家带来不良影响。目前，备受关注的是美欧发达国家欲将应对气候变化与国际贸易挂钩，实施“碳关税”。此举将改变国际贸易竞争格局，对发展中国家的出口贸易构成严峻挑战。

7.3.2 国外发展低碳经济的典型案例

（一）欧盟的低碳经济

欧盟一直是应对气候变化的倡导者，也是低碳经济发展水平最高的地区之一，其主要发展特征在于国家战略层面的推进和相对完整的低碳经济发展体系。2008年，欧盟委员会提出的《气候变化行动与可再生能源一揽子计划》旨在带动欧盟低碳转型，并以此引领全球进入“后工业革命”时代。目前，欧盟已初步建立起相当完整的低碳经济发展体系，主要包含能源、资源、环境性产品及服务的价格信号导向机制；谁污染谁付费的责任延伸机制；能源资源消耗、污染物排放的标准体系及第三方监测机制；排放限值制度和排放权交易机制；技术准入许可机制；节能环保服务企业专业化运营机；等等。

（二）美国的低碳经济

在气候变化问题上，美国的态度常与多数国家不一致。美国虽然拒不接受《京都议定书》，但其在低碳经济发展方面却毫不逊色：其发展重点突出体现在可持续能源发展和低碳技术研发等方面，并成为美国经济振兴计划的重要战略选择。例如，2006年，美国公布了新的气候变化技术计划，通过推动在新一代清洁能源技术方面的研发与创新，以减少对石油的依赖，从而确保国家的能源安全和经济发展；2009年6月，通过了《美国清洁能源安全法案》。其发展特征主要表现为在注重政府调控的同时，更加注重市场机制的推动作用。例如在低碳能源领域，美国吸引的风险资本和私人投资最多，生产税收减免等联邦法规也对开发和利用可持续能源、发展低碳经济起到了积极的推动作用。

（三）日本的低碳经济

日本是《京都议定书》的诞生地。2008年，“福田蓝图”拟把日本打造成为世界上第一个低碳社会。作为世界第二大经济体，日本在低碳能源转型和低碳城市建设等方面成效显著。一般来讲，新能源研发利用初期都面临着较高成本，其市场化推广应用困难较大。然而，近年来，日本不断研发的新能源技术使能源利用效率大幅度提高，新能源开发利用表现出扭亏为盈的倍增趋势，现已开始从“耗能大国”到“新能源大国”转变。特别是太阳能领域，成为日本经济转型中的核心战略之一。2009年，日本把发展太阳能首次正式列入经济刺激计划。长期以来，日本将城市作为推动低碳经济发展的重要载体，2008年7月，日本政府选定了包括横滨市、北九州市、带广市、富山市、熊本县水俣、北海道下川町6个不同规模的城市作为“环境模范城市”，以表彰和鼓励它们积极采取切实、有效的措施防止温室效应的行为。

（四）巴西的低碳经济

巴西是推动生物燃料业发展的先锋，也是当前生物燃料业发展较为成功的范例。作为世界上最大的甘蔗种植国，巴西每年甘蔗产量的一半用来生产白糖；另一半用来生产乙醇，代替汽油作为机动车行驶的燃料。近年来，由于过高的汽油价格和混合燃料轿车的推广，巴西燃料乙醇工业更是得到了长足的发展。除了燃料乙醇外，巴西政府于2004年颁布了有关使用生物柴油的法令，规定在2007年前允许柴油批发商在柴油中添加一定比例的生物柴油；从2008年起，全国市场上销售的柴油必须添加2%的生物柴油；到2013年，添加比例应提高到5%。此外，巴西还出台了相应的鼓励政策与措施。

7.3.3 低碳经济在中国的发展

作为一个负责任的发展中国家，中国高度重视应对气候变化。中国充分认识到应对气候变化的重要性和紧迫性，按照科学发展观的要求，统筹考虑经济发展和生态建设、国内与国际、当前与长远的关系，制定并实施应对气候变化的国家方案，采取了一系列应对气候变化的政策和措施。

（一）中国低碳经济发展的最新动态

第一，中央政府层面。国家高度重视低碳经济和相关产业的发展。2006年以来，国家先后公布了《气候变化国家评估报告》《中国应对气候变化国家方案》，并在“十一五”规划中明确提出大力发展新型能源技术，提出了节能减排的约束性指标等；2007年，在亚太经合组织（APEC）第15次领导人会议上，胡锦涛主席首次明确提出了“发展低碳经济”、研发和推广“低碳能源技术”“增加碳汇”“促进碳吸收技术发展”。2009年4月，国家发改委已着手制定“推进低碳经济发展的指导意见”。生态文明建设首度写入五年规划，作为“十三五”规划发展的目标之一，受到广泛关注，显示出国家层面对低碳经济、环境保护的高度重视。

第二，地方各省市最新动态。低碳经济的研究和试验在国内一些地方已开始启动。如吉林市已被国家有关部门列为低碳经济区案例研究试点城市；广东省建议将珠海申请为中国首个“低碳经济示范区”；上海市已拟定建立“低碳经济实践区”；河北省保定市以“中国电谷，河北保定”为口号，倾力打造内地首个低碳城市；北京环境能源交易所、上海环境能源交易所以及天津排放权交易所也相继成立。

第三，中部六省相继发力。“高碳大省”山西，在2010年全省经济工作会议上就明确提出了发展低碳经济的新方向，出台了相关措施，着力推进高碳能源低碳化，并以此为突破口，如山西省朔州市作为一座新兴能源工业和生态畜牧城，围绕打造“清洁煤电之都”，在降低污染等方面摸索出了好的经验和做法，走出了一条高碳能源城市低碳转型发展的新路子，被低碳经济专家称为“朔州途径”；河南省在政府工作报告中提出了“大力发展循环经济、绿色经济和低碳经济，加快资源节约型、环境友好型社会建设”，并已率先组建了低碳集团有限公司；湖南、安徽以及江西等省市也陆续出台了一系列财政、税收、金融以及其他政策来大力推进低碳经济发展。

（二）中国发展低碳经济的试点案例

低碳城市，指以低碳经济为发展模式及方向，市民以低碳生活为理念和行为特征、政府公务管理层以低碳社会为建设标本和蓝图的城市。低碳城市建设采用以主权政府为推动主体，市场为导向的社会发展城市。2010 年，在北京召开的中国低碳经济合作项目动员大会上，南昌市成为全国唯一一个被列为国家低碳经济试点的省会城市。它同全国其他城市具有相似的工业体系和模式及资源状况，具有很强的推广意义。所以，笔者将以南昌市为例介绍中国发展低碳经济的可行性。

南昌既是国家历史文化名城，又是革命英雄城市。总面积为 7402 平方千米。南昌市是我国重要的综合交通枢纽、制造业基地，也是长三角、珠三角、闽东南经济地区国外大型产业与总部转移对接基地，被誉为中国“未来都市，绿色之都”。站在新的起点上，南昌市在“转”字上破题，在“变”字中找旋律，用绿色诠释着“新”的内涵，正在走一条绿色崛起的和谐发展之路。

南昌市传统产业以冶金和重化工业为主，南钢、江氨等老牌企业既是南昌的纳税大户，又是能耗和排污大户，而且不少企业分布在市区附近，多年来市民饱受污染之苦。城市要低碳，产业要先行，这是南昌打造低碳城市的前提。为此，南昌市按照“产业存量朝低碳改造，产业增量朝低碳发展”的思路，克服财力不足、搬迁难度大等困难，坚决实施了工业企业“退城进园”战略。从 2002 年开始，政府部门先后投资 20 多亿元，分期分批对市区存在严重污染源的企业实施“退城进园”。在实施这一战略转移过程中，为杜绝企业将污染同步转移，严格要求企业实施产业结构调整、改进生产工艺、开展清洁生产审核等措施，对不符合国家产业政策、污染严重的企业坚决实行关、停、并、转。

近年来，南昌市光伏产业发展迅猛。2009 年 11 月 16 日，全球首条双线双结大面积硅基高效薄膜太阳能电池项目在高新区宣布竣工试产，项目建成后将实现年销售收入 20 亿美元。南昌光伏产业园将被打造成太阳能硅片、太阳能电池、太阳能导电玻璃和太阳能电池延伸产业四大基地。高新区光伏产业增长态势良好，正在成为全球最大的光伏产业基地。光伏产业只是全市低碳产业的“三驾马车”之一，其他“两驾马车”分别是 LED 产业和服务外包产业。2000年，南昌规模以上工业增加值不到90亿元；2001年开始，南昌工业舞动改革长袖，发展步伐加快，在2004年和2007年实现了两个“三年翻番”之后，2010年又迎来了第三个“三年翻番”的实现。十年的新型工业化之路，南昌工业走过了从量的扩张到质的飞跃的光辉历程，从低落到高昂，挺起了经济崛起的脊梁。

“南昌要推进城市化的重点是做强、做大、做优、做美城市，真正建成一个人民群众向往的城市，人民的根本利益得到充分体现的城市，经得起历史50年、100年检验的城市”，这是南昌市决策者的豪气，更是对一座城市负责的宣言。由于历史原因，老城区规划不尽合理，人口密度过高带来的直接后果是城市交通拥堵，车辆尾气排放量大。为此，近年来，南昌市按照“一江两岸、南北两城、双核拥江”的大都市发展格局，拉开了城市发展框架，科学构筑起“组团式、网络状发展”的宏图。为了给老百姓提供更加舒适、整洁的居住环境，从2003年起，南昌市连续实施了四轮“百路大会战”，对全市多条小街小巷进行了综合改造。该工程的实施，让市民家门口的路越来越好走，不少老城区街巷陈旧、功能落后、排水不畅、路灯不亮等问题都得到了明显改善，得到了广大市民的交口称赞。此外，全市亦通过制度完善和考核差异并重，从“园林化”到“森林化”打造城市碳汇体系等措施以实现其绿色梦想，这些低碳措施十分值得其他城市借鉴。

7.4 河南省低碳经济发展现状与优劣势分析

7.4.1 河南省发展低碳经济的现状

随着国内经济企稳回升势头的逐步增强和市场需求的进一步复苏，电力、钢铁、水泥、化工等高耗能行业的产能逐步释放，河南省高耗能、高污染行业生产也逐渐加快。全省18个市2008年GDP单位能耗全部呈下降趋势，其中三门峡市和济源市分别下降9.01%和6.13%；全省各市单位工业增加值能耗也同比呈下降趋势，其中郑州市、开封市和新乡市分别下降10.83%、10.51%和11.38%；全省各市单位GDP电耗也同比下降。2010年，在工业特别是能源原材料工业生产大幅回升形势的影响下，全省能源消费强势增长，给节能降耗工作带来较大压力。面对压力，全省积极主动采取多项应对措施，加强预警，及时调控，注重优化产业结构，严控“两高”行业过快增长，完成淘汰落后产能任务，加强对高耗能行业及重点耗能企业的跟踪监测及指导，抓好节能综合性措施的落实，如期完成全省“十一五”时期节能减排目标任务。

正是由于大力推行以上措施，低碳经济发展卓有成效，河南省较好地完成了“十一五”规划确定的主要目标任务，成功实现了由传统农业大省向全国重要的经济大省、新兴工业大省和有影响的文化大省的历史性转变，经济社会发展呈现出好的趋势、好的态势、好的气势。

表 7-6　“十一五”规划主要发展目标完成情况

指标属性	指标名称		“十一五”规划目标		“十一五”完成情况	
			2010 年	年均增长（%）	2010 年	年均增长（%）
预期性	1	地区生产总值（亿元）	17000	10	22700	12.8
	2	人均生产总值（元）	18100		23450	
	3	财政一般预算收入（亿元）	900	11	1381	20.8
	4	全社会固定资产投资（亿元）	8810 累计 33950	15	16500 累计 54600	30.4
	5	五年城镇新增就业人数（万人）	累计 450		累计 648.4	
	6	五年转移农业劳动力（万人）	累计 750		累计 806	
	7	城镇登记失业率（%）	5 以内		3.38	
	8	二、三产业增加值比重（%）	87		86	
	9	二、三产业就业比重（%）	50 以上		55	
预期性	10	非公有制经济增加值比重（%）	60 以上		60.5	
	11	畜牧业产值占农业总产值比重（%）	45		35	
	12	城镇化率（%）	40 左右		39.5	
	13	研究与开发经费占生产总值比重（%）	1.5		0.95	
	14	国民平均受教育年限（年）	9		9	
	15	高中阶段毛入学率（%）	80		89.08	
	16	高等教育毛入学率（%）	23		23.7	
	17	农业灌溉用水有效利用系数	0.52		0.57	
	18	工业固体废物综合利用率（%）	70		73.8	

续表

指标属性	指标名称		“十一五”规划目标		“十一五”完成情况	
			2010年	年均增长（%）	2010年	年均增长（%）
预期性	19	外贸进出口总额（亿美元）	160		177.9	
	20	实际利用外商投资（亿美元）	累计110	15	累计199.8	38.4
	21	城镇居民人均可支配收入（元）	12735	8	15900	9.6
	22	农村居民人均纯收入（元）	3840	6	5500	9.9
约束性指标	23	城镇职工基本养老保险覆盖人数（万人）	880		1057	
	24	新型农村合作医疗参合率（%）	90		96.5	
	25	年末总人口（万人）	10100	6.5‰	10018	5.07‰
	26	耕地保有量（万公顷）	775.82		791.47	
	27	万元生产总值能耗（吨标煤，2005年价格）		累计-20		累计-20
	28	万元工业增加值用水量（立方米）	66		49	
	29	二氧化硫和化学需氧量排放总量减少（%）		累计-14 累计-10.8		累计-17.6 累计-13.8
	30	林木覆盖率（%）	26		28.47	

注：①生产总值和人均生产总值规划目标为2005年价格，2010年数字为当年价，年均增速按可比价格计算。②城镇居民人均可支配收入和农民人均纯收入规划目标为2005年价格，2010年数字为当年价，年均增速为扣除价格因素实际增长。③畜牧业产值占农业总产值比重指标，由于国家2007年畜牧业普查大幅调低了畜牧业产值，当年畜牧业产值占农业总值比重仅为34.2%，低于2005年40%的基数，致使目标值未能实现。

7.4.2 河南省向低碳经济转型的潜在优势

河南省经济向低碳经济转型，尽管有着诸多障碍，同时也有明显优势：

①实现减排的空间很大。由于产业结构、消费结构处于高能耗阶段，加上节能技术水平较低，能源管理漏洞较多，河南省的能耗强度和能源效率明显偏低。有关研究表明，我国电力、钢铁、有色、石化、建材、化工、轻工、纺织八个行业主要产品单位能耗平均比国际先进水平高40%；机动车油耗水平比欧洲高25%，比日本高20%；单位建筑面积采暖能耗相当于气候条件相近发达国家的2~3倍。因此，通过结构调整、技术革新和改善管理等途径，实现节能减排的余地较大。

②减排的成本相对较低。据统计，2006年全球碳交易和清洁生产机制（CDM）碳交易市场达到300亿美元。越来越多的金融机构加入全球气候变化投资网络，投资额屡创新高。截至2008年2月，中国CDM项目获得了联合国CDM项目执行理事会签发的核证，减排信用（CEILs）达到了3637万吨，占联合国目前核定CEILs总量的31.33%，首次超过印度成为最大的CDM碳交易量国家。相对于发达国家水平，河南省的减排成本比较低。从国际上看，《联合国气候变化框架公约》规定每吨成本超过30美元，中国的成本大体为15美元。全省能源需求增长、符合减排条件项目多、规模经济效应明显的特点，都有利于开展国际碳排放交易，从而吸引了国际资金进入减排项目。

③进行减排的技术合作潜力大。从我国目前的国际合作看，一方面，中国与发达国家在低碳技术方面还存在较大落差。比如，在电力行业中煤电的整体煤气化联合循环技术、高参数超临界机组技术、热电多联产技术等，中国仍不太成熟；可再生能源和新能源技术方面，大型风力发电设备、高性价比太阳能光伏电池技术、燃料电池技术、氢能技术等，与欧洲、美国、日本等发达国家和地区相比有不小差距。在交通领域，汽车的燃油经济性、混合动力汽车的相关技术等，还处于探索阶段；冶金、化工、建筑等领域的节能和提高能效技术，也有较大改进余地。另一方面，低碳技术国际合作的机会在增加。《框架公约》规定，发达国家有义务向发展中国家提供技术转让。此外，中欧之间签署的《中欧关于气候变化的共同宣言》、美国发起的《亚太地区清洁发展与气候新伙伴计划》等多边及双边合作，都把低碳技术的开发与合作作为基石。在全球高度关注气候变化、发达国家承诺要向发展中国家大规模转让温室气体减排技术的背景下，河南省转型低碳经济有了很好的机遇。因此，应抓住时机，积极引进先进技术，加快低碳技术的创新和推广速度。但是也应该看到，技术合作的实际进程存在一定困难，由于涉及知识产权、商业利益诸多原因，我们目前仍不得不主要依靠商业渠道引进技术。

总之，近年来，河南省采取多种措施着力推进节能减排，一些产业通过技术改造减排效应显著，有效减少了温室气体排放。全省先后出台了《河南省节能减排实施方案》《关于加快发展循环经济的实施意见》《河南省“十一五”节能专项规划（征求意见稿）》《河南省公共结构节能条例实施办法》等，加强了对高耗能产业市场准入管理，停止审批焦化、电石、铁合金、化学制浆、酒精等项目，从严控制产能过剩的电站项目和规模小的化工项目等。通过技术进步提高能源使用效率，开发利用天然气和煤气，提高环境绿化率，维护自然的碳汇能力。目前，河南省在电动汽车、光伏太阳能等低碳经济领域内具有优势，是最早开展电动汽车技术研究的省份，电动汽车技术在全国领先。据统计，河南涉足电动汽车领域的企业，已经有10多家，形成了较完整的产业链，但全省电动汽车的普及还必须突破充电设施建设、价格诸多障碍的制约，才能实现大规模商业销售。2009年，河南省成立了风力发电产业技术创新战略联盟，打造风电整机及零部件新兴产业集群，安阳市成为全国第二家“中国光伏产业示范基地”；2010年，河南省培育了50家以上创新企业和高新技术企业，并重点实施了兆瓦级风力发电战略性新兴产业，培育了新的经济增长点。实践证明，河南省积极尝试发展低碳经济，不断加大政策支持和引导力度，已经取得一些积极成效。

7.4.3 河南省向低碳经济转型的障碍分析

低碳经济是可持续发展的要求，也是国际社会经济长期发展的趋势。结合河南省现阶段的具体情况，我们必须客观地认识向低碳经济转型面临的一系列挑战。从经济现状来看，全省转向低碳经济还面临着以下困难：

（1）河南省正处在以基础建设为重心的发展阶段

目前河南省正经历着工业化、城市化快速发展的阶段。人口增长、消费结构升级和城市基础设施建设使得全省对能源的需求和温室气体的排放不断增长。从中国整体情况看，国际能源署（IEA）发布的《世界能源展望2007年》中，2005—2030年在参考情景和可选择政策情景下，中国一次能源需求年均将分别增长3.2%和2.5%，能源相关的排放二氧化碳将年均分别增长3.3%和2.2%。在各个情景下，中国已经超过美国成为世界第一排放大国，而河南省与全国相比更为突出。

表7-7 河南省历年能源消耗总量及构成（1978—2010年）

年份	能源消耗总量（万吨标准煤）	占能源消耗总量的比重（%）			
		煤炭	石油	天然气	水电
1990	5206	87.8	8.4	2.6	1.2

续表

年份	能源消耗总量（万吨标准煤）	占能源消耗总量的比重（%）			
		煤炭	石油	天然气	水电
1991	5363	88.3	8.5	2.2	1
1992	5583	88.4	8.4	2.3	0.9
1993	5862	88.2	8.8	2	1
1994	6225	87.7	9	2.2	1.1
1995	6473	87.6	9.6	1.8	1
1996	6654	87.5	9.8	1.7	1
1997	6711	87.8	9.6	1.7	0.9
1998	7244	87.6	9.8	1.6	1
1999	7380	87.5	9.8	1.7	1
2000	7919	87.6	9.6	1.7	1.1
2001	8367	87	9.5	1.9	1.6
2002	9005	86.6	9.3	2	2.1
2003	10595	86.7	9.4	1.9	2
2004	13074	86.6	9.2	2	2.2
2005	14625	87.2	8.7	2.2	1.9
2006	16234	87.4	8	2.5	2.1
2007	17838	87.7	7.9	2.5	1.9
2008	18976	87.2	8	2.6	2.2
2009	19751	87	7.9	2.8	2.3
2010	21438	84.3	9	3	3.7

（2）以煤炭为主的能源结构会产生较高的排放强度

河南作为全国矿产资源大省之一，目前已发现各类矿产127种。其中，探明储量的有75种，已开发利用的有86种。在已探明储量的矿产资源中，居全国首位的有8种，居前3位的有19种，居前5位的有26种。煤、铝、钼、金、石油、天然气、天然碱、萤石、耐火黏土等储量较大，其中，煤炭居第8位，天然气居第17位。以煤炭为主的能源资源结构，决定了生产和生活这种能源消耗格局将长期存在。近年来，随着国际石油和天然气价格攀升以及经济快速增长的需要，煤炭在一次能源消费中的比重仍然势头不减。由于煤的碳密集程度比其他化石燃料要高得多，仅能源燃煤释放的二氧化碳就是天然气的近两倍，以煤炭为主的能源结构必然会产生较高的排放强度。

（3）河南省经济传统发展方式呈粗放式

长期以来，河南省经济发展呈现粗放式的特点，对能源和资源依赖度较高。单位 GDP 能耗和主要产品能耗均高于国家的平均水平。国家早在“九五”计划中就提出要促进经济增长方式由粗放型向集约型转变，但十多年过去了，以粗放型为主的增长方式仍然没有根本改变，这其中有着深刻的体制根源。因此，我们要充分估计到粗放增长的惯性和转型的难度。

（4）河南省经济贸易结构不合理

现阶段全球产业分工体系中，美、日、欧等国家和地区已进入知识经济或服务经济时期，在全球产业分工体系中处于领先地位，而中国产业仍处于低端位置，在产业技术含量、附加值和竞争力等方面均与发达国家有较大落差。从中国整体状况看，在国际贸易中，中国出口的商品相当一部分为高能耗、高度依赖原料加工的劳动密集型和资源密集型商品。并且，在新一轮国际产业结构调整过程中，中国承接了相当一部分劳动密集型、资本密集型、高消耗、高污染的产业，在成为“世界制造业基地”的同时，也直接或间接地出口了大量能源资源，并付出了巨大的环境代价。据 2007 年由英国政府资助的廷德尔气候变化研究中心的研究，中国 2004 年净出口产品排放的二氧化碳约为 11 亿吨，约占总排放量的 23%。与全国相比，河南省的产业结构以食品、化工、机械、纺织、建材、电子等为主，都属劳动密集型、资本密集型、高消耗、高污染的产业。

7.5 河南省发展低碳经济的思路与对策

随着哥本哈根会议的召开，低碳经济受到了广泛关注，我国已明确表示要将低碳经济作为国家的中长期发展战略，国家发展改革委等有关部门和各省市有关部门已经开始研究并制定了一些促进低碳经济发展的指导意见，并在全国开展低碳示范试点。发展低碳经济主要依赖低碳产业、低碳技术、低碳能源、低碳生活、低碳城市等实现经济增长，它不仅是一场深刻的经济发展模式变革，更是经济、社会与资源、环境协调可持续发展的必然要求，其核心是提高能源利用效率和减少废弃物（二氧化碳、二氧化硫等）的排放。近年来，河南省在科学发展观和生态文明建设的指导下，围绕建设资源节约型和环境友好型社会，转变经济发展方式和调整优化经济结构，在发展低碳经济方面进行了积极的探索，取得了一定的成绩，主要包括制定节能减排目标，发展循环经济和低碳相关产业，改善不合理的能源结构和提高能源利用效率，推进低碳技术的国际合作和构建自主创新模式，倡导低碳消费模式等。

7.5.1 创新发展思路，做好中长期规划

从河南省实际情况看，面对日益严重的能源和环境约束，为避免经济建设和能源基础设施建设在其生命周期内的锁定效应，必须高度重视向低碳经济转型。因此，省政府必须把低碳经济的发展模式纳入中长期发展战略规划中，从长远和全局的角度，部署低碳经济的发展思路，在产业结构调整、区域布局、技术进步和基础设施建设等方面，为低碳经济转型创造条件。用低碳理念进行发展规划，制定相应的统计、监测、考核、奖惩办法，并做好与现有节能减排、循环经济发展政策措施的衔接。

7.5.2 调整、优化产业结构，寻找新的经济增长点

目前，河南省经济增长主要靠钢铁、煤炭、电力等传统支柱产业，而这些产业具有明显的“高碳”特征。因此，发展低碳经济，优化产业结构的总体思路是稳步降低第二产业比重，提升第三产业水平，主要通过以下几个途径：

第一，发展可再生能源。以生物质能、风能、核能、太阳能、燃料电池等可再生能源为发展的主要方向，加大研发资金投入力度，建立可再生能源发展示范区，加速推进可再生能源普及应用，使用可再生能源有利于传统能源生产过程中能源消耗和消费过程中碳的排放。

第二，发展低碳制造业。制造业是国民经济中能源消耗和碳排放最多的行业，河南应该结合自身优势，努力提升电力装备、环保设备、发制品、新材料、大型变压器、轨道交通配套装备、大规模集成电路等制造业技术水平；运用现代高新技术对传统制造业进行改造，提高制造业整体水平；积极发展小排量、混合动力等节能环保型汽车，加快落实电动汽车生产规划，争取在

低碳装备制造业和节能汽车产业方面抢占先机。

第三，发展低碳服务业。要优先发展金融、咨询、房地产以及电子信息（软件）、文化创意、现代物流等产业，初步形成研发设计、软件设计、建筑设计、咨询策划、文化传媒和时尚消费等创意产业，以低碳、环保标准要求高规格谋划和建设各类产业园区和产业集聚区，促进低碳产业快速发展。

7.5.3 发展低碳产业

在优化产业结构的同时，还要发展具有低碳特征的产业，如低碳工业、低碳农业等。

（1）发展低碳工业

节能减排，发展低碳经济重点在工业，难点也在工业。当前，河南正积极主动推进工业转型升级，瞄准把工业大省变成工业强省的战略，发挥比较优势，发展结构优化、技术先进、清洁安全、附加值高、吸纳就业能力强的现代低碳产业体系。

第一，利用先进技术改造传统工业。河南工业生产能源消耗过高，二氧化碳排放过多，关键原因是技术水平落后，特别是缺乏核心的关键技术，近几年河南正加大力度支持企业技术改造，用高新技术和信息技术改造和提升传统产业。一方面做好先进技术引进、消化、吸收和再创新，快速改变技术落后的局面；另一方面提出建设自主创新体系的战略，提升自主创新能力，开发出领先技术，提高能源综合利用效率和提升废弃物回收、再利用水平。实践证明，技术改造不仅可以有力地推动河南工业经济的结构调整，而且能够推动河南工业发展方式的转变，有力地促进低碳经济发展。

第二，培育战略性新兴产业。近几年，一方面河南兼顾传统产业的改造与升级相结合，大力发展战略性新兴产业，在电子信息、生物医药、新材料、新能源等领域积极开发新技术和新产品，加速产业化，并在传统产业与新兴产业的融合中孕育激发新的产业；另一方面河南在充分发挥市场配置资源的基础性作用的同时，加强政府的引导作用。政府发布重点扶持产业和重点支持的关键技术研发，有效促进了战略性新兴产业的快速发展，奠定了低碳经济发展的产业基础。

第三，加快淘汰落后产能。近几年，河南采取一系列政策措施，在完成国家强制减排任务的基础上，加大淘汰落后产能的力度，使得万元 GDP 能耗值不断降低。

（2）加快低碳农业发展

低碳农业是以低消耗（能源、资源）、低污染（环境、产品）、低排放（废弃物，二氧化碳等温室气体）为基础的现代农业，实质是能源和资源利用高效率，清洁能源结构以及清洁生产问题，核心是能源和资源利用技术创新、制度创新以及人类发展观念的根本性转变。

在三次产业中，尽管农业的能源消耗和碳排放量较少，但是由于农业增加值较少，农业产值的碳排放量依然较大。一般来说，农业在化肥的使用、农业机械的发展和使用、农业灌溉、农业废弃物的处理和利用、农产品的加工和流通等方面，都需要耗费能源和排放碳，而目前的技术水平决定了农业生产过程中使用的能源基本为化石能源，碳排放量较高。因此，发展低碳农业的核心是充分、合理地利用一切资源，降低农业发展中的能耗、污染和碳排放。作为农业大省，近几年，河南通过推广节能农机、灌溉、规模种植等技术，有效地降低了农业生产中能源消耗和二氧化碳排放。河南农作物播种面积位居全国第一，合理利用农作物是减少二氧化碳排放的一个有效途径。农作物在控制温室气体（二氧化碳）方面起着重要作用，河南通过土壤碳汇（如采用免耕耕作），生物质碳汇（如造林、种草等），改变对牲畜粪便的处置来减少沼气排放，改变农业耕作方式以减少甲烷和氮氧化物的排放等四方面措施为农业温室气体减排。在农村推广沼气和农林废弃物气化技术，积极发展太阳能发电和太阳能热利用。通过综合运用以上措施，河南不仅可以有效促进低碳经济的发展，还可以有效降低农民生活成本，提高农民收入，改善农村生态环境，推进河南社会主义新农村建设。同时，河南还广泛采用先进适用的现代农业技术，构建资源节约型农业生产体系，树立资源节约观念，以提高资源和能源利用效率为核心，推广应用节地、节水、节肥、节能技术，促进农业可持续发展。农业循环经济也是低碳经济发展的主要推动力量，近几年河南在许多传统农区推广“猪厕沼菜四位一体”庭院循环农业模式。

在企业方面，河南着重加快大型农业龙头企业的循环经济发展，通过技术装备创新，实施增值、减污、降耗、综合利用等措施，延伸产业链条，拉长产品精深加工循环产业链，提高废水处理及综合利用循环产业链，经济效益和生态效益十分明显。

在发展低碳工业、低碳农业的同时，河南还在国家政策支持下，相继实施了退耕还林、天然林保护、防沙治沙、野生动植物保护与宝天曼自然保护区建设和绿化等一批国家和省级林业重点工程。通过植树造林，不断增加森林碳汇（森林碳汇是指森林植物吸收大气中的二氧化碳并将其固定在植被或土壤中，从而减少该气体在大气中的浓度）。

7.5.4 优化能源消费结构

优化能源消费结构，就要提高清洁可再生能源在能源消费中的比重。鉴于煤炭在河南省能源消费结构中所占的主导地位，为了节能减排，近年来河南大力进行技术创新，推进煤炭净化技术和煤层气、煤矸石综合利用技术，同时加强相关基础设施建设，稳步推进碳捕捉技术；加快水电、沼气、地热和生物质能研发和利用，稳步提升可再生能源的利用水平；逐步尝试垃圾焚烧发电和秸秆等生物质能发电，最大限度地降低能源消费强度和碳排放强度。

7.5.5 加强技术创新，推动节能降耗

低碳经济的核心是技术创新。河南发展低碳经济，必须要围绕节能减排和清洁能源实施技术创新突破。第一，突出技术创新重点。根据河南科技资源优势和产业发展基础，坚持“有所为有所不为”的原则，加大对节能降耗低碳技术的研发和创新能力的培育，重点开展节能减排和煤的清洁高效利用，油气资源和煤层气以及太阳能、生物质能、风能、地热能利用等技术的开发研究。第二，加强技术创新平台建设。在高新区或产业集聚区布局建设一批低碳科技研发平台和产业化基地。鼓励高新区、产业集聚区与高校、科研院所共建低碳技术研发平台、成果转化平台，鼓励企业建立技术研发中心、重点实验室等创新平台，为低碳技术创新提供保障。第三，注重与国际间的合作与交流，积极引进国外先进技术，推动节能降耗工作的稳步开展和低碳经济的发展。

7.5.6 加快推进低碳城市建设

加快低碳城市建设，就要建设城市基础设施。近几年，河南将低碳理念

引入城市设计规范，合理规划城市功能区布局；在各类建筑物的建设中，大力推广利用太阳能、风能、地热，尽可能利用自然通风采光，将建筑周围尽可能装上太阳能电池，选用节能型取暖、制冷系统以及公共热水系统；严格不环保、不节能建筑的审批；在家庭和办公场所推广使用节能灯和节能电器，在不影响人们生活质量和工作效率的同时，减少日常生活中的能源消耗和碳排放量。

在推进低碳城市建设过程中，要努力发展低碳交通。第三产业中能源消耗和碳排放最多的行业就是交通运输业。为了减少温室气体的排放，河南加强多种运输方式的综合利用，构建以机动车、自行车和行人优势互补的道路体系，推广低排放交通工具，推广节能信号灯，逐步普及风能路灯等；积极研发智能交通系统，综合运用现代物流信息系统，减少运输工具空驶率，推进智能管理系统建设，实行信息化、智能化、科学化管理，运用各种先进的、功能齐全的网络信息平台，减少人们不必要的能源和交通资源浪费；研发和推广混合燃料汽车、电动公交汽车等新能源汽车，使用天然气、氢燃料等清洁、低碳能源；引导市民选择那些能够高效利用能源和交通资源、有益健康的出行方式，比如鼓励人们乘坐火车、公共汽车以及城际公交等交通工具，生活中尽可能利用自行车、电动自行车，既节能环保又能锻炼身体。低碳城市的稳步建设，必将有力地促进河南省低碳经济的发展。

7.5.7 全面提倡低碳生活

低碳城市生活消费方式，主要是指改变城市居民以往的高消费、高浪费的生活方式，建立低碳生活理念和生活消费方式。其实现路径是大力发展城市公共交通，严格限制小汽车使用的增长速度，推行紧凑型的城市布局，鼓励居民消费低碳产品，提倡居住低碳建筑和公共住宅，来降低城市的能源需求和实现城市居民消费的低碳发展。已有研究结果表明，生活行为对能源消费和二氧化碳排放的影响巨大，同时也表明二氧化碳减排的有效方式是消费理念和行为的转变，即由奢侈型消费向节约型消费转变。近几年，河南注重引导城市居民尽快转变消费方式，实现城市低碳发展。主要措施有：第一，广泛宣传，利用各种媒体宣传节约能源、减少排放的理念，形成政府倡导，志愿者参与宣传以及市民积极配合的机制，正确引导居民消费行为，在全省范围内形成一种节约能源、提高能源利用效率，保护环境、减少二氧化碳排放的良好氛围；第二，运用各种经济手段激励节能产品研发和消费，对节能产品实行补贴，鼓励消费者购买，从而降低单位产品的生产和使用能耗，减少二氧化碳排放；第三，引导合理的住房消费，制定人均住房面积标准，引导城市居民购买适当面积的房子，减少对取暖、采冷、照明等热能和电能的需求，进而减少二氧化碳的排放量；第四，降低公共交通价格，比如郑州将公交票价由两元降到一元等，提倡选乘公交车、骑自行车和步行等出行方式；第五，鼓励城市居民对初级食品的消费，引导居民形成直接消费天然绿色食品的行为模式，同时提高居民膳食质量和营养构成，降低食品行业的能源消耗和碳排放量。

7.5.8 建立低碳经济发展的评价指标体系

随着对低碳经济研究的深入，如何全面、合理、客观地评价某一国家或地区低碳经济发展的水平，度量低碳经济发展过程中所处的阶段，分析其质量状况，找出其存在的差距以及探讨优化路径，很有必要建立一套能体现科学发展观要求的、全面衡量低碳经济发展的综合性评价指标体系，以供实践遵循。同时，该指标体系的构建也是对低碳经济理论体系的完善，将会加速低碳经济从先进理念向现实经济的运行。目前，国外尚无权威、统一的低碳经济发展评价指标体系，国内对低碳经济发展评价指标体系、评估方法尚缺乏深入研究，本书在科学发展观视角下，通过对低碳经济的认识，尝试建立了一套主要针对省级区域低碳经济发展情况的评价指标体系。

7.6 河南省领先企业低碳发展案例研究

7.6.1 风神公司 AGT 绿色轮胎国际市场营销大获成功

（一）企业简介

风神轮胎股份有限公司（以下简称风神公司），为中央控股企业，隶属中国化工集团下属的全资子公司——中国橡胶总公司。注册资金为 374942148 元，主要从事轮胎的研制、设计、开发、生产、经营及轮胎进出口业务。风神公司是国家高新技术企业、中国轮胎出口基地、中国轮胎行业首家也是唯一获得出口免验资格的企业、海关保税工厂、海关总署AA类企业、中国企业社会责任100强、中国25家最受尊敬的上市公司之一。

目前，风神公司是中国最大的全钢子午线轮胎重点生产企业和最大的工程机械轮胎生产企业。主要产品包括斜交工程机械轮胎、全钢工程子午胎、全钢载重子午胎、全钢轻卡子午胎、斜交载重汽车轮胎、特种轮胎、农用轮胎、工业轮胎八大系列1000多个规格品种，具有年产1180万套规模的生产能力。

（二）AGT产品定位及其优势

AGT产品在成本较高的“风神”牌TBR（全钢子午胎）的基础上做了进一步改进，现有13个规格（见表7-8）。AGT全部使用了环保型原材料、创新产品设计及新的生产工艺。生产过程低烟气、低粉尘、低噪声和低能耗。产品无毒无害、安全、低油耗、低噪声、抗湿滑、可翻新，全部符合欧盟REACH环保标准。AGT滚动阻力小，可以减少轮胎滚动阻力的能量消耗，因而耗油低、废气排放量少。2011年7月7日，东风汽车有限公司商用车技术中心测试数据显示，风神绿色轮胎可以使滚动阻力减小20%~25%，油耗降低5.8%。

表7-8 风神AGT现有产品规格型号

载重系列	295/60R22.5-18　TL	HN252 AGT
	295/60R22.5-18　TL	HN359 AGT
	295/80R22.5-18　TL	HN252AGT
	295/80R22.5-18　TL	HN359 AGT
	295/80R22.5-18　TL	HN254 AGT
	295/80R22.5-18　TL	HN369 AGT
	315/70R22.5-18　TL	HN254 AGT
	315/70R22.5-18　TL	HN359 AGT
	315/70R22.5-18　TL	HN369 AGT
	315/80R22.5-18　TL	HN254 AGT
	315/80R22.5-18　TL	HN252 AGT
	315/80R22.5-18　TL	HN359 AGT

表 7-9　风神品牌两种轮胎匹配整车经济性能对比试验

轮胎材质	试验次数	平均车速 (km/h)	燃料耗用量（L/100km）		相对节油率
			单次值	平均值	
绿色节油型	第一次	78.8	35.8	35.4	5.8%
	第二次	78.8	35.1		
普通型	第一次	78.7	37.7	37.6	
	第二次	78.7	37.6		

针对以上特质，AGT 的产品市场定位为：该产品是风神公司的新一代绿色节油轮胎，是风神现有产品的高端产品、中国制造的品牌之首，在世界轮胎三大阵营中定位为第三阵营的领跑者（见图 7-2）。

风神 AGT 于 2011 年 6 月正式投放国际市场，基于风神原有载重子午线轮胎的出口市场价格，其售价定位在原有同系列规格产品价格的 3%~5%。

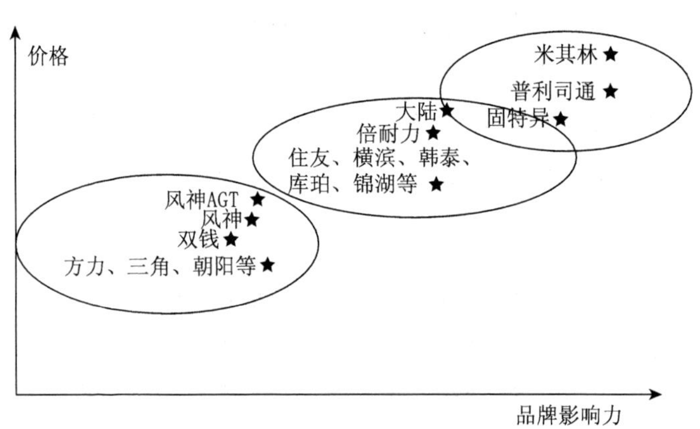

图 7-2　风神轮胎 AGT 市场定位

（三）AGT 国际市场营销方案——风神绿卡行动

风神绿卡行动，是风神公司为配合旗下高端产品 AGT 绿色轮胎全球上市，而专门打造的一次全方位营销和服务支持活动。主要有经销商大会和 AGT 全球上市发布会两个部分。

2011 年 7 月 7 日至 8 日，公司在焦作市举行了 2011 年经销商大会，70 多名国内经销商和 50 多名来自欧洲、北美、拉美、东南亚等国家的经销商参加了会议。大会组织经销商现场参观 AGT 生产线，介绍企业新成果，讨论总结风神产品国内外市场情况，发布绿卡行动和新的销售政策，对优秀经销商进行表彰。

7 月 9 日，公司在焦作迎宾馆举行了风神绿色轮胎全球上市发布会。在启动仪式上，总经理王锋介绍了风神率先推广绿色轮胎的三大原因：一是风神加快世界级制造、推动内涵式发展的需要；二是加快中国由轮胎大国向轮胎强国转变的需要；三是保护生态环境，实现健康持续发展的需要。固特异全球采购总经理 Manoj Mehta 和荷兰 HEUVER BANDE 公司董事长 Jan Huver 都对风神 AGT 产品的高品质、可翻新性和企业的社会责任感等进行了高度评价和称赞。随后，又举办了轮胎绿色发展论坛，中国橡胶工业协会会长范仁德以及来自美国、欧洲的一些客户代表分别从环保轮胎的现状、国际轮胎巨头的经验、风神绿色行动的意义、AGT 的品质等方面进行了发言。

国内外的媒体竞相报道，很多国内主流网站和国外的专业轮胎网站等纷纷进行转载：美国“*TIRE REVIEW*”（《轮胎评论》）、英国“*TYRES& ACCESSORIES*”（《轮胎与附件》）、中国橡胶网等，都对这次行动做了专访。

（四）案例总结

世界轮胎业的发展方向除了结构向集团化、国际化发展，生产技术向高新化发展以外，产品朝绿色环保方向发展也是大势所趋。AGT 绿色轮胎的特征主要表现为三个方面：无毒无害、低碳节油、安全高效。AGT 的营销成功，不仅是风神企业开发绿色环保低碳产品的成功，也为河南省其他企业走低碳发展之路提供了良好的借鉴。

7.6.2　河南能源化工集团焦煤公司低碳发展探索与实践

河南能源化工集团焦煤公司是全国主要无烟煤生产基地之一，已经有 120 年的煤炭开采历史。2017 年，实现营业收入 220 亿元，盈利 7 亿元。近年来，焦煤集团在科学发展观的指导下，确立了以经济效益为中心，以可持续发展为目标，以节能减排为切入点，以建设资源节约型、环境友好型企业为发展思路，制定了“抓住主业、多头延伸、循环经济、低碳发展”的经济模式。集团积极开展循环经济产业研究，推进矿区生态文明建设，逐步建立了煤—电—冶、煤—电—化工、煤—电—建材、煤—气—电等产业循环链，将废弃物“就地消化、吃干榨净”，实现了资源利用减量、再用和循环，为百年老矿转变为生态型矿区、实现低碳发展打下了良好基础。

我们知道，可持续发展的有效方式就是以低能耗、低污染、低排放为基础的经济发展方式，实质是低碳能源和化石能源的洁净、高效利用，关键环节是能源利用过程的绿色生产。焦煤集团围绕低碳技术创新、循环产业研究、建设生态文明矿区等举措，实施了转变经济增长方式——低碳发展的积极探索。

焦煤集团在低碳发展方面的实践，主要包括以下措施：利用先进适用技术，提高煤炭资源采出率；促进资源综合利用，带动产业优化升级；改善环境质量，建设生态文明矿区；延伸循环产业链条，实现绿色发展。

近年来，焦煤集团大胆探索煤炭企业低碳发展之路，形成了以煤炭生产为依托、以电力为核心、以盐化工为新的经济增长点的循环产业格局，逐步实现了主导产业的转型跨越和延伸。集团力争在不远的将来，创建经济效益好、生态环境美、发展和谐健康的新焦煤。

7.7 结论与展望

低碳经济不仅是一个经济愿景，还是一项社会工程。河南省发展低碳经济机遇与挑战并存，挑战甚至大于机遇。因此，发展低碳经济必须在后京都国际制度框架中统筹考虑。低碳经济的发展是一项长期而艰巨的任务，它需要全世界为之努力；同时，它涉及经济、社会、环境的许多方面，所以在发展过程中需要各方面的协调。

本章主要依据国内外低碳经济发展的大背景，对河南省的低碳经济发展现状做了一个粗略的分析。全省在低碳经济发展中做出了一定的努力，比如对可再生能源的开发、对低碳技术的研发、对产业结构的调整等，但是发展低碳经济的决策毕竟是最近几年的事情，在发展过程中难免会出现一些问题。归结起来，低碳经济在发展中存在的问题主要包括对能源的需求量居高不下、碳排放总量较多、产业结构不是很合理、公众的生活消费方式有待改善等。

在借鉴发达国家低碳经济发展经验的基础上，笔者对河南低碳经济的发展提出了几点建议。概括如下：依据减排约束目标，制定总体发展路径；优化产业结构，构建低碳产业体系；发展清洁能源，优化能源结构；推动对外贸易跨越发展；加强自主创新和合作，开发利用低碳技术；加快推进全省低碳城市建设，设立“低碳经济试点区”；提倡公众参与，改变传统生活方式；完善相关政策体系，健全低碳发展的相关配套设施；等等。

实践证明，走低碳发展之路，既是应对全球气候变化的有效途径，也是国内可持续发展的内在要求。发展低碳经济有益于突破我国经济发展过程中资源和环境的“瓶颈”约束，提高我国产业升级和企业技术创新水平。尽管河南省在发展低碳经济方面做出了一定贡献，但就整个经济社会的发展而言，依然任重而道远。全省应严格执行《河南省国民经济和社会发展第十三个五年规划纲要》，在未来的五年里实现经济发展、转型升级和自主创新、生态建设和环境保护、社会发展和改善民生等多方面、多层次的发展转变，走上低碳环保的发展之路。

参考文献

［1］洪国斌．中国水资源现状和可持续利用对策初探[J]．湖北水力发电，2003（52）：8-9.

［2］葛利玲，常献伟，潘元庆，等．河南省土地资源现状分析与可持续利用对策[J]．安徽农业科学，2007，35（11）：3326-3328.

［3］程路连．国外水资源和水质污染状况[J]．环境科学动态，1989（9）：17-21.

［4］王皓洁．论环境污染的经济原因及其对策[J]．甘肃环境研究与监测，2000，13（1）：32-34.

［5］刘志明，张鹏．煤炭资源型城市可持续发展的思考[J]．山西财经大学学报，2009（11）：11-13.

［6］张五常．佃农理论——应用于亚洲的农业和台湾的土地改革[M]．北京：商务印书馆，2001.

［7］郭滨，董舜．统筹兼顾视野下的煤炭城市循环经济发展对策［J］．煤炭技术，2009（9）：1-3.

［8］朱荫湄，傅柳松，鲁聪立，等．含硫尾矿废水对水田土壤的污染[J]．浙江大学学报（农业与生命科学版），1994，20（5）：457-462.

［9］Jones A P. Indoor Air Quality and Health [J]. Atmospheric Environment, 1999, 33（28）：4535-4564.

［10］Jennings S R, Dollhopf D J, Inskeep W P. Acid Production from Sulfide Minerals Using Hydrogen Peroxide Weathering [J]. Applied Geochemistry, 2000（15）：235-243.

［11］吴攀，刘丛强，杨元根，等．矿山环境中（重）金属的释放迁移地球化学及其环境效应[J]．矿物学报，2001，21（2）：213-218.

［12］祝玉学．矿山酸性废水的预防与预测[J]．国外金属矿山，1998（4）：62-68.

[13] 吴传壁．地球化学工程学——21世纪的环保产业[J]．物探与化探，2002，26（6）：411-415.

[14] 郭继香，袁存光．蛇纹石吸附处理污水中重金属的实验研究[J]．精细化工，2000，17（10）：586-589.

[15] 杨敏英．经济效益与资源代价[J]．数量经济与技术经济研究，1995（7）：39-53.

[16] 曲格平．社会主义市场经济下的环境管理（上）[J]．环境保护，1999（4）：10-14.

[17] 夏光．环境经济学在中国的发展[J]．中国软科学，1999（2）：22-26.

[18] 肖剑鸣．比较环境法［M］．北京：中国检察出版社，2001：77-80.

[19] 王伟中．国际可持续发展战略比较研究［M］．北京：商务印书馆，2000：275，293.

[20] 文伯屏．西方国家环境法［M］．北京：法律出版社，1987：4，15.

[21] 曹凤中．国外环境发展战略研究［M］．北京：中国环境科学出版社，1993：7.

[22] 周新．中国的能源消费和改善大气环境质量的战略分析[J]．环境保护，2003（7）：51.

[23] 李寒娥，李秉滔，郁梦德．交通污染区城市绿化植物硫含量分布[J]．生态环境，2005，14（3）：325.

[24] 世界银行．中国空气、土地、水：新千年的环境优先领域［M］．北京．中国环境科学出版社，2001：10.

[25] 刘天，罗怀新，申季维．河南水利[J]．水资源利用与保护，2000：6，13.

[26] 钱正英，张光斗．中国可持续发展水资源战略研究综合报告及各专题报告［M］．北京：中国水利水电出版社，2001.

[27] 陈志恺．中国水资源的可持续利用[C]．北京：中国水利学会2001学术年会论文集，2001.

[28] 曲福田，谭仲春．土地可持续利用决策模式及基本原则初探[J]．

经济地理，2005（2）：208-212.

［29］国家发展和改革委员会．煤炭工业发展“十一五”规划［EB/OL］．www. ndrc. gov. cn/zcfb/zcfbghwb/201402.

［30］阎敬，杨福海，李富平．冶金矿山土地复垦综述［J］．河北理工学院学报，1999，21（S）：41-47.

［31］隋凤良．德国矿山复垦［J］．森林与人类，1999（3）：45.

［32］张梁．我国生态矿山环境恢复治理现状和对策［J］．中国地质矿产经济，2002（4）：12-19.

［33］胡振琪．土地复垦学研究现状与展望［J］．煤矿环境保护，1996，10（4）：16-20.

［34］王陶，杜国银．矿山生态环境整治投资机制研究［J］．中国矿业，2001，10（6）：61-64.

［35］汤中立，李小虎，焦建刚，等．矿山地质环境问题及防治对策［J］．地球科学与环境学报，2005（2）：1-4.

［36］中国致公党中央委员会．建立生态环境补偿机制　推行循环经济发展模式［J］．中国发展，2003（2）：17-21.

［37］张鸿铭．建立生态补偿机制的实践与思考［J］．环境保护，2005（2）：41-45.

［38］曹光辉．生态补偿机制：环境管理新模式［J］．环境经济，2005（11）：46-48.

［39］周宏春．中国资源环境形势与可持续发展［M］．北京：经济科学出版社，2001.

［40］马川．我国能源利用的现状及对策［J］．国土资源导刊，2007（1）：22-30.

［41］马刚毅，杨银军．鄂尔多斯市可持续发展条件下的资源环境综合利用研究［J］．内蒙古煤炭经济，2006（3）：62-66.

［42］宋世杰．煤炭开采对煤矿区生态环境损害分析与防治对策［J］．煤炭加工与综合利用，2007（4）：44-48.

［43］杨选民，丁长印．神府东胜矿区生态环境问题及对策［J］．能源环境保护，2000（14）：2-6.

[44] 梁若皓．矿产资源开发与生态环境协调机制研究［D］．北京：中国地质大学，2009.

[45] 杨琨，史光．资源利用与环境保护[J]．内蒙古煤炭经济，2007(6)：51-53.

[46] 周启星，张倩茹．东北老工业基地煤炭矿区环境问题与生态对策[J]．生态学，2005（3）：287-290.

[47] 梁建庄．普安县煤炭资源开发与环境保护[J]．中国煤炭地质，2008（4）：60-62.

[48] 康有全．浅论山西煤炭资源开发与保护问题[J]．资源产业，2000(11)：51-53.

[49] 马峰，贾洪纪，刘风飞．黑龙江省煤矿区的生态环境问题及利用途径[J]．水土保持应用技术，2006（3）：25-26.

[50] 汪玉凯．公共管理与非政府公共组织［M］．北京：中共中央党校出版社，2003.

[51] 陈振明．公共政策分析［M］．北京：中国人民大学出版社，2007.

[52] 赵丽芬，江勇．可持续发展战略学［M］．北京：高等教育出版社，2001.

[53] 夏书章，王乐夫，陈瑞莲．行政管理学［M］．广州：中山大学出版社，1998.

[54] 耿殿明，姜福兴．我国煤炭矿区生态环境问题分析[J]．能源环境保护，2002（6）：5-9.

[55] 郑梁．煤炭开采对生态环境影响及环保对策探讨[J]．海峡科学，2002（2）：14-15.

[56] 邵霞珍．澳大利亚矿区环境管理及对我国的借鉴[J]．中国矿业，2005（7）：48-50.

[57] 冯春萍．德国鲁尔工业区持续发展的成功经验[J]．石油化工技术经济，2003（2）：47-52.

[58] 原振雷，薛良伟，宋锋，等．鲁尔模式对河南矿业城市可持续发展的启示[J]．矿产保护与利用，2006（2）：11-15.

[59] 刘伯英．走在生态复兴的前沿——德国鲁尔工业区的生态措施

[J]．城市环境设计，2007（5）：26-29.

[60] 康虎彪，刘传庚，谭玲玲，等．能源产业基地综合环境承载力评价研究——以内蒙古锡林郭勒盟煤炭资源开发为例[J]．中国能源，2010，32（3）：26-29.

[61] 项晶．浅谈煤炭企业环境成本控制[J]．中国矿业，2009（2）：48-50.

[62] 孙淑敏．加强煤矿环境管理　促进煤炭企业可持续发展[J]．山西高等学校社会科学学报，2008，20（6）：38-39.

[63] 吴志斌．浅析煤炭企业可持续发展问题[J]．山西科技，2010（1）：62-64.

[64] 吴爱民，郝毅君．浅析煤炭企业可持续发展[J]．煤炭经济研究，2010（3）：34-35.

[65] 陈钢，王汉斌，侯红燕．循环经济应用于煤矿环境治理研究[J]．机械管理开发，2008（3）：140-141.

[66] 李贻玲．环境成本在煤炭企业的应用[J]．经济管理，2008（11）：78-80.

[67] Erlandsson J，Tillman A M. Analysing Influencing Factors of Corporate Environmental Information Collection，Management and Communication [J]．Journal of Cleaner Production，2009，17（9）：800-810.

[68] Brust D A V，Liston Heyes C. Environmental Management Intentions：An Empirical Investigation of Argentina's Polluting Firms [J]．Journal of Environmental Management，2010，91（5）：1111-1122.

[69] 彭海珍，任荣明．环境政策工具与企业竞争优势[J]．中国工业经济，2003（7）：75-82.

[70] 李挚萍．20世纪政府环境管制的三个演进时代[J]．学术研究，2005（6）：72-78.

[71] 宋国君．环境政策分析 [M]．北京：化学工业出版社，2008.

[72] 沈满红．环境经济手段研究 [M]．北京：中国环境科学出版社，2001.

[73]（世界银行环境局）K. 哈密尔顿，等．里约后五年：环境政策的创

新［M］．张庆丰，译．北京：中国环境科学出版社，1998.

［74］李显君．国富之源——企业竞争力［M］．北京：企业管理出版社，2002.

［75］胡大力．企业竞争力论［M］．北京：经济管理出版社，2001.

［76］史东明．核心能力论——构筑企业与产业的国际竞争力［M］．北京：北京大学出版社，2002.

［77］黄津孚．企业发展潜力——评价、分析与挖掘、提升［M］．北京：经济管理出版社，2001.

［78］陈树农．持续竞争——知识制胜之魂［M］．太原：山西经济出版社，1999.

［79］韩中和．企业竞争力［M］．上海：复旦大学出版社，2001.

［80］陈佳贵．企业改革、管理与发展［M］．北京：经济管理出版社，1998.

［81］裴长洪．利用外资与产业竞争力［M］．北京：社会科学文献出版社，1998.

［82］迈克尔·波特．竞争优势［M］．陈小悦，译．北京：华夏出版社，1997.

［83］Cho Dong-Sung. A Dynamic Approach to International Competitiveness：The Case of Korea［J］．Asia Pacific Business Review，1994，1（1）：17-36.

［84］Stewart Richard B. Environmental Regulations and International Competitiveness［J］．The Yale Law Journal，1993，102（8）：2039-2106.

［85］朱春奎．产业竞争力评价方法与实证研究［D］．武汉：华中科技大学，2002.

［86］赵宏斌．论产业竞争力——一个理论综述［J］．当代财经，2004（12）：67-70.

［87］王丽萍．基于环境因素的河南煤炭企业国际竞争力分析模型［J］．资源开发与市场，2011（3）：41-44.

［88］史强．企业竞争力分析体系研究［J］．江苏理工大学学报（社会科学版），1999（5）：23-26.

［89］任天飞．企业竞争力的界定及指标体系设计［J］．湘潭大学社会科

学学报，2001（8）：56-60.

［90］李海舰．企业的竞争优势来源及其战略选择［J］．中国工业经济，2002（9）：88-100.

［91］曲如晓．环境保护与国际竞争力关系的新视角［J］．中国工业经济，2001（9）：59-63.

［92］赵细康．环境保护与产业国际竞争力［M］．北京：中国社会科学出版社，2003.

［93］张嫚．环境规制与企业行为间的关联机制研究［J］．财经问题研究，2005（4）：34-39.

［94］王虹．论环境规制对企业国际竞争力的影响及传导机制［J］．现代财经，2008（5）：66-69.

［95］陈艳莹，孙辉．环境管制与企业的竞争优势［J］．科技进步与对策，2009（4）：59-61.

［96］马中东，陈莹．环境规制、企业环境战略与企业竞争力分析［J］．科技管理研究，2010（7）：99-101.

［97］李创．国内外环境管制问题研究综述［J］．资源开发与市场，2011（9）：819-822.

［98］Walley N，Whitehead B. It's Not Easy Being Green［J］．Harvard Business Review，1994（5/6）：46- 52.

［99］Porter M E. The Competitive Advantage of Nations［M］．New York：Free Press- Macmillan，1990.

［100］Porter M E. American's Green Strategy［J］．Scientific American，1991（4）：168-170.

［101］Shrivastava P．The Role of Corporations in Achieving Ecologial Sustainability［J］．Academy of Management Review，1995（4）：936- 960.

［102］Porter M E，Vander Linde C. Green and Competitive：Ending the Statemate［J］．Harvard Business Review，1995（5）：120-134.

［103］彭海珍．环境战略影响企业国际竞争力的途径和内部条件分析［J］．软科学，2006，20（5）：126-130.

［104］宋小芬，阮和兴．环境成本内部化与企业竞争力［J］．经济与管

理，2004（7）：43-46.

［105］曹宝，宋国君，罗宏马，等．中国水污染排放许可证制度建设探讨［J］．环境与可持续发展，2010（4）：13-16.

［106］宋国君，金书秦．中国淮河流域水环境保护政策评估［J］．环境污染与防治，2008（4）：78-82.

［107］刘永奇，张锐．2010年河南经济形势分析与预测［M］．北京：社会科学文献出版社，2010.

［108］彭近新，李赶顺，张玉柯．减轻环境负荷政策法规调控——中国环境保护理论与实践［M］．北京：中国环境科学出版社，2003.

［109］董敏杰．对中国环境管制现状与趋势的判断［J］．经济研究参考，2010（51）：18-26.

［110］潘家栋，徐兴峰．我国环境标准的现状及完善对策［J］．重庆环境科学，1999（3）：37-42.

［111］陈德敏．中国资源综合利用的技术政策和法制环境［J］．有色金属再生与利用，2003（2）：17-23.

［112］王天营．环境保护视角下的企业与政府行为选择［J］．中国行政管理，2009（5）：82-85.

［113］谢守祥，杨延华．永煤发展模式［M］．徐州：中国矿业大学出版社，2009.

［114］吴同性．提升河南煤炭企业核心竞争力的思考［J］．煤炭技术，2011（2）：232-234.

［115］高国安．技术创新是河南煤炭工业发展的必由之路——写在河南省煤炭行业技术政策实施之际［J］．中州煤炭，1999（1）：1-2.

［116］刘峰，曹文君．煤炭工业节约资源能源与减排［J］．矿产保护与利用，2009（2）：37-42.

［117］张瑞，郝传波．循环经济与中国煤产业发展［M］．北京：新华出版社，2006.

［118］银路．技术创新管理［M］．北京：机械工业出版社，2004.

［119］杨展里．中国排污权交易的可行性研究［J］．环境保护，2001（4）：31-32.

［120］张象枢，魏国印，李克国．环境经济学［M］．北京：中国环境科学出版社，1994.

［121］厉以宁，章铮．环境经济学［M］．北京：中国计划出版社，1995.

［122］於方，张强，过孝民．中国主要工业废水排放行业的污染特征与行业治理重点［J］．环境保护，2003（10）：38-43.

［123］国家环保总局．2002年中国环境状况公报［J］．环境保护，2003（7）：3-8.

［124］王金南，陆新元，杨金田．中国与OECD的环境经济政策［M］．北京：中国环境科学出版社，1997.

［125］鲁炜，崔丽琴．可交易排污权初始分配模式分析［J］．中国环境管理，2003（5）：8-9.

［126］马中，Danduk．论总量控制与排污权交易［J］．中国环境科学，2002，22（1）：89-92.

［127］孙强．环境经济学概论［M］．北京：中国建材工业出版社，2005.

［128］王玉庆．环境经济学［M］．北京：中国环境科学出版社，2002.

［129］罗勇，曾小飞．环境保护的经济手段［M］．北京：北京大学出版社，2002.

［130］杜纲．管理数学基础——理论与应用［M］．天津：天津大学出版社，2003.

［131］宋国君．总量控制与排污权交易［J］．上海环境科学，2000，19（4）：146-148.

［132］安德森，克尼斯，里德，等．改善环境的经济动力［M］．王凤春，杨延华，韩敏，等，译．北京：中国展望出版社，1989.

［133］仇伟光．污染物排放总量控制和排污权交易对清洁生产的促进作用［J］．环境保护科学，2004（6）：65-67.

［134］吴健．排污权交易——环境容量管理制度创新［M］．北京：中国人民大学出版社，2005.

［135］张承中．环境管理的原理和方法［M］．北京：中国环境科学出版

社，1997.

［136］宋国君．排污权交易［M］．北京：化学工业出版社，2004.

［137］国家环保总局科技标准司．市场经济与环境保护［M］．北京：中国环境科学出版社，1999.

［138］张素英．排污权交易及其法经济学思考［C］．武汉：2002年武汉大学环境法研究所基地会议论文集，2002.

［139］郑秉文．外部性的内在化问题[J]．管理世界，1992（5）：11-13.

［140］王蓉．污染预防的内在动因及制度创新的经济分析[J]．环境保护，2003（2）：15-17.

［141］陈宗团，徐琳瑜，余进．城市环境管理经济方法——设计与实施［M］．北京：化学工业出版社，2004：29-32.

［142］姚建．环境经济学［M］．成都：西南财经大学出版社，2001.

［143］贺永顺．关于排污权交易的若干探讨[J]．上海环境科学，1997（7）：302-303.

［144］刘亚明．经济合作与发展组织环境经济手段应用指导［M］．北京：中国环境科学出版社，1994：12-14.

［145］段文斌，陈国富，谭庆刚，等．制度经济学——制度主义与经济分析［M］．天津：南开大学出版社，2003.

［146］肖江文，罗云峰，赵勇，等．排污权交易制度与初始排污权分配[J]．科技进步与对策，2002（1）：126-127.

［147］Robert S Pindrok，Daniel L Rubinfeld. Microeconomics［M］．北京：中国人民大学出版社，2003.

［148］国家环保总局行政体制与人事司．环境管理基础教程［M］．北京：中国环境科学出版社，2004.

［149］徐学军．限度论［M］．北京：中国时代经济出版社，2011.

［150］Dales J H. Pollution，Property and Prices［M］．Toronto：Toronto University Press，1968.

［151］国务院．国家环境保护“十二五”规划（国发〔2011〕42号）［EB/OL］．www. gov. cn/zwgk/2011-12/20.

［152］吴玲，李翠霞．中国排污权交易制度设计与框架[J]．生态经济，

2008（3）：27-28.

［153］ Hahn R W. Market Power and Transferable Property Right［J］. Quarterly Journal of Economics，1984（10）：753-765.

［154］张璐. 论排污权交易法律制度［N］. 河南财经政法大学学报，2000（1）:79-83.

［155］万军，吴舜泽. “十二五”环境保护规划：思路与框架［M］. 北京：中国环境科学出版社，2010：302-307.

［156］韩丽华. 排污权交易会计问题研究［J］. 财会通讯，2012（22）：54-55.

［157］ Cramton P，Kerr S. Tradable Carbon Permit Auctions—How and Why to Auction Not Grandfather［J］. Energy Policy，2002（4）：333-345.

［158］储益萍. 排污权交易初始价格定价方案研究［J］. 环境科学与技术，2011（S2）：380-382.

［159］罗丽. 美国排污权交易制度及其对我国的启示［J］. 北京理工大学学报（社会社科版），2004，6（1）：61-64，68.

［160］刘光中，李晓红. 污染物总量控制及排污收费标准的制定［J］. 系统工程理论与实践，2001，21（10）：107-114.

［161］马中. 环境经济与政策：理论及应用［M］. 北京：中国环境科学出版社，2010.

［162］严刚，王金南. 中国的排污交易实践与案例［M］. 北京：中国环境科学出版社，2011.

［163］王金南，毕军. 排污权交易：实践与创新［M］. 北京：中国环境科学出版社，2009.

［164］李永红. 国内排污权交易现状分析［J］. 消费导刊，2009（15）：131.

［165］章显，张培，侯少沛. 基于 Internet 排污权交易平台分析与设计［J］. 生态经济，2012（2）：150-152.

［166］邵丽华. 河南省探索主要污染物总量预算管理新模式　促进环境容量高效［N］. 中国环境报，2012-10-12.

［167］王超. 重庆市主城区二氧化硫排污权交易定价机制研究［D］. 贵

阳：贵州财经大学，2013.

［168］秦宇雯．河南孟州：环境污染为何总也治不了［N］．中国县域经济报，2009-11-20.

［169］朱锡平，陈英．浓度控制、总量控制与排污权交易［J］．财经政法资讯，2007（6）：15-26.

［170］李秋民．排污许可证制度河南实践［EB/OL］//中欧政策对话支持项目报告，http：www.doc88.com/p-258201395968.html.

［171］胡瑞，张学伟．环境统计中污染物产生量排放量核算方法的探究［J］．科技视界，2012（34）：115.

［172］康宏．新疆污染物排放核算指南［M］．北京：中国环境科学出版社，2011.

［173］林云华．论排污权交易市场的定价机制及影响因素［J］．当代经济管理，2009，31（2）：1-4.

［174］李克国，魏国印，张宝安．环境经济学［M］．北京：中国环境科学出版社，2003.

［175］胡民．排污权定价的影子价格模型分析［J］．价格月刊，2007（2）：19-22.

［176］颜蕾，巫腾飞．基于影子价格排污权初始分配和交易模型［J］．重庆理工大学学报（社会科学版），2010，24（2）：53-55.

［177］高鸿业．西方经济学［M］．北京：中国人民大学出版社，2010.

［178］张益项．强化国土资源管理　调控土地交易行为［J］．经济师，2010（10）：41-43.

［179］宋伟烨．土地交易方式研究［J］．神州，2012（20）：27-28.

［180］刘建国．我国土地资源管理的困境与思考［N］．兰州商学院学报，2007（6）：38-41.

［181］Borenstein S. On the Efficiency of Competitive Markets for the Operating Licenses［J］．Quarterly Journal of Economics，1998（103）：357- 385.

［182］李德湖．排污权交易理论及其研究综述［J］．外国经济与管理，2004（5）：31-32.

［183］彭江波．排放权交易作用机制与应用研究［M］．北京：中国市场

出版社，2011.

［184］何敏峰．关于江苏省太湖流域排污权交易的研究和探讨[J]．金融纵横，2011（4）：18-22.

［185］吴征帆，向晓东．排污权初始分配结构设计框架[J]．环境科学与技术，2012（1）：19-20.

［186］周树勋，陈齐．排污权交易的浙江模式[J]．环境经济，2012（3）：47-49.

［187］徐学勤．嘉兴市排污权交易的实践与思考[J]．现代商业，2010（9）：185-186.

［188］王先甲，肖文，胡振鹏．排污权初始权分配的两种方法及其效率比较[J]．自然科学进展，2004，14（1）：81-87.

［189］何燕．我国排污权交易制度的不足与完善[J]．湘潭大学学报（哲学社会科学版），2007（5）：38-87.

［190］黄桂琴．论排污权交易制度[J]．河北学刊，2003（3）：39-40.

［191］秦琴，刘怡石．对湖南省排污权交易的分析与思考[J]．中国环境管理干部学院学报，2011，21（6）：13-17.

［192］彭本利，李爱年．论排污权交易发展的特点[J]．商业时代，2012（12）：60-61.

［193］苏芸芳．排污权交易及其配套制度的思考［C］．北京：中国环境科学学会学术年会优秀论文集（下卷），2007.

［194］林云华，冯兵．我国主要污染物排污权交易实践效果与评价[J]．全国商情经济理论研究，2008（19）：137-139.

［195］余耀军．排污权交易的经济分析[J]．财贸研究，2004（1）：107-111.

［196］段力宇．辽宁省排污权制度建设的思考和建议[J]．消费导刊，2012（1）：23-24，32.

［197］王万山，廖卫东．中国排污权市场的制度设计[J]．中国环保产业，2003（3）：19-20.

［198］刘向华．实施排污权交易的障碍和对策[J]．决策探索（上半月），2007（3）：42-43.

［199］赵细康．中国排污权交易市场如何破局［J］．环境保护，2009（10）：15-16.

［200］罗丽，姚志伟．论政府在排污权交易市场中的定位［J］．北京理工大学学报（社会科学版），2011（1）：33-34.

［201］鲍健强，苗阳，陈锋．低碳经济：人类经济发展方式的新变革［J］．中国工业经济，2008（4）：153-160.

［202］宏观经济研究院国地所课题组．“十一五”我国节能减排工作回顾及“十二五”政策建议［J］．宏观经济管理，2011（1）：70-71.

［203］李寿德，程少川，柯大钢．我国组建排污权交易市场问题研究［J］．中国软科学，2000（8）：74-75.

［204］吴世彬．建立环太湖流域统一水污染物排污权交易市场的法律障碍及对策［J］．社会科学家，2009（3）：39-40.

［205］朱先守．城市低碳经济发展水平及潜力分析［J］．开放导报，2009（8）：10-13.

［206］李克国．排污许可证交易的理论与实践［J］．重庆环境科学，2000（4）：10-13.

［207］董玮琳，陈亮，陈东辉．排污交易权理论与实践探讨［J］．中国环保产业，2007（3）：45-46.

［208］陈建峰，王颖，李艳霞，等．关于建立流域排污权交易制度的探讨［J］．北京水务，2006（5）：31-32.

［209］刘磊．我国排污权交易制度探讨［D］．北京：中国地质大学，2008.

［210］支海宇．排污权交易及其在中国的应用研究［D］．大连：大连理工大学，2008.

［211］张学平．排污权交易制度的分析［D］．长春：吉林大学，2007.

［212］王毅刚．中国碳排放权交易体系设计研究［M］．北京：经济管理出版社，2011.

［213］幸红．排污权交易法律制度探讨［J］．广东商学院学报，2003（4）：82-86.

［214］钱水苗，楼洁．中国排污权交易的法制建设探讨——以浙江省为

例[J].环境污染与防治，2010，32（4）：84-89，92.

[215] 申亮.实施节能减排的地方政府行为研究[J].经济评论，2011（2）：51-52.

[216] 崔景华.促进我国排污权交易的财税政策探讨[J].财经问题研究，2007（4）：77-80.

[217] 邱晓明.减排框架下的排污权交易机制及其配套政策研究[J].中国技术经济论坛，2010（9）：29-30.

[218] 刘凤良.经济增长框架下的最优环境税及其配套政策研究[J].管理世界，2009（6）：40-51.

[219] Sam Nader. Paths to a Low-carbon Economy—The Masder Example [J]. Energy Procedia, 2009, 1 (1): 3951-3958.

[220] Janet Peace, Timothy Juliani. The Coming Carbon Market and Its Impact on the American Economy [J]. Policy and Society, 2009, 4 (27): 305-316.

[221] John A Mathews. How Carbon Credits Could Drive the Emergence of Renewable Energies [J]. Energy Policy, 2008, 10 (36): 3633-3639.

[222] 庄贵阳.中国经济低碳发展的途径与潜力分析[J].国际技术经济研究，2005，8（3）：79-87.

[223] 付允.低碳经济的发展模式研究[J].中国人口·资源与环境，2008（3）：14-19.

[224] 王艳红.低碳经济视阈下河南省农业现代化的发展途径[J].安徽农业科学，2011，39（7）：4395-4397.

[225] 庄贵阳.低碳经济：气候变化背景下的中国发展之路[M].北京：气象出版社，2007.

[226] 徐瑞娥.当前我国发展低碳经济政策的研究综述[J].经济研究参考，2009（66）：34-40.

[227] 曹海霞，张复明.低碳经济国内外研究进展[J].生产力研究，2010（3）：1-6.

[228] 袁男优.低碳经济的概念内涵[J].城市环境与城市生态，2010，23（1）：43-46.

[229] 张子方.河南成为国家低碳经济发展试验区的可行性研究[J].河

南科技，2010（9）：32-33.

[230] 张琦生．低碳经济与经济发展模式转变——以河南省为例[J]．生产力研究，2010（10）：144-146.

[231] 郭又荣．低碳经济与河南省经济发展机遇[J]．全国商情，2009（6）：14-16.

[232] 王锋．基于低碳经济视角的我国生态农业发展模式及对策分析[J]．林业经济，2010（6）：22-23.

[233] 李杰．甘肃促进低碳经济发展问题研究［D］．兰州：兰州大学，2010.

[234] 薛双喜，李龙刚．我国发展低碳经济的必要性及建议[J]．企业科技与发展，2010（6）：1-2.

[235] 郑小鸣，谢晶莹．美、欧、日、印低碳经济发展策略探析[J]．当代世界，2010（5）：47-48，51.

[236] 赵雪珂．日本发展低碳经济对我国的启示[J]．环渤海经济瞭望，2010（5）：23-25.

[237] 王飞．英国发展低碳经济的经验浅谈[J]．生态经济，2010（4）：49-51.

[238] 王彬．发达国家低碳经济转型的实践及其对中国的启示［D］．长春：吉林大学，2010.

[239] 杨春平．循环经济与低碳经济内涵及其关系[J]．中国经济导刊，2009（24）：21-22.

[240] 刘传江．低碳经济发展的制约因素与中国低碳道路的选择[J]．吉林大学社会科学学报，2010，50（3）：146-152.

[241] 潘家华．后京都国际气候协定的谈判趋势与对策思考[J]．气候变化研究进展，2005（1）：10-15.

[242] 王国良．鄂尔多斯市煤炭矿区环境管理研究［D］．呼和浩特：内蒙古大学，2010.

[243] 刘燕华，葛全胜，何凡能，等．应对国际 CO_2 减排压力的途径及我国减排潜力分析［J］．地理学报，2008，63（7）：675-682.

[244] 宋姣姣．环境管制对企业竞争力的影响机制及政策体系研究

[D]．焦作：河南理工大学，2011.

[245] 肖香玉．企业竞争力评价研究 [D]．南昌：江西财经大学，2003.

[246] 许士春，何正霞，魏晓平．环境管制与企业国际竞争力：一个文献综述 [J]．商业研究，2009 (9)：34-37.

[247] 安丽．基于可持续发展的排污权交易有效性研究 [D]．天津：天津大学，2009.

[248] 蔡守秋，张建伟．论排污权交易的法律问题 [J]．河南大学学报（社会科学版），2003，43 (5)：98-102.

[249] 于天飞．碳排放权交易的市场研究 [D]．南京：南京林业大学，2007.

[250] 李创．国内排污权交易的实践经验及政策启示 [J]．理论月刊，2015 (7)：125-128.

[251] 王丽萍．河南省碳排放权交易的制度设计 [J]．现代管理科学，2016 (6)：103-105.

[252] 陈迪．我国发展低碳经济的公共经济政策 [D]．兰州：兰州商学院，2012.

[253] 丁志平．煤炭开发对矿山环境的破坏与治理问题 [J]．矿产保护与利用，2006 (2)：48-51.

[254] 丁志平．乌海煤炭资源开发与矿区环保问题管见 [J]．矿产保护与利用，2005 (1)：45-47.

[255] 刘生辉．对陕北煤炭资源开发中存在问题的思考 [J]．矿产保护与利用，2005 (6)：1-3.

[256] 王云珠，刘晔，韩芸．能源转型背景下山西煤炭清洁高效利用路径与政策 [J]．煤炭经济研究，2018，37 (12)：11-17.

[257] 康北林．我国煤炭资源开发中的环境保护问题研究 [D]．武汉：华中科技大学，2009.

索引